◆ 蒂巴扎古罗马遗址　　薄文帅｜摄

◆ BC水泥厂全景　　薄文帅 | 摄

BC水泥厂滑模施工　　仟亚飞 | 摄

◆ 地中海　薄文帅｜摄

◆ 三叶塔　　薄文帅｜摄

◆ 组织员工海边捡垃圾公益活动　　吴建春｜摄

"一带一路"合规经营
系列丛书

工程建设企业境外合规经营指南
阿尔及利亚

中国施工企业管理协会
中材建设有限公司 | 编著

中国市场出版社
China Market Press

·北京·

图书在版编目（CIP）数据

工程建设企业境外合规经营指南. 阿尔及利亚／中国施工企业管理协会，中材建设有限公司编著. — 北京：中国市场出版社有限公司，2021.5
（"一带一路"合规经营系列丛书）
ISBN 978-7-5092-2071-9

Ⅰ.①工… Ⅱ.①中… ②中… Ⅲ.①建筑企业-对外投资-工业企业管理-中国-指南 Ⅳ.①F426.9-62

中国版本图书馆 CIP 数据核字（2021）第 081943 号

工程建设企业境外合规经营指南：阿尔及利亚
GONGCHENG JIANSHE QIYE JINGWAI HEGUI JINGYING ZHINAN：A'ERJILIYA

| 编　　著：中国施工企业管理协会 中材建设有限公司
| 责任编辑：宋　涛

出版发行：中国市场出版社
社　　址：北京市西城区月坛北小街 2 号院 3 号楼（100837）
电　　话：(010) 68034118/68021338
网　　址：http://www.scpress.cn

印　　刷：河北鑫兆源印刷有限公司
规　　格：145mm×210mm　　32 开本
印　　张：11　　　　　　　字　　数：290 千字
版　　次：2021 年 5 月第 1 版　　印　　次：2021 年 5 月第 1 次印刷
书　　号：ISBN 978-7-5092-2071-9
定　　价：68.00 元

版权所有 侵权必究　　印装差错 负责调换

《工程建设企业境外合规经营指南：阿尔及利亚》
编委会

主　　任：曹玉书
副 主 任：尚润涛　李清旭　郑学选　戴和根
　　　　　周育先　陈　云　汪建平　王海怀
　　　　　姚　强　周厚贵　蒋德军　汪桃义
　　　　　白小虎　马健峰　樊　军　卞家骏
　　　　　裴宏伟　蔡典维　沈德法　孙　波
　　　　　宫长义　张桂玉　梁　亮
主　　编：曹玉书
副 主 编：尚润涛　童来苟
执行主编：孙晓波　马玉宝　王武民　张长春
　　　　　王　锋　李　明　张思才
参编人员：张拉柱　陶棋然　翟绍燚　王大坤
　　　　　荣亚坤　薄文帅　张书凯
专家审核组成员：
　　　　　马燕冰　中国现代国际关系研究院研究员
　　　　　何　胜　对外经贸大学教授

王　琳　山东电力工程咨询院有限公司发电事业部
　　　总经理

张　红　中国石油工程建设有限公司北京分公司
　　　总工程师

张拉柱　中国施工企业管理协会法律顾问

PREFACE
序言

"一带一路"倡议是顺应全球治理体系变革,彰显同舟共济、命运与共意识的国际公共产品。作为完善全球治理体系、推动构建人类命运共同体的中国方案,共建"一带一路"已经成为171个国家和国际组织开展国际合作的新模式,正在向高质量共建的阶段迈进。

近八年的时间里,共建"一带一路"在完成总体布局的基础上,又聚焦重点、深耕细作,扎实推进项目实施,累计开展了2000多个项目,可圈可点的成果、实实在在的好处让"一带一路"朋友圈不多扩大。中国企业参与"一带一路"建设的程度也越来越深入,面临的市场环境越来越复杂,合规经营在企业可持续发展中也显得越来越重要。

为更好地帮助企业提高合规经营管理水平,有效防范及化解经营风险,早在2017年5月,习近平总书记就中国企业合规经营问题,在中央全面深化改革领导小组会议上,明确指出加强企业海外经营行为合规制度建设的必要性。2018年7月1日,国家标准《合规管理体系指南》(GB/T 35770—2017)正式实施;2018年11月2日,国务院国资委《中央企业合规管理指引(试行)》发布实施;2018年12月26日,国家发展改革委正式发布《企业境外经营合规管理指引》,为中国企业更好地开展境外经营业务、建立合规管理体系和制度,提供了官方的指导意见。

中国施工企业管理协会基于工程建设行业的实践经验和研究成果,联合12家会员单位,在国家发展改革委区域开放司的指导下,出版《工程建设企业境外合规经营指南》(以下简称《指南》),结合企业自身情况,以丰富翔实的案例,系统地从市场环境、通用规则、国别规则、示范项目等角度展示了中国企业在境外稳扎稳打、开拓进取的合规发展历程,具有针对性、实务性和系统性的特点,是一套指导性非常强的工具书。

《指南》的出版有利于帮助广大施工企业适应国际工程承包自由化、便利化的市场环境,引导企业实现行业高质量发展的目标,期望通过树立境外合规经营优秀典型,分享境外合规运营经验,帮助企业完善合规运营体系,形成合规文化,提升企业在国际市场中的竞争力。同时,在更广泛的范围内倡议共建"一带一路"的企业,增强机遇意识和风险意识,夯实基础,固牢底线,趋利避害,在发展中不断前进,在合作中茁壮成长。

2021年5月

PREFACE
前言

为贯彻落实习近平总书记关于依法经营、合规管理重要指示精神,引导企业进一步提升依法经营、合规管理的思想认识,帮助企业在投标管理、合同管理、项目履约、劳工权益保护、连带风险管理、债务管理、反贿赂等方面有效防范和化解经营风险,指导和促进企业提高依法经营合规管理水平,更好地应对境外项目经营管理中的新情况、新问题,增强在国际市场的核心竞争力,提高"走出去"的成功率,中国施工企业管理协会组织编写了"一带一路"合规经营系列丛书。

阿尔及利亚国土辽阔,人口数量较大,石油、天然气和页岩气资源丰富,市场体量稳居非洲前列。近年来,阿尔及利亚连续实施基础设施五年规划,公路、铁路、通信、电力等领域都得到一定发展。此外,阿尔及利亚农业、工业、旅游业等发展程度较低,私人部门发展也相对落后,发展潜力很大。阿尔及利亚法律体系健全,对于投资、贸易、金融等领域都有明确的法律规定。特别是 2020 年 6 月,通过了《2020 年财政补充法案》,规定在投资方面除商品购买和转售、国民经济战略领域行业外,废除股比限制"51/49"规则。

由于工作效率和工程质量得到阿尔及利亚政府和民众认可,中资

I

企业在当地信誉较高，承揽了一批重要的基础设施、工业工程和大量住房项目。整体来看，中资企业数量较大。而中资企业和个人在阿尔及利亚主要开展承包工程和贸易业务，投资规模较小。目前，受新冠肺炎疫情在全球蔓延的严重影响，阿尔及利亚经济也受到巨大冲击，众多投资计划搁置、在建项目停滞。阿尔及利亚经济形势严峻，外汇储备锐减，新上大型项目随之减少，政府不断为本土企业提供优惠政策扶持，国外公司不断进入阿尔及利亚市场，导致竞争越发激烈。

中资企业在阿尔及利亚开展投资合作，一是要了解相关领域法律法规，随时关注相关部门的法律政策，按照当地法律规定和办事流程开展业务，并学会利用法律维护自身合法权益。二是要做好风险评估，包括政治风险、安全风险、资金风险等，对于合作单位的资信能力、项目可能遇到的困难等要有充分了解，不要盲目开展合作。三是要加强管理，包括工程管理、人员管理、安全管理等，保证在阿尔及利亚工作的质量、效率和安全。四是要拓宽除建筑工程以外的业务领域，逐步加大对阿尔及利亚的投资，探索属地化经营模式，不断根据市场变化和需求进行创新。

希望本书能对有意走出国门、开展对外投资合作的企业具有指导作用，也欢迎社会各界批评指正，提出宝贵意见。

CONTENTS 目录

第一章　境外工程建设合规管理的重要性　1

一、"合规"的起源　/3
　（一）企业合规思想的起源　/3
　（二）企业合规体系的诞生　/3
　（三）企业专项合规体系的建设　/3

二、合规体系的成型与完善　/4
　（一）企业合规体系的成型　/4
　（二）企业合规体系的规范　/6
　（三）企业合规体系的发展和完善　/7

三、合规管理的基本概念　/10

四、合规管理的意义　/11
　（一）中国当前合规管理的现状　/11
　（二）国家对企业境外经营合规管理的重视　/12
　（三）中国企业境外经营合规管理的重要意义　/15
　（四）工程建设企业境外经营合规管理的重要性　/17

五、合规管理与风险管理和企业内部控制的关系　/18
　（一）三者的含义　/18

I

（二）三者的侧重点　/ 20
　　（三）三者的关系　/ 21

第二章　阿尔及利亚概况　23

　一、地理位置和人口分布　/ 25
　　（一）地理位置　/ 25
　　（二）人口分布　/ 25
　二、自然环境和自然资源　/ 26
　　（一）自然环境　/ 26
　　（二）自然资源　/ 26
　三、经济状况和发展规划　/ 28
　　（一）经济状况　/ 28
　　（二）发展规划　/ 32
　四、国家象征和政治制度　/ 33
　　（一）国家象征　/ 33
　　（二）政治制度　/ 34
　　（三）主要党派　/ 37
　五、政府机构和行政区划　/ 39
　　（一）政府机构　/ 39
　　（二）行政区划　/ 39
　六、社会组织和公共交通　/ 42
　　（一）社会组织　/ 42
　　（二）公共交通　/ 43

七、外交关系 /47

八、民族和宗教 /55
（一）民族 /55
（二）宗教 /56

九、语言和习俗 /57
（一）语言 /57
（二）习俗 /57
（三）节假日 /61

十、货币与物价 /61
（一）货币兑换 /61
（二）消费水平 /63
（三）小费 /64

十一、金融与银行 /64
（一）银行 /64
（二）信用卡 /66
（三）保险 /66
（四）融资 /66

十二、通讯与电力 /67
（一）电话 /67
（二）网络 /67
（三）邮政 /68
（四）电力 /68

十三、医疗与安全 /69
（一）医疗 /69
（二）安全 /70

第三章　前往阿尔及利亚手续办理及相关须知　　73

一、海关出入境管理制度　/75

二、阿尔及利亚签证的办理　/77

（一）阿尔及利亚签证类型及费用　/77

（二）阿尔及利亚各类签证所需资料　/78

（三）阿尔及利亚签证办理时间　/80

三、阿尔及利亚出行前的注意事项　/80

（一）注意事项　/80

（二）阿尔及利亚紧急求助电话　/81

第四章　阿尔及利亚有关法律规定　　83

一、在阿尔及利亚投资注册企业需要办理的手续　/85

（一）设立企业的形式　/85

（二）注册企业的受理机构　/86

（三）注册企业的主要程序　/86

二、阿尔及利亚对外国投资的市场准入　/87

（一）投资主管部门　/87

（二）投资行业的规定　/88

（三）投资方式的规定　/90

三、阿尔及利亚对外国投资的优惠　/91

（一）优惠政策框架　/91

（二）行业鼓励政策　/92

（三）地区鼓励政策　/95

（四）特殊经济区相关规定 / 96

四、阿尔及利亚关于用地的法律规定 / 97
（一）土地法的主要内容 / 97
（二）外资企业获得土地的规定 / 98
（三）外资企业参与当地农业投资合作的规定 / 99

五、阿尔及利亚关于劳动就业的法律规定 / 101
（一）劳动法的核心内容 / 101
（二）外国人在当地工作的规定 / 103
（三）外国人在当地工作的风险 / 103

六、阿尔及利亚关于企业税收的规定 / 104
（一）阿尔及利亚税收体系和制度 / 104
（二）主要税赋和税率 / 107
（三）报税的相关手续 / 132
（四）中阿税收协定及相互协商程序 / 133

七、阿尔及利亚关于环境保护的法律规定 / 137
（一）环保管理部门 / 137
（二）主要环保法律法规名称 / 138
（三）环保法律法规基本要点 / 139
（四）环保评估的相关规定 / 139

八、阿尔及利亚反对商业贿赂的法律规定 / 140
（一）尼日利亚关于反对商业贿赂的法律名称 / 140
（二）反对商业贿赂或官员腐败行为的法规要点 / 140

九、阿尔及利亚对保护知识产权的规定 / 143
（一）当地有关知识产权保护的法律法规 / 143
（二）知识产权侵权的相关处罚规定 / 145

十、阿尔及利亚对外国公司承包当地工程的规定 / 146

（一）许可制度 / 146

（二）禁止领域 / 146

（三）招标方式 / 147

十一、阿尔及利亚对中国企业投资合作的保护政策 / 147

（一）双边投资保护协定 / 147

（二）中国与阿尔及利亚签署避免双重征税协定 / 149

（三）其他协定及发布的声明 / 149

十二、在阿尔及利亚解决纠纷的主要途径及适用法律 / 149

第五章 工程项目投建营全生命周期中的合规要求 151

一、第一阶段：项目前期论证 / 153

（一）相关法案、政策和规则 / 153

（二）前期论证各子阶段 / 160

二、第二阶段：建设准备 / 170

（一）对外承包工程 / 170

（二）工程项目招投标 / 173

（三）工程合同及相关手续 / 175

（四）工程项目计划与设计 / 177

（五）工程项目征地及建设条件的准备 / 177

（六）工程建设材料及设备的采购运输 / 178

（七）阿尔及利亚工程成本 / 185

三、第三阶段：建设实施 / 188

（一）依法用工 / 188

（二）境外 QSHE 标准 / 197
（三）境外工程技术标准 / 199
（四）依法保护生态环境 / 199

四、第四阶段：竣工验收 / 199
（一）竣工验收条件 / 199
（二）竣工验收手续 / 200
（三）资金跨境结算 / 201

五、第五阶段：投产运营 / 204
（一）保修、回访、后续服务 / 204
（二）项目后评价 / 209

六、在阿尔及利亚开展工程的其他注意事项 / 211
（一）处理好与政府和议会的关系 / 211
（二）妥善处理与工会的关系 / 211
（三）密切与当地居民的关系 / 212
（四）尊重当地风俗习惯 / 212
（五）承担必要的社会责任 / 213
（六）懂得与媒体打交道 / 213
（七）学会与执法人员打交道 / 214
（八）传播中国传统文化 / 214
（九）遇到困难寻求帮助的途径 / 214

第六章 阿尔及利亚投资风险和机会分析　　217

一、阿尔及利亚整体营商环境　/ 219

二、阿尔及利亚投资风险分析　/ 223

（一）政治风险　/ 224

（二）宏观经济风险　/ 231

（三）法律与监管风险　/ 239

（四）税收风险　/ 242

（五）经营性风险　/ 246

（六）安全风险　/ 257

（七）自然风险　/ 262

三、阿尔及利亚未来发展预测与投资机会分析　/ 262

（一）政治前景　/ 262

（二）经济预测　/ 264

（三）商业环境　/ 265

（四）投资机会　/ 266

第七章 工程建设企业合规管理体系建立指南　　269

一、合规管理的内部环境　/ 271

（一）合规管理的目标　/ 271

（二）合规管理的基本原则　/ 271

二、合规管理机构的设置及职责　/ 272

（一）合规管理机构的设置　/ 272

（二）合规管理部门的设置方式　/ 274

三、企业内部的合规管理体系 / 276

（一）董事会的合规责任 / 276

（二）监事会的合规责任 / 277

（三）管理层的合规责任 / 277

（四）合规管理部门的合规责任 / 278

（五）合规管理的主要内容 / 279

四、合规管理中的风险控制方法 / 286

（一）风险规划 / 287

（二）风险识别 / 288

（三）风险评估 / 305

（四）风险应对 / 307

（五）风险监控 / 311

结　语　313

附　录　315

附录1　阿尔及利亚部分政府部门和相关机构一览表 / 315

附录2　阿尔及利亚主要中资企业一览表 / 325

附录3　中阿使馆信息 / 333

附录4　中方投资服务机构 / 334

Chapter 1 第一章

境外工程建设合规管理的重要性

"合规"一词源于英文 compliance,是指企业行为符合法律法规及其内部规章制度和商业道德的要求。企业合规管理本质上是对企业内部的自我管理提出要求,不仅要求其合法合规,还要求其要遵守企业自己制定的规章和社会承认的商业道德。近年来,随着中国"走出去"战略、"一带一路"倡议的推动,越来越多的企业走出国门,开始广泛参与跨国经营,而与此同时,越来越多的中国企业遭受海外合规处罚,引发了国内企业对于合规问题的关注和思考。

一、"合规"的起源

(一) 企业合规思想的起源

合规思想最早可追溯到成立于 1906 年的美国食品和药物管理局（FDA）。该局当时对食品和药物安全的监管促使部分企业开始将合规视为企业运营的一部分。20 世纪 50 年代，因为第二次世界大战后国际新秩序的形成，作为老牌工业强国的英国，其国土面积狭小，劳动力人口不足，为发展外向型经济和对外殖民统治，需要对外扩张本土企业。当时，对外投资先行的是金融企业，尽管当时的英国法律以及各个行业的法规规章相对比较完善，但对外投资要做到"入乡随俗"，英国本土的法规、企业规章和文化理念等已不适应投资所在国。在此背景之下，从国家、行业和人员三个层面考虑，英国率先推出了 compliance（合规）。

(二) 企业合规体系的诞生

20 世纪 60 年代，美国电气设备行业的众多龙头企业及其高管遭遇串通抬价、瓜分市场等反垄断指控。仅 1961 年，就有 29 家公司和 45 名个人接受反垄断罚款。美国开始反垄断大潮，政府在该领域重拳出击，合规管理随着美国防止违反《反托拉斯法》（反垄断）的政策实施进程而得到了普及，在当时促使很多企业开始建立反垄断合规体系。

(三) 企业专项合规体系的建设

20 世纪 70 年代，美国出现了系列财务丑闻，爆发了水门事件。当时对水门事件的调查结果显示，1972 年总统选举过程中，大量企业进行了非法政治捐献，企业界贿赂、回扣成风。证券交易委员会对水门事件的进一步调查还发现了跨国企业为获取交易机会，使用公司资金贿赂外国政府官员的证据。为此，证券交易委员会在1977年颁布了《反海外腐败法》，要求上市公司在贿赂、回扣、记账和其他方面执行更为正式的合规政策，尤其在财务记录和资产分配方面。《反海外腐败法》在合规的世界发展史上具有标志性意义，一方面是因为该法在反腐败领域具有广泛的域外管辖效力，至今仍然是悬在各跨国企业头上的"达摩克里斯之剑"；另一方面是因为该法要求企业对资金往来进行准确的会计记录，从而直接介入了企业财务内控体系的建设。

20世纪80年代是美国各领域合规问题多发的时代，这也反过来推动了企业在问题领域的专项合规体系建设。1986年，美国发布了《环境审计政策声明》，将企业环保作为合规工作要点，鼓励公司对设备使用是否符合环保要求进行系统、定期和客观的检查，以确保公司合规体系的有效性，发现潜在的环保违规问题。这一年，美国军火企业联合起草了《国防工业的商业伦理与企业活动精神》，将自觉履行合规管理制度作为企业自律的要求。1988年，美国又通过《内幕交易与证券欺诈取缔法》，进一步防止证券内幕交易。这一系列专项法案的制定，推动了企业在问题领域专项合规体系的建设。

二、合规体系的成型与完善

（一）企业合规体系的成型

20世纪90年代以前的合规多集中在某些具体领域，从90年代开始，企业全面合规体系建设逐渐成型。标志性的事件是1991年美国量刑委员会发布的《针对机构实体联邦量刑指南》。

1991年，美国制定了《针对机构实体联邦量刑指南》（以下简称《量刑指南》），主张将机构实体是否具备完善的合规体系作为减轻刑事责任的重要考量。《量刑指南》规定了衡量机构实体合规体系是否完善的七项标准，具体包括：

（1）建立合理的标准和程序，以预防和发现犯罪行为。

（2）机构实体领导层必须了解合规体系的内容和运行，合理监督合规体系的执行和有效性。机构实体管理层必须保证自身具备有效的合规体系。高级管理人员个人则应当对合规体系整体负责。机构实体中的个人应当承担合规体系的日常运作责任，定期向包括领导层在内的上级汇报合规体系的有效性。为完成上述职责，必须为个人配备足够的资源、适当的权限和向包括领导层在内的上级汇报的直接渠道。

（3）机构实体应尽力将任何有违法行为或者违反合规体系要求行为的个人排除出组织的实权岗位。

（4）根据受众的岗位和职责，通过培训项目和信息传播定期务实地向公司领导层、管理层、经理层、普通员工乃至代理人宣传合规体系标准、程序和其他各个方面。

（5）机构实体应当采取合理行动实现以下目标：1）确保机构实体的合规体系得到遵守，包括监督和审计以发现犯罪行为；2）定期评估合规体系有效性；3）建立并公开匿名或保密举报系统，以保证员工或者代理人可以就犯罪行为进行举报或者寻求指导时没有后顾之忧。

（6）激励合规行为，惩罚参与犯罪行为或者未采取合理措施避免、发现犯罪行为，以在整个机构实体范围内持续推广和执行合规体系。

（7）一旦发现犯罪行为，机构实体必须采取合理措施加以应对，并防止将来类似犯罪的发生，包括对机构实体的合规体系进行必要调整。

《量刑指南》的出台标志着现代合规理念与合规标准的成型，在美国乃至世界现代合规发展史上具有里程碑式的意义。企业按照《量刑指南》的合规标准审查现有合规体系，而此前尚未建立全面合规体系的企业则开始按照《量刑指南》的要求建立合规体系。

1992年，关于通过控制危险废物跨越国境的转移和处置来防止危险废物对环境和人体健康造成危害的全球性国际公约《巴塞尔公约》开始生效，目前已经有187个国家签署。

1995年，联合国首次提出"全球契约"的构想，号召企业以承诺遵守国际行为准则的方式，使经济活动兼顾社会公益，承担相关社会责任。2004年，全球契约扩充形成人权、劳工标准、环境、反贪污四个方面的十项基本原则。

1997年，经济合作与发展组织（OECD）成员国达成《OECD反对国际商业活动中向海外政府官员行贿行为公约》。

（二）企业合规体系的规范

21世纪最初的5年是违规丑闻频发的黑暗时期，同时也是合规发展的黄金时期。

2001—2002年，安然有限公司和世界通信公司等企业发生财务造假丑闻，暴露出美国上市公司治理和财务审计方面存在的严重问题。为加强公司监管、重振投资者信心，美国国会于2002年通过《萨班斯–奥克斯利法案》，对美国上市公司财务监管中存在的问题进行了针对性规定。

作为美国国内法的《萨班斯–奥克斯利法案》适用于所有在美国上市和准备赴美上市的公司，包括外国公司，如中国的新浪、搜狐等，因而对世界范围内的企业经营和合规管理产生了深远影响。

2004年，巴塞尔银行监管委员会颁布《巴塞尔协议》，鼓励银行不仅要识别当前的风险，而且要识别将来的风险，并且改进现有的风险管理体系来管理这些风险。2005年，巴塞尔银行监管委员会又发布了《合规与银行内部合规部门》高级文件。

这一时期对合规发展产生重要影响的，还包括2004年修订后的《针对机构实体联邦量刑指南》。修订后的《量刑指南》在原先七项标准的基础上，为评估合规体系的有效性规定了更为细致和严格的要求，包括但不限于：培养诚信合规的组织文化；强调管理层对合规体系的监督；加强员工合规培训和宣介；建立内外部风险评估机制等。

（三）企业合规体系的发展和完善

肇端于2007年的次贷危机席卷全美，导致贝尔斯登公司和雷曼兄弟公司两家投行破产，并引发美国自大萧条时代以来最严重的失业和股灾。为避免经济危机进一步加剧，美国政府出资超过7000亿美元购买华尔街不良资产，救助房地产、汽车和银行等行业，但也导致民众财富缩水。为遏制金融违规、挽回公众信任，美国国会于2010年通过了《多德-弗兰克华尔街改革和消费者保护法案》（以下简称《多德-弗兰克法案》）。

该法案的规则覆盖了几乎整个金融业和国民经济，包括但不限于：商业贷款、消费贷款、金融衍生品、证券公司、对冲基金、投资银行、检举人，旨在改善金融行业责任制和透明度，避免再次发生经济危机，是美国金融业自大萧条以来最为深远的一次改革。

《多德-弗兰克法案》第922款规定，如果执法回收金额超过100万美元，那么美国证券交易委员会必须向提供证券违规举报原始信息的举报人发放10%~30%的奖励金。法案中此类鼓励举报的规定，促使企业进一步加强合规体系建设。

反腐败合规在这一阶段再次成为热点。以美国对德国西门子公司的反腐败执法案为代表，美国司法部和证券交易委员会在这一时期对大量跨国公司进行了反腐败调查和执法。受《反海外腐败法》巨额罚款的警示（西门子被罚约16亿美元）和会计条款的要求，众多企业不断加强自身的反腐败合规体系建设。

2010年，《量刑指南》再次修订，此次修订强调了合规官的独立性，对企业合规体系建设产生了不小的影响。

2010年，OECD颁布《内控、道德与合规最佳行为指南》，要求企业制定明确的政策来禁止海外贿赂，制定针对所有员工的合规执行体系、相关交流和培训机制、完善的举报制度等。

2014年，国际标准化组织（ISO）发布实施了《合规管理体系指南》（ISO 19600），将合规管理分为建立和改进两部分，包括确定合规范围、建立合规方针、评估合规风险、制定应对计划、实施和控制、评估和报告、持续改进等阶段，为所有规模和类型的企业建立有效的合规管理体系提出了指导性建议。

2014年，亚太经合组织（APEC）通过了《北京反腐败宣言》《亚太经合组织预防贿赂和反贿赂法律执行准则》《亚太经合组织有效和自愿的公司合规项目基本要素》。

2016年，ISO组织颁布了《反贿赂管理体系——要求和使用指南》（ISO 37001：2016），对于企业运营中可能存在的不正当的利益往来行为，阐述了预防、发现和应对措施。

2019年，《量刑指南》更新版明确提出了12项评估合规体系有效性的指标，并在《商业组织联邦起诉原则》中明确提出了三个评价标准：合规体系是否设计良好？是否有效实施？是否实际发挥作用？

到目前为止，经营合规的概念已经深入商业领域的各个方面，各个国际组织都为构建全世界范围内公平、公正的合法合规经营环境不断地努力着。而反过来对企业而言，经营风险不可能完全杜绝，却可以利用已尽合规义务的规则来保护自身，并且利用合规管理规则来加强企业建设。可以说，合规潮流不可逆，主动拥抱使用才是正确的做法。

点评：

从合规的起源到完善成型这近一个世纪以来的发展历程中，我们可以看到企业的合规从最初经济法的各领域，如反垄断法、证券和金融监管以及跨国商业行为，到现在已经扩展到经济和社会规制的各个领域。它从不同的企业和部门兴起，从最开始的分流和不同目标，在20世纪90年代，最终汇总成干流，初步形成相对完整的体系，而目前已经成为各国家、地区乃至全球商业组织和法律部门的共享制度。每一次合规的演变都是各个历史大事件的迭代结果，各个国家和组织都努力地从失败事件中总结经验，以完善并形成达成共识的合规规范。

站在企业的立场上，合规更多和"风险管理""内控体系"联系在一起（后文将阐述这三者的关系）。对于风险事件而言，每一个风险事件有危又有机，危与机是共存的孪生兄弟。每一次事件，不只是事故，同时也是改进的契机，是推动前进的最深刻动力。因此，每个企业经营者都应充分意识到以下几点：

1. 合规要求不是对企业的约束，它最终的目标是引导全球商业环境朝健康有序、公平公正的方向发展。

2. 只有融入全球商业规则中，成为其中的合格一分子，才能接入全球的供应链环境，获取更多的业务机会，也同时能规避更多的风险。可以说，企业成为"合规组织"是参与全球竞争的最基本条件。

3. 注重企业发展过程中或者同行业中的每一次大事件，这是完善企业运行机制、规避运营风险的最好时机。

"走出去"与"全球性协作"是不可逆转的趋势，因时势而勃发的中国合规管理成为我国各个企业在国际化进程中的实践热点。但是源于美国并扩展到世界范围内的这一制度，在国内推行的时候的确有许多值得检讨的地方。中国式的公司治理、法治水平和大陆法系的制度局限性，限制了合规的作用发挥。然而，相对于开拓者，我们是幸运的，是站在前人的肩膀上去处理合规问题。这正是我们向前迈进的最准确方向。

三、合规管理的基本概念

顾名思义，合规管理是指为了合乎规范而进行的管理。合规是指企业及其员工的经营管理行为符合有关法律法规、国际条约、监管规定、行业准则、商业惯例、道德规范和企业依法制定的章程及规章制度等要求。企业通过制定合规政策，按照内部规范的要求统一制定并持续修改合规规范，监督内部规范的执行，以增强内部合规控制；对违规行为进行持续识别、监测、预警、防范、控制、化解合规风险的一整套管理活动和机制。

合规管理包括组织内部的自我审查和来自外部组织的监管，其主要内容包括（但不限于）：合规管理制度建设、合规文化建设、合规信息系统建设、合规咨询、合规培训、合规审核、合规审计、合规检查、合规考核、合规评价、合规报告、法律法规追踪、投诉举报处理、监管配合和合规问责等。

四、合规管理的意义

(一) 中国当前合规管理的现状

合规管理理念和实践于20世纪70年代末由"三资"企业引入中国。就合规监管而言,我国也经历了由金融机构逐步向其他行业扩散的过程,目前政府对于企业合规管理体系的建设十分重视,要求各行业都应加强企业合规管理,完善企业合规建设。如:

2006年10月,中国银监会颁布了《商业银行合规风险管理指引》,为商业银行合规风险的管理提出了指引。

2016年4月,国务院国资委印发了《关于在部分中央企业开展合规管理体系建设试点工作的通知》。通知指出,企业合规管理在中国移动、中国石油、东方电气集团、招商局集团、中国中铁等五家中央企业开始试点。

然而,和跨国企业相比,中国企业在合规问题的处理上非常落后,很多中小企业乃至部分大企业甚至不知道合规管理的概念,而相对重视合规管理的企业,如华为、中兴和中国铁建等,其合规管理体系的构建也还处于起步阶段。同时,我国对企业经营合规方面的相关法律法规也并不十分健全。

2008年以来,随着中国企业大规模"走出去",更是大量出现了因对遵守国际上通行规则与非通行规则的认识不足或者理解不到位而不合规的商业行为,导致企业受到经营所在地政府或者国际组织的制裁,这不仅给企业造成经济与声誉损失,还给中国企业国际形象带来负面影响。

近年来，随着"一带一路"倡议的推进，更多的中国企业离开熟悉的国内市场环境，参与到全球市场竞争当中，而全球反腐力度及合规经营的要求不断加强，这使中国企业面临的境外经营合规风险越来越大。

2004年至2019年6月，世界银行就制裁了52家中国企业（一家企业内直接或间接控制的多家企业被制裁，计算为一家企业）。另外，世行还对8名个人进行制裁。这其中有18家企业和4名个人因受到国际开发银行制裁再被世行实施交叉制裁。被世行制裁的中国企业中，如果对一家企业内直接或间接控制的企业进行独立统计，被制裁的中国企业已有900家之多。

2019年5月14日，世行公布了对总部位于上海的思源电气股份有限公司做出除名的制裁决定。思源电气被制裁后不到一个月时间，世行在2019年6月5日又公布了对中国铁建股份有限公司及其所有附属公司、中铁二十三局集团有限公司、中国铁建国际有限公司及730家控股子公司做出除名的制裁决定。一家企业内受到制裁的附属公司数量之多，让人非常震惊。这打破了世行在2013年对加拿大兰万灵公司及其133家子公司制裁的纪录。

不只是来自世行的处罚，年产值上千亿元的通信行业骨干企业中兴通讯，被美国政府处罚14.9亿美元的同时，被列入美国禁售制裁名单，几乎濒临倒闭。同样是中国通信行业领头羊的华为也一直受到美国相关监管机构的调查，这为"走出去"的中国企业在合规管理方面敲响了警钟。

（二）国家对企业境外经营合规管理的重视

国家对企业境外经营合规管理越来越重视，近年来陆续出台了规范企业境外经营行为、提升企业合规管理水平的方针政策，详见表1-1。

表1-1 中国政府近年来发布的合规要求

时间	机构	事项
2010年8月	商务部、外交部、国家发展改革委、公安部、国务院国资委、安全监管总局、全国工商联	·印发《境外中资企业机构和人员安全管理规定》 进一步加强新形势下境外中资企业机构和人员安全保护工作，保障"走出去"战略的顺利实施。
2011年7月	国务院国资委	·发布《中央企业境外国有资产监督管理暂行办法》 目的是规范境外企业经营行为，维护境外国有资产权益，防止国有资产流失。
2013年2月	商务部、环境保护部	·《对外投资合作环境保护指南》 引导企业积极履行环境保护社会责任，推动对外投资合作可持续发展。
2013年3月	商务部	·《规范对外投资合作领域竞争行为的规定》 促进对外投资合作业务健康和可持续发展，规范企业海外经营行为，鼓励和保护公平竞争，杜绝不正当竞争行为，提升对外投资合作企业管理水平和竞争能力。
2014年1月	商务部、财政部	·审议通过《对外劳务合作风险处置备用金管理办法（试行）》 目的是规范对外劳务合作企业的经营行为，保障外派劳务人员合法权益。
2014年8月	商务部	·审议通过《境外投资管理办法》 促进和规范境外投资，提高境外投资便利化水平。

续 表

时间	机 构	事 项
2017年5月	中央全面深化改革领导小组	·审议通过《关于规范企业海外经营行为的若干意见》 提出要"加强企业海外经营行为合规制度建设"。
2017年12月	国家发展改革委、商务部、人民银行、外交部、全国工商联	·发布《民营企业境外投资经营行为规范》 从完善经营管理体系、依法合规诚信经营、切实履行社会责任、注重资源环境保护和加强境外风险防控等五方面对民营企业境外投资经营活动进行引导和规范。
2017年12月	国家发展改革委	·发布《企业境外投资管理办法》 加强境外投资宏观指导,优化境外投资综合服务,完善境外投资全程监管,促进境外投资持续健康发展。
2017年12月	国家质量监督检验检疫总局、国家标准化管理委员会	·颁布ISO 19600《合规管理体系指南》(GB/T 35770—2017/ISO 19600:2014) 为企业全面系统地建设合规管理体系提供了具体指南。
2018年11月	国务院国资委	·印发关于《中央企业合规管理指引(试行)》的通知 对中央企业的合规管理体系建设提出了要求和建议。
2018年12月	国家发展改革委等7部委	·联合发布实施了《企业境外经营管理指引》 对于推动企业持续提升合规管理水平提供更加具体的行动指引。

近些年来，中国政府也更加积极地参与全球反腐败与合规管理的国际合作。2014年亚太经合组织（APEC）北京会议通过了《北京反腐败宣言》（以下简称宣言），中国是《宣言》的发起者和参与者。此外，中国还参与发起并通过了《亚太经合组织预防贿赂和反贿赂法律执行准则》《亚太经合组织有效和自愿的公司合规项目基本要素》等重要文件。同时，中国也积极加入世界级别的各类公约，如《联合国反腐败公约》《国际商务交易中打击勒索和贿赂行为准则》等。作为成员国的中国企业，必然要顺应全球合规治理加强的大趋势，履行公约所规定的义务，积极预防和应对商业贿赂，树立和维护国家形象。

（三）中国企业境外经营合规管理的重要意义

合规管理是企业稳健经营运行的内在要求，也是防范违规风险的基本前提，是每一个企业都必须重视且进行管理的一部分，也是保障自身利益的有力武器。

合规化管理是规范员工行为的有效手段，通过建构科学的企业合规文化以及合规体系，有利于让员工养成合规化的习惯，避免违规风险。同时在制度层面向广大员工普及合规管理的相关条例，有利于让员工自觉自律地避免违规化操作。

合规管理可以防止决策失误，领导者的权限较大，再小的决策错误都有可能引发公司的多米诺骨牌效应，合规化管理通过约束高层领导人员的相关行为能够最大限度地减少决策失误带来的经营风险。

对于境外经营的中国企业来说，合规管理还有着更多更高层次的意义。

1. 树立和维护国家形象的需要

跨国企业虽然具有国际性，并且遵循基本的商业逻辑行事，但在以国家为主体的当代世界中,让人产生的第一印象还是其国家形象。如果中国企业在"走出去"的时候能够塑造一个遵规、亲和、友善、负责的形象,就会减少许多冲突和困境。因此,建立合规体系并使其有效运行,是使企业所有商业活动始终保持合法合规的基本保障,是中国企业在境外经营时,树立和维护国家整体形象、促进企业国际声誉的最基本条件。

2. 文化融入的需要

在国际市场上,我国企业在工程建设领域技术方面的差距并不大,但在管理和文化层面还有很大差距。因此,建设与国际经营接轨的先进企业文化,转变思想观念、改变思维方式,成为我们参与国际竞争的关键因素。

在合规经营、反对腐败成为主流价值观的大背景下,我们首先要创新的就是合规文化。要把文化理念转变为行为,需要通过建立系统的制度,将合规要求融入具体的工作流程及岗位中,持之以恒地严格执行。将表面的合规管理逐渐变成习惯,形成一种严谨的行为方式。通过合规制度的建立与执行以及合规文化的培育,将管理文化由任意型、粗放型向信誉型、集约型转变。

中国文化比较强调变通、灵活,有时候这是优点,有时候就容易出问题。企业要想真正融入国际大家庭、实现做强做优,就必须对自己的行为方式和道德文化进行认真反思和总结,学会遵守国际游戏规则,才有可能自立于世界大企业之林。

3. 市场竞争的需要

随着不断的发展壮大,一部分中国企业已处于发展变革的重要阶段。在这个阶段中,一是面临更多、更复杂的合规风险,二是在合规要求更严格的环境下参与市场竞争是未来的发展趋势,这就决定我们只有走合规经营之路,才能防范合规风险,才能在世界范围内和发达国家跨国公司竞争。而合规经营反过来又能提升企业的信誉,从而增强国际竞争能力。通过行为的合规进一步保障执行结果正确,这也是提升企业经营质量的必选之路。

4. 防范政治风险的需要

在和平时期,国家之间的竞争主要体现在经济领域的竞争,而经济领域的竞争则突出表现在大企业之间的竞争。

在世界格局中占主导地位的美国和西方国家,用冷战思维遏制中国的崛起。在国际市场上,作为后起之秀的中国企业,一举一动都备受关注,一旦出现失误就会被无限放大,削弱我们的市场竞争力,遏制我们的发展壮大。

西方国家冷战思维的特点之一就是寻找中国企业与西方企业的差异,并在中国企业的软肋上大做文章,突出中国企业的弊端,从"软实力"上削弱我们的竞争力,破坏我们的国际形象,从而阻挠我们走向国际市场。

因此,中国企业在境外经营中做好合规管理,对于应对西方国家的"经济冷战"也有积极意义。

(四) 工程建设企业境外经营合规管理的重要性

在"走出去"的中国企业中,80%属于工程建设企业。而这些"走出去"的企业有的因合规导致的问题,已经造成了巨大的经济和声誉损失。如,因合规问题被世界银行制裁的中国企业的行业统计分布来看,99%以上的企业是从事基础设施建设、工程建设类。如果这些企业因不合规被世行除名制裁,不仅不能承接世行及其他多边开发银行资助的项目,还可能引起他国政府、当地企业及金融机构的关注,或设置不利的合作条件。这不仅会影响我国企业进一步参与相关国家和地区的项目与商业合作机会,还会影响我国"一带一路"倡议的顺利推进,甚至影响国家推动企业"走出去"服务对外开放的大局,必须引起相关企业的高度重视。

因此,工程建设企业建立健全合规管理体系和制度,对于提升"走出去"企业整体合规管理水平至关重要。企业应充分重视合规问题,建立起工程建设企业境外经营合规管理的行业标准、体系指南。

五、合规管理与风险管理和企业内部控制的关系

(一)三者的含义

1. 合规管理

合规管理的定义如前文所述。

2. 内部控制

内部控制是指企业和各个组织在经济活动中建立的一种相互制约的业务组织形式和职责分工制度。为了实现企业经营目标,保障资产的安全、完整,保证会计信息资料的准确可靠,确保企业经营方针的贯彻执行和经营活动的经济性、效率性、效果性而在企业内部采取的自我调整、约束、规划、评价和控制的一系列方法、程序与措施的总称。

1980年后,美国COSO委员会(全美反舞弊性财务报告委员会发起组织)将"内部控制"定义为"一个组织设计并实施的一个程序,以便为达到该组织的经营目标提供合理保障"。

在COSO委员会制定的内部控制框架中,把内部控制活动分成五大组成部分,即:控制环境、风险评估、控制活动、信息与交流和监

督评审。

2002年，美国成立的上市公司会计监管委员会（PCAOB）明确采用了COSO内控框架作为内控评价的标准体系。许多国家和地区的资本市场也采用了COSO内控框架，有些国家和地区在参照该框架的基础上建立了自己的内控体系。

我国在2005年先后出台了《上交所上市公司内部控制指引》和《深交所上市公司内部控制指引》两个文件。上述两个文件参照了美国SOX法案的要求，在理论体系上和COSO内控框架一脉相承。

3. 风险管理

风险管理是指通过对风险的识别、评估，选择最有效的应对方式，在事前主动地、有目的地、有计划地处理风险，以最小成本争取获得最大安全保证的管理方法。

企业风险管理理论发展大致分为三个阶段。

第一阶段：以"安全和保险"为特征的风险管理。100多年前，航运企业风险管理的主要措施就是通过保险把风险转移给保险公司。

第二阶段：以"内部控制和控制纯粹风险"为特征的风险管理。随着工业革命的发展，公司对业务管理和流程方面的内部控制提出了要求。美国1977年的《反国外贿赂法》要求公司管理层加强内部会计控制；1992年的《COSO内部控制综合框架》提出以财务管理为主线的内部控制系统。

第三阶段：以"风险管理战略与企业总体发展战略紧密结合"为特征的全面风险管理。风险管理实践表明，仅靠内部控制难以实现企业的最终目标。为此，COSO于2004年9月出台了《COSO企业全面风险管理整合框架》（ERM），提出了由三个维度构成的风险管理整合框架。

国务院国资委于2006年发布《中央企业全面风险管理指引》，标志着我国中央企业建立全面风险管理体系工作的启动。

(二) 三者的侧重点

合规管理是内部控制的一个重要方面,也是风险管理的一个关键环节。内控制度的完善离不开合规化的管理及操作。这三者各有侧重点,详见表1-2。

表1-2 合规管理、内部控制与风险管理的侧重点

合规管理	内部控制	风险管理
1. 反商业贿赂、反欺诈、反舞弊; 2. 反垄断、反不正当竞争、反洗钱; 3. 贸易管制、海关估值、转移定价; 4. 数据安全、信息保护、隐私保护; 5. 高管刑事责任; 6. 税务合规; 7. 安全健康环保; 8. 知识产权保护	1. 组织架构的设计与运行; 2. 发展战略的制定与实施; 3. 人力资源的引进与开发、使用与退出; 4. 安全生产、产品质量、环境保护与资源节约、促进就业与员工权益保护; 5. 企业文化的建设与评估; 6. 资金活动:筹资、投资和资金营运; 7. 采购业务:购买、付款; 8. 资产管理:存货、固定资产、无形资产; 9. 销售业务:销售、收款; 10. 研究与开发:立项与研究、开发与保护; 11. 工程项目:立项、招标、造价、工程建设、工程验收; 12. 担保业务:调查评估与审批、执行与监控; 13. 业务外包:承包方选择、外包实施; 14. 财务报告:编制、对外提供、分析利用; 15. 全面预算:编制、执行、考核; 16. 合同管理:合同订立、履行; 17. 内部信息传递:内部报告的形成、内部报告的使用; 18. 信息系统:开发、运行与维护	1. 战略风险 2. 财务风险 3. 市场风险 4. 运营风险 5. 法律风险 6. 环境风险 7. 政策风险 8. 技术风险

合规管理的核心，是"不合规，企业及相关利益主体将遭遇声誉损害、高额赔偿，乃至刑事处罚"。将企业和个人行为纳入合规管理体系中，保障主体不因不合规而遭受以上损失，这是合规管理的驱动力，也是合规管理的内在核心。至于合规可创造价值，完善的合规体系可成为减轻责任的抗辩理由，则是锦上添花的事。

内部控制的核心，是"通过内部控制五要素，对管理层及员工的行为进行约束，以尽可能实现企业的运营有效、报告可靠、合规这三大目标"。内部控制是帮助企业实现业绩和盈利目标，同时又保证企业出具的财务报告可靠和企业行为符合法律法规。

风险管理的核心，是"以可接受的成本保护和创造价值"。可接受的成本是指企业对风险的偏好程度，保护价值是指企业进行风险管理的基本目的，创造价值是指企业运用风险带来的机会，它是企业进行风险管理的高级目的。随着社会波动性、复杂性和模糊性日益增加，以及利益相关者的参与度越来越高，企业更加需要完善的风险管理机制来应对。将风险管理贯穿于整个企业会产生许多好处，包括增加新的机遇、识别和管理企业的风险、增加竞争优势、减少负面损失、降低绩效偏离度、改善资源部署、提升企业韧性等。近年来，基于风险导向的管理理念逐渐兴起，企业管理中常见的公司治理、企业文化、战略管理、绩效管理、危机管理等都可以用风险管理框架来更好地标准化、科学化。

(三) 三者的关系

合规管理、内部控制、风险管理都是企业治理与管理必不可少的一部分。在经济与社会不确定性不断增加的情形下，以及处于政策作为经济与社会治理的重要手段不断加强的时代中，在历经一些惨痛教训之后，三者都越发显得重要。

与战略管理、营销管理、人力资源管理等职能与职责相比，合规管理、内部控制与风险管理在企业中偏向于基本保障、风险预防。如果将企业比喻为一艘向前行使的车辆，那么合规管理、内部控制与风险管理应该类似于刹车、前后护栏、ABS等组合在一起的功能。

合规管理、内部控制、风险管理侧重的视角不同。合规管理强调对规则（法律、规章制度、商业伦理、当地宗教和文化）的遵守；内部控制强调对行为（企业各层级、业务各环节）的限制；风险管理强调对未来不确定性事件的控制。

合规是内部控制要达到的目标之一，而内部控制则被涵盖在企业风险管理之内，是风险管理的一个基础和组成部分。因此，从三者的内涵来看，合规管理小于内部控制，内部控制小于风险管理。但从价值上来看，三者目前并不是可以相互取代的。

Chapter 2
第二章

阿尔及利亚概况

一、地理位置和人口分布

（一）地理位置

阿尔及利亚（全称"阿尔及利亚民主人民共和国"）位于非洲西北部，北濒地中海，东与突尼斯、利比亚毗邻，西与摩洛哥接壤，南部和西南部与马里、尼日尔、毛里塔尼亚、西撒哈拉相连。国土面积238万平方千米，海岸线长约1200千米，现为非洲陆地面积第一大国。

阿尔及利亚地形分为地中海沿岸的滨海平原与丘陵、中部高原和南部撒哈拉沙漠三部分。沙漠面积逾200万平方千米，约占国土总面积的85%。阿尔及利亚属于东1时区，比北京时间晚7小时，没有夏令时。

（二）人口分布

据阿尔及利亚国家统计局最新统计数据，截至2019年1月1日，阿尔及利亚总人口约为4300万。2018年，阿尔及利亚15~59岁劳动年龄人口约有205.8万，占总人口比例为60.6%，相较于2017年下降了0.5个百分点。海外侨民约有400万，其中200万在法国。阿尔及利亚人口主要集中在占国土面积不到4.7%的沿海地带，人口密度达每平方千米250人，70%的人口生活在城市及周边地区。

据不完全统计，截至2020年初，阿尔及利亚华侨约2万~3万人，其中大部分为务工人员，主要集中在沿海城市，如阿尔及尔、奥兰、安那巴等。

二、自然环境和自然资源

(一) 自然环境

1. 气候条件

阿尔及利亚北部沿海地区属地中海气候,年平均温度约为17℃,1月最低温度约5℃,8月最高温度约38℃;阿尔及利亚高原地区属大陆性气候,干燥少雨,冬冷夏热,1月最低温度在0℃以下,山区降雪;撒哈拉地区为热带沙漠气候,5—9月最高温度可达55℃,昼夜温差大;沙漠绿洲、高原和沙漠中的盐湖地带自成小气候。

每年11月至次年3月为雨季,6—9月为旱季。沿海地区年降雨量为400～1000毫米。大部分地区常受来自南方和东南方的干热风的危害。

2. 地形地貌

阿尔及利亚全境大致以东西向的泰勒阿特拉斯山脉、撒哈拉阿特拉斯山脉为界。

泰勒阿特拉斯山脉以北为地中海岸的滨海平原;两山脉之间为高原地区;撒哈拉阿特拉斯山脉以南属撒哈拉大沙漠,约占全国面积的85%。

(二) 自然资源

阿尔及利亚国土辽阔,但大部分地区被沙漠、森林和细茎针茅植被覆盖,耕地面积约800万公顷,水资源紧缺。渔业资源较丰富,可供捕鱼的海洋面积约9.5万平方千米,鱼类储量达50万吨。石油、天然气和页岩气储量丰富,石油探明储量约13.4亿吨,占世界总储量1%,居世界第15位、非洲第3位,属撒哈拉轻质油,油质较高。此外,2/3的阿尔及利亚领域都没有充分勘探或未勘探;天然气探明可采储量2.37万亿立方米，占世界总储量的2.37%，居世界第10位；可采收页岩气资源预计达20万亿立方米，居世界第3位。矿产资源品类逾30种，已探明的主要有铁矿40亿吨，铅锌矿储量估计为1.5亿吨，铀矿5万吨，黄金173.6吨，磷酸盐20亿吨。

1. 铁矿

铁矿是阿尔及利亚最重要的矿产资源之一，储量约40亿吨，主要分布在阿尔及利亚西南部廷杜夫盆地以及北部温扎和布哈拉德地区。廷杜夫盆地盖拉杰列特超大型铁矿为泥盆系鲕状沉积铁矿，储量预计达35亿吨，平均品位为57%。主矿体划分为下部非磁铁矿，厚度3~10m，含铁为54.6%，主要为菱铁矿、赤铁矿、磷灰石、石英等；中部磁铁矿，厚度6~10m，含铁为57.8%，主要为磁铁矿、菱铁矿、赤铁矿、磷灰石等；上部非磁铁矿厚度4~12m，含铁为53%，主要为针铁矿、霞长岩、赤铁矿、菱铁矿磷灰石等。温扎和布哈拉德矿床类型为接触变质型铁矿，平均品位达到40%~56%。

2. 金矿

金矿是阿尔及利亚的优势矿产之一，成矿地质条件好，超大型矿床主要分布在南部，少量零星分布在北部。南部霍加地区是该国"金腰带"，著名的矿床有阿梅斯梅萨，属造山型金矿，储量达338万吨，平均品位18克/吨；特里克储量达73万吨，平均品位17克/吨；特里林储量达48万吨，平均品位17克/吨。布德瓦乌金矿出露在北部，由于规模较小，储量及平均品位未见报道。

3. 铅锌矿

铅锌矿储量估计为1.5亿吨，目前已发现的铅锌矿床均见于阿尔及利亚北部地区，如瓦迪阿米祖尔、奥德凯比尔、阿比德、盖兹瓦特、塞提夫等。其中最著名的塔拉哈姆扎超大型铅锌矿，其储量为6860万吨，锌含量为 4.6%，铅含量为 1.1%~1.2%。塔拉哈姆扎矿体以透镜状体的形式赋存于安山岩角砾岩和蚀变凝灰岩中，深度为 400~500 米。主要的金属矿化为闪锌矿和方铅矿，黄铁矿广泛存在，黄铜矿很少出现。纯闪锌矿矿化厚度 20~30 米，主矿体内部呈透镜状。

4. 磷矿

磷酸盐储量大约为 20 亿吨，分布在北部沿海地区，储量居非洲第 5 位，主要磷矿区有杰贝勒翁格和库维夫，产于泥灰岩、石灰岩和白云岩层交替夹层中，厚度可达 50 米，均属于沉积型矿床。

三、经济状况和发展规划

（一）经济状况

1. 总体经济

阿尔及利亚经济规模在非洲位居前列。石油与天然气产业是阿尔及利亚国民经济的支柱，多年来其产值一直占阿尔及利亚 GDP 的 30% 左右，税收占国家财政收入的 60% 左右，出口占国家出口总额的 95% 以上。粮食与日用品主要依赖进口。

阿自 1989 年开始市场经济改革，1995 年通过私有化法案，加快经济结构调整。2005 年以来，国际油价走高，阿油气收入大增，经济稳步增长。阿政府对内实施财政扩张政策，全面开展经济重建，在"五年经济社会振兴规划"（2005—2009 年）和南部、高原省份发展计划框架下，斥资近 2000 亿美元用于国企改造和基础设施建设，推动国有企业和金融体系改革，加大对中小企业的扶持；对外扩大经济开放，出台"新碳化氢法"，鼓励外企参与阿油气开发，密切与欧、美的经贸合作，加紧开展"入世"谈判。

2009年爆发的国际金融危机未对阿金融体系造成较大冲击，但随着危机蔓延，阿石油收入锐减。为减弱金融危机影响，阿加强对金融机构的监督和引导，加大对油气领域投资，加快实施能源多元化战略。2010年、2014年，阿分别启动了旨在振兴经济、加快发展、改善民生的国家投资计划。

据世界银行统计，2019年，阿尔及利亚国内生产总值达2001亿美元，人均国内生产总值为4646美元，经济增长率为2.7%，通货膨胀率为1.95%。

2. 产业分布比例

据世界银行数据显示，2018年，第一产业、第二产业、第三产业占GDP的比重分别为12%、39.6%和48.4%。

(1) 石油天然气工业。

碳氢化合物工业是阿尔及利亚的支柱产业，2018年阿尔及利亚石油产量为6530万吨，天然气产量为923亿立方米。2019年阿尔及利亚石油日产量达到102.3万桶，与2018年的平均产量（104万桶/日）相比略有下降。2019年阿尔及利亚能源出口332.43亿美元，相较2018年的388.71亿美元下降了14.48%。

阿尔及利亚拥有5家炼油厂、4个液化天然气厂、2个液化石油气分离厂、2个烯醇石化厂，总炼化能力合计约为每年2200万吨。为满足阿尔及利亚国内能源消费需求，政府计划新建六座炼油厂，同时在新建炼油厂的周边发展相关的石化工业。阿尔及利亚国家石油公司已于2016年底宣布2015—2021年的六年投资计划，投资规模达630亿美元，用于石油勘探和开发。如阿国家石油公司实施此项投资计划，预计可以保证阿石油产量相对稳定。

阿尔及利亚国内能源消费占其能源总产量的30%，其余70%全部用于出口。其中天然气出口量位居世界第3位，仅次于俄罗斯和加拿大，原油出口量位居世界第12位。此外，阿尔及利亚年出口液化天然气约2000万吨，是世界第四大液化天然气出口国，仅次于印尼、马来西亚和卡塔尔，主要出口西欧，特别是法国和西班牙。欧洲30%的能源来自阿尔及利亚，2015—2017年欧洲对阿尔及利亚的能源依存度达到60%。

阿尔及利亚国家石油天然气公司成立于1963年，系阿尔及利亚第一大企业，世界第十二大石油公司、第四大天然气出口公司和第二大液化石油气出口公司，位居非洲500强首位。该公司专门经营石油、天然气勘探开采，注册资本60亿美元。1971年阿尔及利亚碳氢化合物工业国有化后，该公司成为阿尔及利亚油气领域独家经营者，作业面积约110万平方千米，石油产量占总产量的85%，天然气产量占总产量的90%以上。公司下辖4家全资子公司：阿尔及利亚国家油气炼化公司、阿尔及利亚油气产品销售公司、阿尔及利亚油气产品海洋运输公司和阿尔及利亚石化产品生产销售公司。

2015—2019年，阿尔及利亚国家石油天然气公司在石油天然气上游行业将投资420亿美元以增产至2.25亿吨油当量，天然气方面的投资将超过220亿美元。伊利兹省Tinhert气田（产量为2400万立方米/天）、Hassi Bahamou气田（产量为2100万立方米/天）、阿德拉尔省Touat气田（产量为1200万立方米/天）、Reggane气田（产量为1200万立方米/天）和提米蒙的气田项目（500万立方米/天）五个气田均将在未来五年投产。Sonatrach将努力提高生产能力、扩大石油和天然气储量、提高石化和炼油以及输油能力、加强必要的人力资源开发，继续保持石油天然气领域的投资。

阿尔及利亚页岩气储量20万亿立方米，排名世界第三位，仅次于中国和阿根廷。未来20年，阿尔及利亚国家石油天然气公司将投资700亿美元用于页岩气开采，兴建200座矿井，日产量达到6000万立方米/天、年产量200亿立方米，创造5万个直接和间接就业岗位。阿尔及利亚计划于2022年开始进行页岩气商业开采，2025—2027年间将生产能力从200亿立方米增加到300亿立方米。

表2-1　2014—2018年阿尔及利亚油气出口情况

年　份	2014	2015	2016	2017	2018
出口收入（亿美元）	610.5	357.2	276.6	328.6	390
出口吨当量石油（亿）(TEP)	0.98	0.98	1.09	1.06	0.99

资料来源：阿尔及利亚国家石油天然气公司。

（2）农、林、牧、渔业。

阿尔及利亚现有农村人口1300万。农业产值约占国内生产总值的12%。主要农产品有粮食（小麦、大麦、燕麦和豆类）、蔬菜、葡萄、柑橘和椰枣等。耕地面积约800万公顷，占国土面积的3%，其中粮田306万公顷、果林57.7万公顷、葡萄8.2万公顷、蔬菜种植面积16万公顷。阿农业靠天吃饭，产量起伏较大。阿是世界粮食、奶、油、糖十大进口国之一，每年进口粮食约500万吨。

森林覆盖率11%，总面积367万公顷，其中软木林46万公顷，年产木材20万立方米。阿森林总局数据显示，自2000年推出国家绿化计划至今，阿已植树造林超过50万公顷。

（3）旅游业。

阿旅游资源丰富，全境有7处自然、文化景点被联合国教科文组织列为世界遗产。目前阿全国有旅游开发区174个，酒店1136家，床位约10万张。

（二）发展规划

2001年，阿尔及利亚开始实行经济复苏发展计划，2005—2009年的五年规划提出投资2000亿美元进行基础设施建设，实施了道路网络、现代化的港口和铁路网络的扩建和现代化改造，经济发展得以巩固。2010—2014年又投资2860亿美元加大了南部和高原省份的建设。2015—2019年的五年内，阿尔及利亚政府投资2625亿美元用于发展具有竞争力和多元化的经济。新的计划将在过去的基础上继续加大投资、持续原有的发展方案，并整合来自所有国家利益相关者的建议，总结经验，改善规划的执行和效果。但受油价下跌影响，计划实施面临严重资金困难，进度有所放缓。

为应对当前经济形势，阿尔及利亚财政部公布"新经济增长模式"改革文件，主要包含2016—2019年国家预算战略和2016—2030年国家经济多元化和转型战略。阿尔及利亚政府现行预算政策存在低效和浪费问题，且因长期实行的社会福利导致物价失衡。阿尔及利亚政府制定的2016—2019年国家预算战略，旨在改善税收状况，减少财政赤字，促进国内金融市场资源流动，并提出四大改革方案。此外，针对电力、燃气、水利、铁路、通信等公共领域大企业，阿尔及利亚政府亦提出四项改革方案。2016—2030年国家经济多元化和转型战略（2030年远景计划）将通过鼓励大众创业、推动私人投资、改革工业发展政策、重组和整合工业土地资源、实施国家能源转型等政策逐步实现六大经济目标。2020年2月15日，总理杰拉德提交的政府行动计划获得议会通过，行动计划主要包括五大方向：国家治理方式革新、金融和经济领域改革、社会和人文政策改革、开展积极主动的外交、强化国防和国家安全建设。

四、国家象征和政治制度

(一) 国家象征

1. 国旗

阿尔及利亚国旗呈长方形，长与宽之比为 3∶2。旗面由左绿右白两个平行相等的竖长方形组成，中央为一弯红色新月和一颗稍微倾斜的红色五角星。绿色象征未来的希望，白色代表纯洁与和平，红色象征革命和为理想而奋斗的献身精神。阿尔及利亚以伊斯兰教为国教，新月和五角星是这个伊斯兰国家的象征。

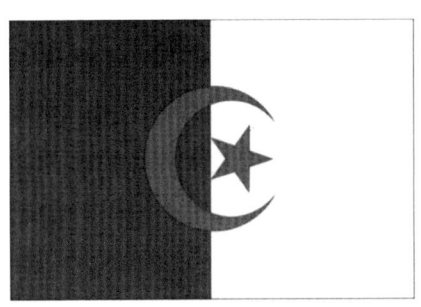

图 2-1 阿尔及利亚国旗

2. 国徽

阿尔及利亚国徽启用于 1976 年。是以一只伸展的手掌为中心图案，三只手指直插云霄，象征国家的三大革命：工业、土地和文化革命。一轮旭日从手中冉冉升起，照耀着美丽富饶的绿色大地，昭示着国家的独立，以及对未来的希望和信心。手掌左侧立着厂房、井架和密林，分别代表工矿、石油和林业；右侧绘有象征农业生产的麦穗与绿色橄榄枝。国徽下端的红色新月与五角星将阿尔及利亚与伊斯兰教及阿拉伯世界维系在一起。

图 2-2　阿尔及利亚国徽

3. 国歌

阿尔及利亚国歌为《誓言》。

阿尔及利亚的国歌于 1963 年，即从法国独立后的隔年起采用至今。1955 年，因反抗法国的殖民统治而在监狱服刑的阿尔及利亚籍诗人默福迪·扎卡里亚写出歌词，之后由来自埃及的穆罕默德·法齐作曲。

（二）政治制度

阿尔及利亚为统一的民主人民共和国。总统每届任期 5 年，可连选连任，总统在国家政治生活中居主导地位。现任总统为阿卜杜勒马吉德·特本，于 2019 年 12 月当选。国家高级法院拥有审判总统、总理背叛行为或渎职罪的权力。

1. 宪法

阿尔及利亚独立以来共颁布三部宪法，目前新任总统特本正在主持对现行宪法的修订。现行宪法于1989年2月颁布，于1996年11月经全民公投修订。修订后的宪法主要内容是：确定阿尔及利亚的伊斯兰、阿拉伯、柏柏尔属性；禁止在宗教、语言、种族、性别、社团主义和地方主义的基础上成立政党；议会由国民议会和民族院组成；总统在议会产生前及休会期间可以法令形式颁布法律；如政府施政纲领两次被国民议会否决，则解散国民议会，重新选举等。2008年11月，阿尔及利亚议会通过宪法修正案，取消对总统连任次数的限制。2016年2月，阿尔及利亚议会通过宪法修正案，对政治和治理提出重大建议，包括保护公民权利和自由，加强司法独立，议会反对派拥有更多手段保持活跃，建立选举监督机构，规定总统只能连任一次等内容。

2. 议会

阿尔及利亚实行两院制，由国民议会（众议院）和民族院（参议院）组成。两院共同行使立法权，对政府行使监督权，并有权弹劾政府。政府首脑和国民议会2议员均拥有法律提案权。国民议会通过的法案须经民族院四分之三多数通过后方能生效。

2017年5月，新一届国民议会选举产生462名议员，任期5年，萨义德·布哈贾当选议长。2018年10月，国民议会召开全会，选举穆阿德·布沙莱卜接替布哈贾担任议长职务。2019年7月，布沙莱卜辞去议长职务，苏莱曼·谢宁当选新一任议长。本届议会各政党所占席位如下：民族解放阵线164席，民族民主联盟100席，争取和平社会运动和变革力量联盟33席，希望联盟19席，复兴运动、正义与发展阵线和建设运动三党联盟15席，未来阵线14席，社会主义力量阵线14席，阿尔及利亚人民运动13席，工党11席，其他席位由其余26个政党和独立人士赢取。

民族院议员中，96人通过间接、无记名投票选出，另48人由总统任命。议员任期6年，每3年改选其中一半。本届民族院共有144名议员，2018年12月，民族院议员进行部分改选，民族解放阵线获47席，民族民主联盟获44席。现任代理议长为萨拉赫·古吉勒。自2019年4月前任议长阿卜杜勒–卡德尔·本·萨拉赫代理国家元首以来，萨拉赫·古吉勒一直代理该职务。

3. **司法机构**

设最高司法委员会，主席和副主席分别由总统和司法部长担任。法院分三级：最高法院、省级法院和市镇法庭。不设检察院，在最高法院和省级法院设检察长，均受司法部领导。最高法院院长阿卜杜勒·拉希德·特比。

4. **政治**

2019年，阿局势发生重大变化。2月以来，阿爆发多轮大规模民众示威游行，抗议布特弗利卡总统谋求第5任期。4月2日，布特弗利卡总统宣布辞职。9日，阿议会两院全会投票确认总统职位空缺，由民族院（上院）议长本萨拉赫任临时总统。6月2日，阿宪法委员会宣布推迟原定于7月4日举行的大选。12月12日，阿举行大选，前总理阿卜杜勒·马吉德·特本首轮胜出，当选总统。

5. **军队**

总统任最高安全委员会主席和武装力量最高统帅，并兼任国防部长。最高安全委员会为最高军事决策机构。国防部为政府军事机关，是军队最高领导机构。人民军参谋长为艾哈迈德·盖德·萨拉赫中将。全国划分为6个军区，下设若干军分区。装备主要来自苏联国家，其余来自美、英、法、意等国。

按照《全球火力》发布的报告,阿尔及利亚有人民军正规部队约28万人,其中包括作战人员约13万人,另外还有预备役人员约15万人。军事力量在世界排名第28位。

(三) 主要党派

根据1996年11月通过的宪法修正案和1997年2月通过的政党法,阿原有30多个合法政党。2012年1月,布特弗利卡总统签署新的《政党法》,阿内政部据此批准了30多个新政党。主要党派有:

(1) 民族解放阵线,简称"民阵"。前身为"团结与行动委员会",成立于1954年8月,同年11月1日发动抗法武装起义,改名为"民族解放阵线",1977年10月又易名为"民族解放阵线党",1988年11月恢复"民族解放阵线"的名称。民阵积极倡导建立国际经济新秩序,主张恢复阿的国际地位。阿独立后,民阵长期执政。1992年后成为在野党。1997年6月在首届立法选举时成为议会三大执政党之一。2002年在阿第二届立法选举中重新成为阿第一大党,并在2007年、2012年的立法选举中继续保持第一大党地位。2005年2月,布特弗利卡总统被推举为名誉主席。2013年8月起,萨伊达尼担任该党总书记,2016年10月,萨辞去该党总书记职务,阿贝斯接任。2018年11月,阿贝斯辞去总书记职务,新任国民议会议长布沙莱卜暂任代理总书记。2019年7月,穆罕默德·杰麦里当选为总书记。9月,阿里·萨迪基担任代理总书记。

(2) 民族民主联盟,简称"民盟"。成立于1997年2月,由老战士组织、老战士子女组织、烈士子女组织、退役军官协会、工会、农会、全国妇女联盟七个有影响的全国性团体组成。1997年6月,在首届立法选举中获40%的议席,一度成为阿第一大政党。在2002年、

2007年、2012年的立法选举中均居议会第二大党。民盟主张"多样性、轮流执政"的原则,要求深化经济结构改革,推进私有化进程。2016年5月,乌叶海亚出任总书记。2019年7月,因乌叶海亚被羁押,民盟选举塔兹卡亚·阿兹丁·米胡比为代理总书记。

(3) 争取和平社会运动,简称"和运"。原名哈马斯,成立于1990年,1997年4月改为现名,系温和伊斯兰主义政党。既倡导伊斯兰化,也主张民主和轮流执政,鼓励推进私有化,努力解决失业和住房等问题。2004年,该党与民阵、民盟组成"总统联盟",支持布特弗利卡总统连任。2012年因与另外两党政治分歧宣布退盟,并与民族改革运动、复兴运动两个伊斯兰政党组成"绿色阿尔及利亚联盟"参加国民议会和地方选举,但表现不佳。现任党主席阿卜杜拉扎克·摩克里。

(4) 阿尔及利亚人民运动,简称"阿人运"。2012年3月获批成立。主张振兴经济、解放妇女、改善民生,改善地区和国际关系,反对伊斯兰主义,反对外国势力干涉阿内政。在2012年11月举行的地方选举中一跃成为仅次于民阵、民盟的第三大党。总书记阿马拉·本尤奈斯。

(5) 劳工党。1990年3月29日成立,前身是社会主义工人组织。属极端民主派政党,主张一切权力归工人阶级,反对经济私有化,但不反对外国资本进入阿国有经济以外的其他领域。在2007年立法选举中获26席,居第四位。现任总书记露伊莎·哈努娜(女)。

(6) 社会主义力量阵线。1963年成立。主张根据人民的需要和意愿发展国家,尊重言论自由,反对个人专制,建设一个自由、进步、团结的社会。

（7）文化与民主联盟。1989年2月11日成立，由柏柏尔人组成。主张党政教分离；建立国家与私人相互补充的市场经济；全面改革教育制度。党主席穆赫辛·贝勒阿贝斯。

五、政府机构和行政区划

（一）政府机构

现政府于2020年1月成立，并于6月进行小幅改组。目前政府由总理、32名部长、总理府4名部长级代表、部委2名部长级代表和2名国务秘书等组成。主要成员有：总理阿卜杜勒阿齐兹·杰拉德，外交部长萨布利·布卡杜姆，内政和地方行政和土地整治部长卡迈勒·贝勒朱德，司法、掌玺部长贝勒卡塞姆·泽格玛提，财政部长埃蒙·贝纳布迪拉姆，能源部长阿卜杜勒马吉德·阿塔尔等。

政府网址：

（1）阿尔及利亚总理府：www.cg.gov.dz

（2）外交部：www.mae.dz

（二）行政区划

阿尔及利亚地方行政机构划分为省和市镇两级，全国共58个省（2019年11月，部长理事会决定在南部增设10省，将总数由48省提升至58省）、1541个市镇。各省省长由内政部提名，总统任命，省里设省议会；市镇由市议会管理，市长由市议会选举产生。另外，省与市镇中间设有区，但仅为省的派遣机构，不是一级行政单位，全国共设548个区，区长由总统任命。

全国58省分别为：阿尔及尔、阿德拉尔、谢里夫、拉格瓦特、乌姆布阿基、巴特纳、贝贾亚、比斯卡拉、贝沙尔、布利达、布依拉、塔曼拉塞特、特贝萨、特雷姆森、提亚雷特、蒂齐乌祖、杰勒法、吉杰尔、塞蒂夫、赛伊达、斯基克达、西迪·贝勒·阿贝斯、安纳巴、盖尔马、君士坦丁、梅德阿、莫斯塔加纳姆、姆西拉、马斯卡拉、乌尔格拉、奥兰、贝伊德、伊利齐、布尔吉·布阿雷里吉、布迈德斯、塔里夫、廷杜夫、蒂斯姆西勒特、瓦德、罕西拉、苏克·阿赫拉斯、蒂巴扎、密拉、艾因·德夫拉、纳阿马、艾因·蒂姆沈特、格尔达亚、赫利赞、普里厄尔堡、萨拉泉、贾奈特、因盖扎姆、迈盖耶尔、图古尔特、贝尼·阿贝斯、提米蒙、奥拉德杰拉勒、迈尼耶。

阿尔及利亚主要城市如下：

（1）阿尔及尔。

阿尔及尔是阿尔及利亚的首都，也是政治、经济、文化中心。公元前7世纪，腓尼基人在此建立港口，后罗马人建立了伊高西姆城。15世纪成为阿尔及尔公国首都。16世纪土耳其人占领并在此建居民区。17世纪时，阿尔及尔开始繁荣。19世纪，法国占领阿尔及利亚，以阿尔及尔为首府。"二战"期间，阿尔及尔成为北非盟军指挥部所在地，并一度为法临时首都。阿尔及利亚独立后成为首都。

阿尔及尔坐落于地中海沿岸，省面积共809平方千米，人口315.5万，有高速公路通往东西部大城市。阿尔及利亚所有大公司总部几乎均设于此。胡阿里·布迈丁机场是阿尔及利亚最大的国际机场，阿尔及尔港是全国最大的港口，年吞吐量约140万标准箱。

阿尔及尔分新、旧两城。旧城以东北的卡斯巴区为中心，富有阿拉伯特色，石砌房屋依坡而筑，街道狭窄弯曲，传统摊贩市场密集，

1992年12月被联合国教科文组织列为"世界人类文化遗产";新城街道与海岸平行,多欧式建筑和街头公园,顺山坡向上发展。

阿尔及尔有两所综合性大学、21所专科学院、27个研究中心、752所中小学、4所综合医院和6所专科医院。市内有319座清真寺和众多博物馆,有巴尔杜史前人类博物馆、非洲圣母院、烈士纪念塔、1830年法国入侵登陆点港口和以民族英雄卡德尔命名的广场等。分别矗立在城市东西两个山头的无名烈士纪念塔和奥拉西宾馆(以阿革命根据地奥拉西山命名),是阿革命的象征。附近还有许多古罗马时代的古迹和遗址。

(2)奥兰。

奥兰是阿尔及利亚第二大城市,位于阿尔及利亚西北部,濒临地中海,面积约64平方千米,人口约160万。作为阿尔及利亚西部最大的城市和工业、商业中心,奥兰被誉为阿尔及利亚"西部首都"。位于城南的艾赛尼亚机场为国际空港,年运送旅客能力300万人次。奥兰港为阿第二大港,港宽水深,年货物吞吐量280万吨。

奥兰兼有阿拉伯城市风貌和现代化城市特色,文化和经济均较发达。东北约40千米处的阿尔泽为石油工业基地。离市中心25千米的安达卢士为著名的旅游胜地。

(3)塞蒂夫。

塞蒂夫是阿尔及利亚重要的商贸城市,附近 El Eulma 镇的"迪拜城"市场较有名气。

此外,位于塞蒂夫省的杰米拉或称奎库尔,高于海平面900米,以它特有的广场、寺院、王宫、凯旋门以及建筑物,形成了在山区进行罗马式城市建筑设计的典型范例。1982年作为文化遗产列入《世界遗产名录》。

杰米拉遗址使阿尔及利亚成为拥有世界上最壮观的罗马遗址的国家之一。尽管这个遗址本身的占地面积并不是最大的，但它却保存完好，而且与之相邻的博物馆里藏有极其精美的镶嵌壁画，这些工艺品经常被送到很远的阿尔及利亚博物馆展出。杰米拉因拥有北非保存最完好无缺的古罗马遗址而为万众所瞩目。

（4）特莱姆森。

特莱姆森为阿西北部重镇，临近摩洛哥，为特莱姆森省省会。位于特莱姆森山麓阶地上，四周葡萄园、果园和油橄榄林环绕，一向以地毯、银器等手工业和古清真寺、尖塔等名胜著名，是牲畜、谷物、葡萄酒和水果的重要贸易市场，有面粉、水果罐头、橄榄油、栓皮加工等工厂。城市附近有铁矿。铁路通乌季达（摩洛哥）、阿尔及尔和贝尼萨夫港。

（5）君士坦丁。

君士坦丁是一个有 2500 年历史的名城，多古迹和富有特色的桥梁。有毛纺织、铁路车辆修理、制革和农业机械等工业。手工地毯以精美著名。

六、社会组织和公共交通

（一）社会组织

阿尔及利亚法律保护工会多元化和集会、罢工自由。

（1）工会。目前有独立工会 20 余家，主要围绕工人联合总会运行。阿工联独立于政党和所有的政治、行政和雇主组织，是统一的、民主的和向全体工资劳动者开放的工会组织。其宗旨是组织、动员、团结职工，争取实现社会公正。具体任务是维护职工利益，保障就业，提高职工购买力，致力于国民收入的公正分配。它反对政治干扰经济，动员所有力量和手段在公正、尊严和稳定的前提下重建国家。除工联外，还有全国农民联合会、全国青年联盟、全国妇女联合会、全国老战士协会等组织。

（2）非政府组织。非政府组织有维护人权组织、思想者俱乐部、讽刺漫画社、文化联合会、体育联合会等。

（3）罢工情况。在阿尔及利亚的中资企业工人罢工事件时有发生，大多由劳务纠纷引起。主要原因：一是阿尔及利亚经济形势严峻，项目资金出现短缺，影响工人收入水平和工资发放时间；二是企业违规分包、层层分包现象依然存在，导致项目管理脱节、工期滞后，工人利益无法得到保障；三是企业与工人未签订合同，未明确各自权利与义务，导致双方对于合作细节和纠纷处理存在严重分歧。

（二）公共交通

1. 铁路

阿尔及利亚铁路集中在北部地区，现有线路4498千米，其中运营线路3854千米，采用标准规矩，其中经电气化改造线路324千米，另有窄轨铁路1089千米，铁路全线有214个车站，日客运能力约3.2万人次。

目前阿尔及利亚没有真正意义上的铁路工业，铁路研究机构和建设企业亦远远不能满足阿铁路领域发展规划的需要。铁路设施陈旧、运输能力有限、服务质量低下、车站数量较少，且多年来线路遭受严重的恐怖活动破坏。

据阿尔及利亚国家铁路投资设计实施局（ANESRIF）消息，北部沿海地区东西高速铁路的初步设计工作已于2014年9月完成。此外，目前有510千米时速为220千米的高速铁路在建。目前阿尔及利亚还有6000千米铁路线正在建设，交通部门的目标是中期实现铁路线达12500千米。

2. 公路

阿尔及利亚公路总里程约11.2万千米。阿尔及利亚境内高速公路和快速公路合计历程约2200千米。东西高速公路长1216千米，贯穿阿尔及利亚28个省区，为马格里布高速公路的重要组成部分，设计行驶速度为每小时80~120千米，目前由中国中信-中铁建联合体承建的中、西标段已完成建设。阿尔及利亚拟在中部建设一条长达1300千米、与北部东西高速公路平行的高原高速公路；一条长3000千米的直通尼日尔的中部南北高速公路。阿尔及利亚与邻国连接线阿境内路段已经基本完工，目前已修成与尼日尔边境路段8千米，与马里边境路段150千米，与毛里塔尼亚路段正在建设中。

中国铁建股份有限公司中标贝贾亚省与东西高速公路连接线项目。该连接线东起贝贾亚港，西至布依哈省阿赫尼夫，全长100千米，项目合同金额约13亿美元，工期36个月。

2020年12月20日，由中国建筑承建的阿尔及利亚南北高速公路53千米项目通车。

3. 水运

阿尔及利亚现有45个港口，其中渔港31座、多功能港11座、油气专用港2座、休闲港1座。主要港口为阿尔及尔、安纳巴、奥兰等港口。阿港口年总吞吐量约1.23亿吨。阿尔及尔港为最大港口，30%

的进口货物由此进入阿尔及利亚，70%的集装箱通过阿尔及尔港装载。阿尔及利亚90%的对外贸易依靠海运方式实现。

4. 空运

阿尔及利亚共有53个机场，其中29个投入商业运行，包括阿尔及尔、奥兰、安纳巴、君士坦丁等13个国际机场，每年起降飞机10万架次。阿尔及尔的胡阿里·布迈丁机场是最大的国际机场，设计客流量600万人次/年，是连接阿尔及利亚与欧洲和非洲的重要交通枢纽。此外，阿尔及利亚现有2家国营航空公司和6家私营航空公司，共有飞机60余架，其中大、中型飞机30余架。目前已开通20个国家的50多条国际航线。主要航空公司联系方式见表2-2。

表2-2 在阿尔及利亚的主要航空公司

单 位	电 话
阿尔及利亚航空公司	+213 21689505
德国汉莎航空公司	+213 21435767
法国蓝鹰航空公司	+213 21641452
法国航空公司	+213 21980404
意大利航空公司	+213 21727357
英国航空公司	+213 21670918
埃及航空公司	+213 21429796
卡塔尔航空公司	+213 21509207
沙特航空公司	+213 21509207
土耳其航空公司	+213 21509191
突尼斯航空公司	+213 21632573

目前，中建公司负责实施的阿尔及尔机场新机场项目已建成交付

使用，新机场位于首都阿尔及尔布迈丁国际机场西侧，占地面积65万平方米，建筑面积20万平方米，含有新航站楼和能源中心2个单体。新航站楼年旅客设计客流量为1000万人次，具备国际民航协会A级标准，项目总工期40个月，合同总额约8.5亿美元。

2015—2019年五年计划提出投资300亿第纳尔用于机场设施维护，延长机场的使用寿命，改善机场基础设施面貌。此外，还将在南部伊利齐机场建第二条跑道。目前，36个机场的容量能够满足国内航班需求，投资将更多用于延长跑道、增加停机坪和建设新航空站上。未来5年内阿尔及利亚计划投资300亿第纳尔（约合3.8亿美元），用于机场基础设施的现代化建设和发展。

阿尔及利亚有意投身航空领域发展。初步发展方针是组建一家企业联合体，专门开展航空发展研究，并打造一个航天航空领域分包平台。

目前，阿尔及利亚航空已开通北京-阿尔及尔直飞航线，每周两班。从中国出发去往阿尔及利亚还可选乘法国航空、阿联酋航空、卡塔尔航空、土耳其航空等公司的航班。

5. 其他境内交通

（1）长途大巴：长途大巴是阿尔及利亚人在国内长途旅行首选的交通工具，阿尔及利亚的火车虽然方便舒适，但是每天的班次不多，而且并不是所有的城市都通火车，相比之下长途汽车每天开出很多班，所有城市都有长途汽车。比如从首都阿尔及尔到东部城市塞提夫，全程300千米，用时3个小时，票价单程500阿尔及利亚第纳尔（阿尔及利亚第纳尔DZD，为阿尔及利亚货币，后简称第纳尔。500第纳尔约合人民币23~25元）。

（2）长途出租车：也属于长途汽车，和长途大巴起都在长途汽车站，全部是黄颜色的旅行轿车，或为七座或为九座，往返于各个省份之间，人坐满了就走，速度比长途大巴快，如从特雷姆森到首都阿尔及尔，540 千米，5 小时到达，费用每人 1300 第纳尔（人民币 62~65 元）。

（3）城市内交通：首都阿尔及尔市内有国营及私营公交公司，线路分布整个市区，根据路程，票价 10~30 第纳尔不等（人民币 0.5~1.5 元）。市内出租车分多人搭乘及单人搭乘两种，车顶灯上会注明，多人搭乘可与其他乘客分担费用。市内地铁一号线已开通，全长 9.5 千米，从市中心大邮局至库巴区，共 10 站。

主要大城市内均有公交、出租车，出行相对方便。

七、外交关系

阿奉行独立、自主和不结盟的外交政策，主张尊重国家主权与领土完整、互不干涉内政、互不使用武力，相互尊重、互利和对话基础上寻求广泛合作，外交为经济建设服务。反对大国强权政治和借口人权干涉别国内政，主张建立公正合理的国际政治、经济新秩序。反对恐怖主义；致力于马格里布联盟建设和地区和平，积极参与阿拉伯事务；促进非洲团结与和平；支持欧盟-地中海合作，谋求发展与西方国家关系。截至 2012 年，共与 170 多个国家建立了外交关系，在 60 多个国家设立大使馆，外国常驻阿使馆 80 个。

1. 同中国关系

中阿传统友谊深厚。1958 年 9 月阿临时政府成立后，我即予以承认，是第一个承认阿的非阿拉伯国家。同年 12 月 20 日两国建交后，双方各领域友好合作关系不断发展。2004 年 2 月，胡锦涛主席访阿期间，两国发表新闻公报，宣布建立战略合作关系。2006 年 11 月，布特弗利卡总统出席中非合作论坛北京峰会并访华，两国元首签署了《中阿关于发展两国战略合作关系的声明》。2014年2月，两国发表《关于建立全面战略伙伴关系的联合公报》。5月，习近平主席和布特弗利卡总统共同签署《关于建立全面战略伙伴关系的联合宣言》。

  双边高层互访和政治往来不断。2000年4月，布特弗利卡总统对中国进行国事访问。2004年2月，胡锦涛主席对阿尔及利亚进行国事访问。2006年，布特弗利卡总统来华出席中非合作论坛北京峰会并访华。2007年，回良玉副总理访问阿尔及利亚。2008年3月和11月，中共中央政治局常委李长春、全国人大常委会委员长吴邦国分别访问阿尔及利亚。同年8月，布特弗利卡总统来华访问并出席北京奥运会开幕式。2010年1月和7月，外交部长杨洁篪、国务委员戴秉国先后访问阿尔及利亚。同年4月，阿民族院议长本·萨拉赫作为总统代表出席上海世博会开幕式；5月，阿尔及利亚外长梅德西访华。2011年9月，全国政协副主席、中国经社理事会主席王刚访问阿尔及利亚。2012年7月，阿外交部部长级代表梅萨赫勒来华出席中非合作论坛第五届部长级会议；11月，全国人大常委会副委员长、全国妇联主席陈至立访阿；12月，阿外交部部长级代表梅萨赫勒访华。2013年4月，阿民族院议长本·萨拉赫作为总统代表来华出席博鳌亚洲论坛2013年年会；12月，外交部长王毅访阿。2014年6月，阿外长拉马拉来华出席中阿合作论坛第六届部长级会议，王毅会见拉并共同签署《中阿全面战略合作五年规划》。2014年11月，全国政协俞正声主席访阿。2015年2月，国务委员杨洁篪访阿。4月，商务部长高虎城访阿，与贸易部长本尤奈斯主持两国第七届经贸联委会。4月，阿总理萨拉勒访华。9月，阿民族院议长本·萨拉赫访华并出席世界反法西斯战争暨中国人民抗日战争胜利70周年活动。12月，阿总理萨拉勒出席中非合作论坛约翰内斯堡峰会。2016年5月,国务委员王勇访阿。12月,阿国民议会议长哈利法访华。2017年12月,全国政协副主席陈元访阿。2018年7月,阿外长梅萨赫勒来华出席中阿合作论坛第八届部长级会议并访华。9月,阿总理乌叶海亚来华出席中非合作论坛北京峰会。2019年6月,阿外交部秘书长布拉德汗来华出席中非合作论坛北京峰会成果落实协调人会议,并于11月来华举行两国外交部政治磋商。2020年3月,李克强总理应约同阿总理杰拉德通电话。7月,王毅国务委员兼外长应约同阿外长布卡杜姆通电话。10月,中共中央政治局委员、中央外事工作委员会办公室主任杨洁篪访阿。

2008年5月汶川特大地震发生后,阿总统、总理、两院议长即分别向我领导人致慰问电,阿总理、两院议长赴我驻阿使馆吊唁,阿政府向中国政府捐赠100万美元。2010年青海玉树地震发生后,布特弗利卡总统向胡锦涛主席致慰问电,阿驻华使馆代表阿政府向我灾区捐赠15万美元。2014年,布特弗利卡总统先后就云南昆明"3·1"严重暴力恐怖事件及云南鲁甸地震向习近平主席致慰问电。2015年,布特弗利卡总统、拉马拉外长就"东方之星"客船翻沉事故分别向习近平主席、王毅外长致慰问信。2017年,布特弗利卡总统分别就四川茂县山体滑坡事件和中南部洪灾向习近平主席致慰问信。12月,习近平主席与布特弗利卡总统互致贺电,庆祝阿尔及利亚一号通信卫星在西昌卫星发射中心成功发射。2018年4月,习近平主席、李克强总理、王毅国务委员兼外交部长分别就阿尔及利亚军机坠毁事故向阿总统、总理和外长致慰问电。12月,习近平主席、李克强总理、王毅国务委员兼外交部长分别同阿总统、总理和外长就两国建交60周年互致贺电。2019年12月,习近平主席向特本当选阿总统致贺电。2020年1月,李克强总理、王毅国务委员兼外长分别向阿新政府总理杰拉德、外长布卡杜姆就职致贺电。

2006年11月，阿承认中国市场经济地位。两国经贸往来日益密切。2019年，双边贸易额80.83亿美元，同比下降11.2%。其中中方出口额为69.42亿美元，同比下降12.4%；进口额为11.41亿美元，同比下降3.1%。阿是中国在海外最大的承包工程市场之一。

新冠肺炎疫情发生后，阿方积极支持中国抗疫。中国政府向阿派遣抗疫医疗专家组，协助阿方抗击疫情。中阿两国卫生专家多次举行视频会议，分享抗疫经验。中国政府、企业、地方省市和社会机构等积极向阿方捐赠抗疫物资。

2. 同美国关系

1962年9月阿美建交，1967年中东"六五"战争爆发后宣布同美断交，1974年11月两国复交。布特弗利卡总统执政后，美明确支持布的"全国和解"政策和经济改革政策，多次表示愿在反恐、情报交换、人员培训等方面与阿加强合作。2004年美国宣布给予阿普通最惠国待遇。2007年6月，阿美签署民用核能合作协议。近年来阿美高层互访不断。2010年4月，阿外长梅德西代表布特弗利卡总统出席在华盛顿举行的核安全峰会，并会见了美国务卿克林顿。2011年，美多位助理国务卿访阿，阿外长梅德西访美。2012年1月，阿外长梅德西赴美出席77国集团主席国交接仪式期间赴华盛顿访问。2月，美国务卿克林顿访阿。4月、9月，美军非洲司令部总司令卡特两度访阿；10月，首轮阿美战略对话在华盛顿举行，美国务卿克林顿年内再度访阿。2013年6月，美国政治事务助理国务卿希尔曼访阿。2014年4月，美国务卿克里访阿，并将阿美战略对话上升为部长级。8月，阿总理萨拉勒赴美出席美非峰会。目前美是阿最大的贸易伙伴，阿原油出口一半以上销往美国。2015年3月，阿外长拉马拉访美，与美国务卿克里主持第三轮战略对话。10月，财长本赫尔法与美国驻阿代表两国签署了互换税务信息的协定。2018年7月，阿外长梅萨赫勒赴美国华盛顿出席首届宗教自由部长会。2020年10月，美国防部长埃斯珀访阿。

3. 同法国关系

阿法有传统关系，法是阿最大债权国和最主要的贸易伙伴之一。阿是法在非洲第一大贸易伙伴、重要的能源供应国和商品出口目的地。阿在法侨民200余万人。2007年7月，法国总统萨科齐访阿，着重探讨两国能源合作和"地中海联盟"计划，双方签署互免外交人员短期签证和在阿共建大学两项协议。2008年，法总理、内政和外交部长等相继访阿。2009年5月，阿国民议会议长齐阿里访法。2010年，法司法部长玛丽访阿。2011年5月，阿工业、中小企业和促进投资部部长迈哈迪与法国前总理拉法兰共同主持第一届阿-法经济伙伴关系论坛开幕式。6月，法外长朱佩访阿。2012年7月，法总统非洲事务顾问依莲、外长法比尤斯访阿；9月，法外交部负责法国侨民和法语国家事务的部长级代表本吉吉、外贸部长布里克访阿；10月，法内政部长瓦尔斯访阿，阿外交部部长级代表梅萨赫勒访法；11月，法生产振兴部长蒙特布赫、前总理、参议院副议长拉法兰访阿；12月，法总统奥朗德访阿。2013年3月，法国民议会议长巴尔托洛内访阿；12月，阿总理萨拉勒访法；同月，法总理埃罗访阿，与萨拉勒共同主持阿法第一届政府间高级别委员会会议。2014年6月，法外长法比尤斯访阿。7月，阿能源部长尤素菲作为政府代表出席法国举行的纪念"一战"百年阅兵仪式。12月，阿总理萨拉勒访法。2015年1月11日，阿外长拉马拉参加了在巴黎举行的反恐大游行。4月，拉马拉外长访法。5月，法外长法比尤斯访阿。6月，法总统奥朗德对阿进行工作访问。7

月拉马拉外长与法外长尤比斯会谈。8月法参议院院长拉尔歇、外交部特别代表比安科分别访阿。10月，法环境可持续发展和能源部长塞戈莱纳·罗亚尔，法国民教育、高等教育和科研部长瓦洛贝尔卡西姆分别访阿。2016年4月，法国总理瓦尔斯访阿。2017年12月，法国总统马克龙访阿，阿总理乌叶海亚访法。2018年4月，阿外长梅萨赫勒访法。2018年9月，布特弗利卡总统同法国总统马克龙通电话。11月，乌叶海亚总理赴法国出席第一次世界大战结束百年纪念活动。2020年1月、10月，法国外长勒德里昂两度访阿。

4. 同欧盟的关系

欧盟是阿最大贸易伙伴。阿是欧盟第二大天然气供应国，占据欧盟天然气市场的1/4。2005年，阿与欧盟联系国协议正式实施。双方还签署了涵盖贸易交流、财经合作及阿在欧劳工享受便利等多项合作协议，但在应对非法移民、反恐等问题上存在分歧。2012年8月，阿与欧盟达成一致，决定将联系国协定关于取消关税的时间表由2017年推迟至2020年。2013年7月，欧盟委员会主席巴罗佐访阿。2014年5月、2015年6月，阿外长拉马拉赴欧举行阿欧联合委员会第8、第9次会议。9月，欧盟委员会政治和安全政策高级代表莫盖里尼访阿。2018年9月，德国总理默克尔访阿。11月，意大利总理孔特访阿。11月，欧盟委员会副主席、外交与安全政策高级代表莫盖里尼访阿。

5. 同俄罗斯关系

1962年7月阿独立后与苏联建交，双边关系十分密切。阿大部分武器装备来自苏联，但两国贸易处于较低水平。1991年12月，阿承认俄罗斯联邦和独联体。2001年布特弗利卡总统访俄，两国签署战略伙伴关系协定并发表联合声明。2005年10月，两国首届经贸混委会在俄召开。2006年3月，俄罗斯总统普京访阿，免除阿47亿美元债务，双方签署35亿美元军购合同。2008年2月，布特弗利卡总统访俄，双方签署航空合作协议及俄公司承建阿铁路合同。2010年10月，俄罗斯总统梅德韦杰夫访阿。2011年3月，俄罗斯外长拉夫罗夫访阿。2012年3月，俄总统特使、外交部负责中东事务的副部长米哈伊尔访阿；11月，阿外交部部长级代表梅萨赫勒访俄。2013年2月，俄外长拉夫罗夫访阿并进行两国定期政治对话；4月，俄能源部长诺瓦克访阿；6月，阿外长梅德西访俄。2014年5月，俄联邦议会议长马特维延科访阿。2015年7月，阿尔及利亚-俄罗斯第七届政府间经贸、科技合作混委会在莫斯科召开。2017年10月，俄总理梅德韦杰夫访阿。2018年1月，俄联邦安全会议秘书帕特鲁舍夫访阿。2019年4月，阿拉伯国家-俄罗斯合作论坛第五届部长级会议在莫斯科举行，阿外长布卡杜姆出席会议。10月，临时总统本·萨拉赫赴俄出席首届俄非峰会。

6. 同摩洛哥关系

1963年阿摩曾因边界争端发生武装冲突。1976年阿承认"西撒国"后，摩宣布与阿断交。1988年两国复交。布特弗利卡当选总统后，摩国王哈桑二世致电祝贺。哈病逝后，布赴摩参加葬礼，并与新任国王穆罕默德六世建立联系。此后双方电函不断。2003年，两国元首在联大期间举行单独会谈。2004年7月，摩宣布免除阿公民赴摩签证。2005年3月，摩国王赴阿出席阿盟首脑会议并与布特弗利卡总统举行会晤；同月，阿宣布免除摩公民赴阿签证。2007年3月，布特弗利卡总统致电摩国王祝贺国王女儿诞生；11月，摩国王致信布，对阿首都发生爆炸造成人员伤亡表示慰问。2011年3月，阿水资源部长萨拉勒访摩。同月，摩能源、环境与水利大臣本·哈德拉访阿。2012年1月，摩新任外交与合作大臣欧斯曼尼访阿，成为自2004年以来首位访阿的摩外交大臣。3月，摩政府发言人、新闻大臣卡勒菲访阿；4

月,阿高教科研部长哈拉乌比亚访摩,摩国民教育大臣乌阿法访阿。2013年10月,摩方为抗议阿在西撒问题上的相关表态,一度召回摩驻阿大使,两国关系有所紧张。目前两国边境仍处于关闭状态。

7. 同利比亚关系

利比亚是阿尔及利亚的重要邻国。阿利关系曾因利与摩洛哥结盟而一度冷淡。2011年2月,利局势陷入动荡,阿撤回了在利侨民,但以"人道理由"接受利前领导人卡扎菲的妻子、女儿和两个儿子入境。阿外长梅德西多次会见利"国家过渡委员会"执行局前主席吉卜里勒,并与利"过渡委"正式建立关系。2012年3月,阿外长梅德西访利,利内政部长阿卜杜阿里访阿;4月,利"国家过渡委员会"主席贾利勒访阿;12月,利临时政府总理扎伊丹访阿。2013年1月,阿总理萨拉勒赴利出席阿、利、突三国边境安全会议;4月和8月,利临时政府总理扎伊丹两度访阿;12月,阿总理萨拉勒访利。2014年利内部武装冲突升级以来,阿主张利各派通过谈判实现停火,恢复和平,支持成立利民族团结政府,是斡旋解决利比亚问题的重要一方。2015年3月、4月、5月,阿分别召开三轮利比亚内部对话会。5月,利临时政府总理萨尼访阿。2018年11月,乌叶海亚总理赴意大利出席利比亚问题国际会议。2020年1月,利民族团结政府总理萨拉吉访阿。阿总统特本出席利比亚问题柏林峰会。6月,利民族团结政府总理萨拉吉再度访阿。

8. 同突尼斯关系

阿与突尼斯于1983年3月签署"友好和睦条约"。两国关系友好,经济合作发展较快。2011年,突局势剧变后,阿表示尊重突人民的选择,3月突民族团结政府埃塞卜西访阿,阿向突提供1亿美元的财政援助,2012年1月,阿总统布特弗利卡赴突出席纪念活动,对突革命成果予以肯定；2月，突总统马尔祖基访阿；12月，突总理贾巴利访阿。2013年1月，阿民族院议长本·萨拉赫代表布特弗利卡总统赴突出席纪念活动；4月，突总理拉哈耶德访阿；5月，突制宪议会议长加法尔访阿；8月，突外长贾兰迪访阿；9月，突复兴运动主席格努希和突前总理埃塞卜西先后访阿，布特弗利卡总统予以会见。2014年2月，突总理朱玛访阿；同月，阿总理萨拉勒代表布特弗利卡总统出席突新宪法庆典。2015年2月，突新任总统埃塞卜西访阿。3月，突外长巴库什访阿。5月，突总理绥德访阿。11月，萨拉勒总理赴突出席"经济支持与投资国际会议"；12月，突尼斯总统埃塞卜西访阿。2017年3月，突外长朱海纳维外长访阿，萨拉勒总理访问突尼斯。2018年2月，阿总理乌叶海亚访突。

9. 同毛里塔尼亚关系

两国致力发展睦邻友好关系，签有渔业合作协议。2009年8月，阿民族院议长本·萨拉赫赴毛出席当选总统阿齐兹就职典礼。2011年，毛总统阿齐兹、外交与合作部长哈马迪相继访阿。2012年7月，毛外长哈马迪访阿；10月，阿外交部部长级代表梅萨赫勒访毛。2013年3月，阿总理萨拉勒访毛；10月，阿外长拉马拉访毛。2014年5月，拉马拉再次访毛。2016年12月，毛总理哈达明访阿。2018年10月，毛塔外长艾哈迈德访阿。2019年8月，贝都依总理代表临时总统本·萨拉赫赴毛塔出席毛塔新总统就职典礼。

八、民族和宗教

（一）民族

阿拉伯人约占阿尔及利亚总人口的80%，其次是柏柏尔人（约

700万)、图阿雷格人和姆扎布人（30万），此外，还有极少量的外来移民。

华人在当地主要从事承包工程和贸易。阿尔及利亚是中国在非洲最大的承包工程市场之一，中国劳务人员估计超过2万人。近些年，中国企业在阿实施了一批基础设施项目和住房项目，为阿尔及利亚经济社会发展做出了贡献，也为当地民众创造了就业机会。中国也是阿尔及利亚最大的进口来源地，进口产品种类繁杂，包括大型设备、汽车、日常生活用品等。

阿尔及利亚政府及民众对中国企业承揽工程的质量、中国人的工作效率和中国产品竞争力评价较高，但也对中国在阿尔及利亚投资规模不大、聘用当地工人比例不高、阿尔及利亚对华贸易长期逆差等现象颇有微词。

（二）宗教

伊斯兰教是阿尔及利亚的国教。居民中穆斯林约占99%，属逊尼派。全国有清真寺1.4万个。此外还有少量天主教徒。

需要注意当地信仰忌讳，避免引起不必要的冲突，主要事项如下：

（1）伊斯兰教"斋月"在阿尔及利亚人眼里是十分重要的。按教规规定，从日出至日落的整整一天时间里，水米是不能沾的。

（2）伊斯兰教规严禁教民饮酒。

（3）忌讳左手传递东西或食物，认为左手下贱、肮脏，所以，使用左手是极不礼貌的。

（4）不喜欢谈论政治和工业带来的问题。

（5）伊斯兰教徒禁食猪肉，忌讳使用猪制品。自死动物肉、血液、海参、蟹等也禁食；还不吃姜和带腥味的食品。

九、语言和习俗

(一) 语言

阿尔及利亚独立后确定阿拉伯语为国家的正式语言，取代殖民统治时期法语作为官方语言的地位。阿尔及利亚全国75%以上的人口讲阿拉伯语，其余约有20%的人讲柏柏尔语。2002年3月12日，阿尔及利亚政府正式宣布柏柏尔语为第二国语。此外，还有小部分人讲法语，主要是法裔。法语在阿尔及利亚全国仍然通用，特别在政治、经济、文化等方面仍有很深的影响并依然很流行，说法语者多为知识分子阶层和中产阶级。

(二) 习俗

1. 服饰礼俗

在阿尔及利亚，伊斯兰教的影响一向占据着主导地位。与此同时，由于过去殖民占领与近日国际交往等方面的原因，西方的影响也随处可见。因此，在西方文化和伊斯兰文化并存的阿尔及利亚，在服装上表现出既传统又现代的特点。

在沿海城市，尤其是在大都市里，阿尔及利亚人不仅接受了西装、套裙，而且还有许多人对各色流行服装趋之若鹜。而在乡村里，阿尔及利亚人则大都穿着本民族的传统服装。男子穿白色大袍，戴白色无檐软帽，身披白色羊毛斗篷。妇女则一般是穿罩袍，但是戴面纱的人并不太多。在卡比利山区的柏柏尔人爱穿花衣服。在阿哈加尔山地的图阿雷格人，喜欢用蓝色面纱遮盖头部。

2. 饮食礼俗

在饮食上，阿尔及利亚人注重菜肴的色香味，一般口味不喜太咸，爱酸、辣味,喜欢用煎、炸、烤、炒、扒、熘、烩等烹调方法制作的菜肴。

以米饭为主,也喜欢吃烧麦、锅烙、蒸饺等食品;爱吃牛肉、羊肉、鸡肉、鸭肉及蛋品等,蔬菜爱吃西红柿、黄瓜、洋葱、茄子等;调料喜用咖喱、橄榄油、辣椒、盐、葱等。

阿尔及利亚的主食主要是面包,最通常的是法式长棍面包,也有其他面包,街头巷尾都设有面包铺。长棍面包是老百姓最基本的主食,政府给予补贴,售价比其他面包要便宜。阿尔及利亚人还吃面条和意大利通心粉,另有一种叫"鸟窝面"(形为团状,酷似鸟窝)。

阿尔及利亚每逢节日,都做他们的传统饭菜"库斯库斯"。这种饭菜有点像中国的"盖浇饭",主食副食都混在一起食用。"库斯库斯"做起来也颇为费事,先要把蜀米加上少许葡萄干和几粒绿橄榄蒸熟,还要同时把羊肉、蔬菜加香料一起炖熟。用餐时,把炖好的肉菜和汁浇在米饭上,用手搅拌后抓着吃,其吃法就像中国少数民族的"手抓饭"。

阿尔及利亚人通常不用筷子和刀叉,也不习惯用右手抓饭吃,而是使用汤匙做餐具。上层人士爱吃西餐,也爱吃中国以辣味著称的四川菜和湖南菜。

在饮品方面,阿尔及利亚人偏好茶与咖啡,也是招待客人必备的饮料。他们喜欢饮用绿茶,喝茶时,惯于在茶里加入二三片新鲜薄荷叶和冰糖,喝红茶时更是要兑牛奶并且加糖。

3. 婚姻礼俗

阿尔及利亚人的婚姻习俗是"重礼嫁女"。女儿出嫁时必须得到一份重重的彩礼。阿尔及利亚人的传统观念认为,索要贵重彩礼是要让新郎不能轻易地休掉妻子。阿尔及利亚人结婚的费用一般由男方承担，但女方也不是"空手套白狼"。按照传统的习惯，女方家要送给新郎及其家人一定数量的黄金或衣服，这也是一笔数额不小的开支。再加上，女儿出嫁时还需戴上母亲或是祖母为她准备的材质高级的披肩、面纱以及被子和家具等嫁妆。所以，女方所花费的钱财也并不比男方少，有时甚至要超过男方的花销。

4. 会面礼仪

在人际交往中，阿尔及利亚人的所作所为，既具有阿拉伯世界的共性，同时也有着自己的特点。

与其他人相见之时，谦恭好礼的阿尔及利亚人必定会以右手抚胸，然后问候对方："愿真主保佑你。"然而，跟阿尔及利亚人打交道时，无论如何都不能向对方的女性亲眷进行问候。在当地，这种做法是极其无礼的。

在一般情况下，阿尔及利亚人在交际应酬中所用最多的见面礼节是握手礼。无论是见面还是分别，一般都是握手礼。与亲朋好友相见时，他们有时也会与对方相互拥抱，或是贴面为礼，贴面礼是先左后右再左，共贴面3次。但是，以上所述的各种做法仅限于同性之间。换而言之，在阿尔及利亚，异性之间不宜相互握手或是拥抱贴面。

5. 拜访礼仪

到阿尔及利亚人家中做客有送礼的习俗，在很多地方都有做客送花的习惯，客人把花束扎得很精致悦目，花朵的数量一般为双数。到主人家后，要谦恭地弯身鞠躬，双手捧送鲜花，同时说一些祝福的话语。

进屋后，先寒暄一番，可以问候对方及其家庭，要给主人带礼品。通常女主人不露面。当客人坐定时，主人通常要先问一句："请问要喝咖啡还是喝茶？"而且在未喝之前，客人是不能匆忙起身告辞的。

如果客人喝完后没有摇摇杯子以示不要了，主人就会接着倒上第二杯。不过在许多地方，喝茶一般是非正式的，客人喝完茶以后还要再喝上一杯咖啡后才可以告辞。而且，逢遇节假日时，他们还惯用敬茶三杯之俗来欢迎客人，客人只有喝完三杯才算合乎礼节。

与阿尔及利亚人交谈比较恰当的话题是工业化的增长和土地改革。在交谈时应回避政治等问题。

在阿尔及利亚，阿拉伯人不喝酒，也不吸烟，因此，作为客人，若主人不吸烟，也未请吸烟，则最好不要吸烟。

6. 商务礼仪

与阿尔及利亚人做生意，应事先安排好会晤时间。会谈时切不可炫耀自己国家和民族的长处以及产品的优越性，切忌扯开嗓门大喊大叫，更不能公开斥责对方。谈判达成协议时，最好让他们自己首先宣布达成协议的情况。特别注意的是：阿尔及利亚的市场容量不大，大多是综合商，专营商较少。订货要求一般是小批量，品种齐全。

在商务活动中拜访阿尔及利亚人时，赠送双数的鲜花，是最受欢迎的。猪皮、猪毛制品，带熊或熊猫图案的物品，酒类产品，雕塑、公仔、女人照片，都是不受欢迎的。同时，不宜给阿拉伯人的妻子送礼品。

7. 宗教习俗

穆斯林每天做 5 次祷告。到了祷告时间，虔诚的穆斯林会放下手中所有工作，前往附近的清真寺或就地做礼拜。此时，客人不可打扰或表示出不耐烦，要耐心等待以表现对伊斯兰教的尊重。星期五是集体礼拜日。

穆斯林每年伊斯兰教历的 7 月要过传统的祭礼月"斋月"，其间不宜在穆斯林面前饮食、抽烟、饮水等。

(三) 节假日

法定节日共有5个,即元旦(1月1日)、劳动节(5月1日)、革命振兴日(6月19日)、独立日(7月5日)、革命日(11月1日),各放假1天。

宗教性节日也有5个,分别为:开斋节、宰牲节、伊斯兰新年、阿舒拉节和牟鲁德节。具体日期根据伊斯兰历确定,放假1~2天。开斋节和宰牲节是阿国最重要的节日。

当地实行每周5天工作制。自20世纪70年代起,阿尔及利亚政府周末休息日一直为周四和周五,为了与国际接轨,特别是为了与私营企业、合资企业工作时间一致,阿尔及利亚劳动和社会保障部提议变更政府周末休息时间。2009年7月21日,阿尔及利亚部长会议通过一项决议,从当年8月14日起,阿尔及利亚政府周末休息日变更为周五、周六,企业根据政府休息时间由工会确定相应周末休息日。

工作时间多为9:00—16:30,银行下班时间为15:00,邮局等服务部门工作至18:00。

十、货币与物价

(一) 货币兑换

当地货币为阿尔及利亚第纳尔,有5、10、20、50、100、500、1000第纳尔面额纸币,另有1、2、5、10、20、50分和1、5、10第纳尔铸币。主辅币制为:1第纳尔=100分(Centimes)。其ISO货币符号为DZD。

图 2-3 阿尔及利亚货币

阿尔及利亚第纳尔未实现完全可自由兑换，第纳尔兑美元和欧元的汇率见表 2-3。

表 2-3 2016—2019 年平均汇率（第纳尔）

年份	1 美元	1 欧元	1 人民币
2016	109.46	121.17	16.45
2017	110.96	125.32	16.44
2018	116.62	137.69	17.20
2019	119.36	133.71	17.73（2019 年一季度）
2021 年 1 月份，人民币 1 元约等于 20 阿尔及利亚第纳尔。			

资料来源：阿尔及利亚央行统计数据。

美元和欧元为阿主要对外结算货币。在对外结算时，阿尔及利亚允许进口商使用供货商总部所在国的流通货币或商品来源国的货币支付，而在与未签订支付协议的国家进行结算时，要求进口商使用美元、欧元等可自由兑换货币。

阿尔及利亚央行于2015年11月18日通知各注册银行,称自2015年12月起,中阿贸易将采取人民币结算制度,请各银行做好相应准备。但该政策尚未执行,目前人民币与第纳尔不可直接结算。

(二)消费水平

2019年阿尔及利亚贸易总产值约777.5亿美元,据阿尔及利亚统计局最新发布的数据,阿尔及利亚2019年通胀率为1.95%(2018年为4.27%)。

阿尔及利亚当地主要农作物为谷物、豆类、蔬菜,水果包括柑橘、苹果、桃李、葡萄、椰枣等。市场上鸡、牛、羊肉、鱼类、牛奶、奶制品及蔬菜、水果、鸡蛋、面包、大米、面粉等供应充足。因有政府补贴,面粉、白糖、面包、牛奶及奶制品等价格便宜。服装鞋帽、日化用品、化妆品、眼镜、文具、运动器具等品类齐全。

阿尔及利亚物价水平见表2-4。

表2-4 阿尔及利亚物价水平(2020年5月)

物　品	单　位	价格(第纳尔)
米	千克	225
面	千克	80
蔬菜	千克	100~500
食用油	升	130
肉	千克	羊肉1700,牛肉1800
蛋	个	15
整鸡	千克	300
水果	千克	200~1200

注:2020年5月价格,该月官方汇率为1美元=119第纳尔。
资料来源:由中国驻阿尔及利亚大使馆经商处收集整理。

2019年2月,阿尔及利亚生活支出情况如表2-5所示。

表2-5 阿尔及利亚生活支出情况

消费类别	占生活支出费用总额的比重(%)
饮食	43.09
衣着	7.45
住房	9.29
家具	4.96
医疗卫生	6.20
交通、通信	15.85
教育、文化、娱乐	4.52
其他	8.64

资料来源：阿尔及利亚国家数据统计局。

(三)小费

到阿尔及利亚做生意或是旅游观光,不论是乘坐出租车还是出入宾馆餐厅,一般会给5%~10%的小费。

十一、金融与银行

(一)银行

阿尔及利亚的中央银行为阿尔及利亚银行,负责制定国家货币政策、发行货币、管理国家外汇储备等,尤其是监管对外信贷和资本流动。该行制定和执行比较严格和审慎的金融政策,并实行外汇管制,有总管辖权,负责制定外汇交易管理法规并监督指定银行实施这些法规。阿尔及利亚现有 20 家授权商业银行，1428 个银行网点遍布全国。93％的银行贷款由国有银行发放。国有银行国际市场化程度较低，不按商业银行模式运作。

授权银行共有 20 家，分别为：

(1) 阿尔及利亚对外银行；

(2) 阿尔及利亚国民银行；

(3) 阿尔及利亚人民信贷银行；

(4) 阿尔及利亚地方发展银行；

(5) 阿尔及利亚农业和乡村发展银行；

(6) 国家储蓄和互助银行；

(7) 沙特阿拉伯 Dellah Al Baraka 集团与阿农业和乡村发展银行合资银行；

(8) 美国花旗银行；

(9) 阿拉伯合作银行（主要为巴林人投资）；

(10) 法国 Natexis Algérie 银行；

(11) 法国兴业银行阿尔及利亚分行；

(12) 约旦 Arab Bank PLC-Algeria 银行；

(13) 法国巴黎国民银行；

(14) TRUST BANK ALGERIA 银行（由多家国内外业者出资）；

(15) Housing Bank for Trade and Finance Algeria（约旦投资）；

(16) 阿尔及利亚海湾银行（由巴林联合海湾银行和科威特集团合资）；

(17) 黎巴嫩银行；

(18) 法国 Crédit agricole corporate et investissement Bank Algérie 银行（前身为法国里昂信贷银行 CALYON ALGERIE）；

（19）汇丰银行阿尔及利亚分行 H. S. B. C. -Algeria；

（20）Al Salam Bank-Algeria。

目前阿尔及利亚尚无中资银行，阿尔及利亚国有银行也在逐步实行私有化改造。

（二）信用卡

阿尔及利亚当地可以使用信用卡，但信用卡普及率和使用率极低，一般仅五星级酒店结账时可使用。中国国内发行的 VISA、MASTER 卡可在当地使用。

（三）保险

阿尔及利亚目前共有 24 家保险公司，提供约 100 种保险产品。

国有保险公司分别为 SAA、CAAR、CAAT、CASH、CNMA、CAARAMA、SAPS、TALA、MAATEC、Gulf Insurance Group（GIG）、AXA Vie Mixte（人身险）、AXA Dommage Mixte（伤害险）、Algérian Gulflife Insurance Compagny（AGLIC）。

私人保险公司有 Compagniesd´assurance Privé Algérie、CIAR、ALLIANCE、2A、GAM、SALAMA、TRUST、Cardif、MacirVie、La Mutualiste、NHBB Assurances、DiligenceAssurance Courtag、Algérian Gulf life Insurance compagnie（ALGIC）。

（四）融资

外国企业可在阿尔及利亚当地银行融资，但须以母公司名义申请，且母公司的资信状况须获得信用等级为一级的国际银行的证明。2019年，银行贷款利率为 8%，存款利率为 1.75%。

十二、通信与电力

(一) 电话

阿尔及利亚国际电话区号00213，通常可以写成+00213、00213-、(00213)，当然阿尔及利亚国际区号前面的0是可以忽略，所以区号也写成213、+213、213-、(213)，按国际标准写法阿尔及利亚电话号码通常写成也写作"00213-地区号-地本地号码"或"00213-手机号码"。

在阿尔及利亚拨打阿国内固定电话及手机均为直接拨号；拨打国际长途固话号码，需拨国家代号+地区号（去掉首位"0"）+电话号码，如拨打北京电话为：0086（国家代号）+10（地区号，去掉首位"0"）+电话号码，拨打国际长途手机号码，需拨国家代号+手机号码，如：0086（国家代号）+手机号码。

点评：

中国的通信企业自1999年进入阿尔及利亚市场以来，与阿尔及利亚电信和移动公司均有合作，积极为阿尔及利亚各大公司提供网络设备、通信服务。同时中国智能手机在阿尔及利亚市场也有很大的占有量。以华为为例，截至2014年，华为智能手机在阿尔及利亚市场的占有率达到6.9%，仅次于三星和苹果公司。

(二) 网络

阿尔及利亚政府于2001年进行电信领域私有化改革，制定行业法规，设立通信管理委员会、阿尔及利亚邮政公司与阿尔及利亚电信公司，将电信业务管理与经营分离，同时鼓励电信领域外来投资与私人投资，允许参股经营阿尔及利亚电信公司，并积极推广全球经营服务理念，实现同世界其他国家联网。根据《全球联接指数2020》，阿尔及利亚网络质量在排在69位/总79国，得分32分/总120分。

阿尔及利亚手机通信方面主要有三大公司djezzy（07开头的号码），ooredoo（05开头的号码）和mobilis（06开头的号码），阿国内通信费用较低，各家通信公司都已开通拨往中国的国际长途业务，费用各不相同。

2013年12月开通3G服务。3G技术投入市场多年以来，已有超过2597万手机注册用户，4G固定无线LTE用户42万，ADSL用户超过183万，电讯与邮政条件明显改善。阿尔及利亚电信集团为个人用户和企业用户提供多种网络服务套餐项目。

目前阿尔及利亚有近1万个网吧，光纤铺设里程约25万千米。阿尔及利亚电信产业已成为继碳氢化合物产业之后的第二大营利性产业，主要电信运营商有阿尔及利亚电信公司（AT）、埃及奥拉斯电信公司（ORASCOM）和科威特瓦塔尼亚公司（WATANIA）这3家。

（三）邮政

阿尔及利亚邮政发展较为缓慢，由阿尔及利亚邮政公司总管，该公司有分支机构3160个，年均增加50个。到2020年，阿尔及利亚将新建1500所邮电局，使总数达到5000所，以缓解全国邮电服务短缺的状况。

（四）电力

2017年，阿尔及利亚电力生产装机容量19586兆瓦，电网覆盖率达99%，输电线路29600千米，配电线路33万千米。阿尔及利亚电力市场需求约为32.6万亿瓦时，用电需求年增长5.8%。阿尔及利亚电力市场供大于求，但由于阿尔及利亚电力输送线路老化、偷漏电现象严重，因此部分地区用电紧张现象时有发生。阿尔及利亚政府计划铺设6000千米的高压线路和2.95万千米的中低压电缆。

至2030年，阿尔及利亚太阳能发电将占总发电量的3%，国内电力需求的40%来自可再生能源。届时可再生能源发电总量将达2.2万兆瓦，其中1.2万兆瓦用于满足国内需求，1万兆瓦供出口。预计到2030年，阿尔及利亚将建造60座电站（含燃气、光伏、风力）。根据阿尔及利亚能源发展规划，预计到2030年达到22000兆瓦发电能力，其中10000兆瓦待条件成熟时将用于出口。阿尔及利亚政府将制定相关投资鼓励政策，吸引国内外投资者积极投资新能源领域。

十三、医疗与安全

（一）医疗

阿尔及利亚自1962年发展医疗卫生事业以来，已建有13家大型医疗中心和31家专科医院。2007—2013年间，平均每万人拥有医生12人、护理和助产人员20人、牙医3人、药师2人。首都阿尔及尔市内主要医院有本·阿克努医院和穆斯塔法医院。两家医院皆驻有中国援阿医疗队。

阿尔及利亚公立医院的各检查项目象征性收取少量费用，病人看病需交纳挂号费，并自行凭药方到药房买药。治感冒、止泻、消炎等非处方药可在当地药店购买，价格合理。阿私立诊所收费比公立医院高，技术和条件较好。阿常见病主要为高血压等心脑血管疾病、消化道疾病、风湿病及糖尿病。自1984年起阿实行医疗保险制度，设有疾病和生育保险。雇主必须为雇员购买医疗保险，保险返赔率最高可达80%。

阿尔及利亚是北非最大的制药市场。它正在成为非洲的医药生产中心。75%本地生产的产品是仿制药，15%是自制药。非传染性疾病的药物变得越来越重要。阿尔及利亚的五年计划（2014—2019年）将医疗保健作为一个高度优先领域。自从2015年以来，政府拨款485亿欧元用于该部门发展。到2025年，200亿美元用于医疗保健部门发展。在未来十年内，阿尔及利亚计划建造172所公立医院、377家私人诊所和45个专门卫生单位。

在阿尔及利亚尚未满足需求的疾病领域包括：非传染性疾病，心血管疾病和糖尿病，非恶性肿瘤，内分泌、血液和免疫紊乱，感觉器官、消化、泌尿生殖系统疾病和皮肤病，口腔疾病，先天性异常，母亲和儿童健康。

据世界卫生组织统计，2015年阿尔及利亚全国经常性医疗卫生支出占GDP的7.1%，按照购买力平价计算，人均经常性医疗卫生支出1031.2美元；2017年，阿尔及利亚人均预期寿命为76.5岁。

（二）安全

近些年，伴随着地区局势的持续动荡，阿尔及利亚治安形势逐年恶化，犯罪率上升2%，贩毒、吸毒、抢劫、绑架等事件时有发生。目前，非法移民问题和有组织犯罪问题交织现象越来越严峻。

阿尔及利亚总体安保力度较大，恐怖活动得到有效遏制，残余恐怖分子主要集中在边远山区和边境地区活动，并不时制造恐怖事件。根据规定，当地居民不可持有枪支。

2017年1月2日，应社交网络发起罢工罢市号召，贝贾亚省大部分商店大门紧闭，以抗议物价上涨和对政府商业部门各类检查以及增加税收的不满。抗议行动演变成冲突，防暴警察与年轻抗议者发生冲突，部分商店被损毁偷窃。1月5日，当地恢复平静。

联合国毒品和犯罪问题办事处（UNODC）统计数据显示，2015年共发生谋杀案件542起，每10万人比率（下同）为1.37；袭击案件49091起，比率为123.76；绑架案件517起，比率为1.3；抢劫案件26022起，比率为65.6。

点评：

泰贝萨省位于阿尔及利亚和突尼斯交界处，该省山区是恐怖分子频繁活动区域。阿尔及利亚近年来对恐怖活动保持高压打击态势，主要城市治安情况良好，但仍有部分宣布效忠极端组织"伊斯兰国"和"基地"组织的恐怖分子在阿北部山区活动。2021年1月14日，一辆民用汽车当天在泰贝萨省一条道路上行驶时遭遇炸弹爆炸，车上5人死亡、3人受伤。该炸弹为自制爆炸物，疑为恐怖分子安放。

Chapter 3
第三章

前往阿尔及利亚手续办理及相关须知

一、海关出入境管理制度

1. 入境

阿尔及利亚海关禁止携带用于商业目的的物品入境。携带动植物入境，必须持有输出国家或地区官方动植物检疫证书，主动申报，并且接受入境口岸检疫机关现场检疫，以及海关相关检查。书籍、音像资料、录像带等进口需要文化部出具许可证。无线电台（对讲机）等设备进口需要通信部出具许可证。

特别提醒注意的是，入境时，随身携带超过 5000 欧元或等值其他外币，须向阿海关申报。近年来，已多次发生中国公民携外币现金入境时未予申报，出境时被阿海关人员扣押，并移交阿司法部门的案件。

出机场大厅时，海关官员会对旅客托运行李进行抽查，如被检出未申报物品或虚假申报则构成违法，将予以惩处。

2. 出境

阿海关对于离境人员出境时携带的合理自用物品无特殊规定，但禁止携带红珊瑚等珍稀物种及其制品出口，对奶粉等国家补贴物资的出口也控制较严。

在阿外国公民入境时携带 5000 欧元以上或等值其他外币的，出境时，需提供银行出具的入境时申报的一部分或全部外汇的换汇证明。对未报关大数额外币除没收外，将进行数倍罚款，严重者还将被移交阿司法部门处理。

出境时须填写出境卡，与护照、机票一并交与边检人员查验。

阿机场大厅入口、候机厅入口和登机口设有三道关卡，对托运和手提行李进行安全检查。严禁在手提行李中携带剪刀、刀具、胶带、卷尺、接线板、玻璃杯、玻璃瓶装物品（如咖啡、蜂蜜等）或捆包绳等。阿海关官员在候机厅入口会对旅客手提行李进行抽查。

3. 居留入籍

阿尔及利亚签证有效期一般为三个月，自入境之日起停留期为一个月。根据阿尔及利亚有关部门要求，申办阿当地居留证需提交使馆为申请人出具的注册证明。中国公民抵阿后，应尽快到使馆注册，以便及时办妥当地合法居留证件。有关申办须知详见中国驻阿尔及利亚大使馆网站：http://dz.china-embassy.org/chn/。

来阿需长期居留的经商人员，入境后需先办理公司注册手续，取得营业执照后再申办居留证；劳务人员则需通过公司先办理劳动证，再申办居留证。

外国人申请入籍，需有固定工作及收入，至少需在阿居住7年。

点评：

关于来阿务工的特别提醒

（1）出国务工一定要选择有资质的中介公司，不要听信不法中介公司的"高薪""保底工资"等虚假宣传或"熟人"介绍。出国务工前务必多方了解、核实用工单位薪资待遇、工作环境、生活条件等实际情况。

（2）出国前务必签订正规劳务合同，并在签署合同前仔细阅读合同条款。

（3）劳动合同一定要在国内提前签署完毕，切勿相信公司所谓"抵达阿尔及利亚后再签署"的谎言。没有合同，劳务人员的合法权益就无法得到保障。

（4）根据阿法律，持商务签证入境者不得在阿从事劳务工作。商签有效期最多只有三个月，签证过期后即为非法滞留，这会成为一些公司胁迫劳务人员的手段。

（5）劳务纠纷的解决一定要按照法律途径，不应采取过激行为。劳务人员也可向违法企业国内注册地或负责人户籍所在地人民政府商务、公安、工商行政管理等部门和对外劳务合作商会投诉。中国驻阿尔及利亚使馆对劳务类纠纷的解决没有强制力，只能视情推动双方协商解决。如遇企业非法扣押护照等情况，可报警处理或联系中国驻阿尔及利亚使馆。

（6）《中华人民共和国护照法》第二条规定，任何组织或者个人不得伪造、变造、转让、故意损毁或者非法扣押护照。中国在阿企业如非法扣押员工护照，产生的一切后果须自行承担。

二、阿尔及利亚签证的办理

（一）阿尔及利亚签证类型及费用

阿尔及利亚签证常见种类有商务、工作及旅游等，一般情况下不予办理落地签。中阿两国已签署关于互免持外交、公务护照人员签证的协定，但尚未生效。来阿前应确认所持签证在有效期内，且签证种类与来阿目的相符。

中国公民赴阿尔及利亚签证费用如表3-1所示。

表3-1 中国公民赴阿尔及利亚签证费用

签证类型	签证名称	普通签证	加急签证
所有类型	单次入境签证	23 USD	50 USD
	两次入境签证	34 USD	61 USD
	多次入境签证	47 USD	73 USD

(二) 阿尔及利亚各类签证所需资料

阿尔及利亚签证所需材料根据其种类有所不同,具体如表3-2所示。

表3-2 办理阿尔及利亚签证所需材料

签证类型	所需材料
外交和公务签证	·外交护照、公务护照等特殊护照及其复印件; ·签证申请表; ·护照规格彩色免冠照片1张; ·本国外交、领事机构出具的外交照会。
新闻/媒体签证	·有效期在六个月以上的护照及其复印件; ·签证申请表; ·护照规格彩色免冠照片1张; ·单位派遣函原件(标准格式:印有单位抬头的信纸打印,负责人签名并加盖圆形公章); ·记者证复印件; ·阿尔及利亚合作伙伴的邀请函(如必要); ·携带物品清单(照相机、摄像机等)。
商务签证	·有效期在六个月以上的护照及其复印件; ·签证申请表; ·护照规格彩色免冠照片1张; ·由阿尔及利亚市政府认证的阿尔及利亚公司邀请函原件;邀请函内容应包括访问的确切目的和计划在阿尔及利亚逗留的时间,以及被邀请者的姓名、职位和护照号码(标准格式:印有单位抬头的信纸打印,标明负责人的姓名和职位,由负责人签名,并加盖圆形印章); ·由阿尔及利亚市政当局出具的遣返证明,保证受邀人员将在其签证有效期届满之前返回中国; ·阿尔及利亚公司营业执照复印件;

续 表

签证类型	所需材料
商务签证	·中国公司的函件原件；函件内容应包括访问目的和计划在阿尔及利亚逗留的时间，以及受邀人员的姓名、职务和护照号码； ·中国公司的遣返函，其中应包括受邀人员的姓名、职位和护照号码，并保证其将在签证有效期届满之前返回中国； ·中国公司营业执照复印件及其英文或法文译本； ·补充文件：安装调试设备（售后服务）需提供购销合同和提单复印件。前往阿尔及利亚参加投标的申请人需要提供投标书副本。
工作签证	·有效期在六个月以上的护照及其复印件； ·签证申请表； ·护照规格彩色免冠照片1张； ·由阿尔及利亚劳动部门签发的临时工作许可证原件； ·由阿尔及利亚劳动部门出具的遣返函及其复印件；该函应包括保证金，并保证劳动合同到期后劳务人员将返回中国； ·劳动合同及其复印件； ·中国公司的派遣函原件； ·中国公司的担保书原件。
探亲签证	·有效期在六个月以上的护照及其复印件； ·签证申请表； ·护照规格彩色免冠照片1张； ·相关家庭成员的身份证明，如结婚证、出生证明等； ·由家庭成员居住地的阿尔及利亚市政当局出具的邀请函和担保函原件； ·如果邀请人是阿尔及利亚人，则需提供其身份证副本；如果邀请人是中国人，则需提供其居留证和工作签证副本；如果中国人在阿尔及利亚注册其自己的公司，则需提供经阿尔及利亚市政府证明的营业执照副本。

续 表

签证类型	所需材料
旅游签证	·有效期在六个月以上的护照及其复印件； ·签证申请表； ·护照规格彩色免冠照片1张； ·往返机票复印件或机票订单； ·酒店预订单复印件。

阿尔及利亚签证申请表格可在阿尔及利亚驻华大使馆网站下载。

阿尔及利亚驻华大使馆信息：

地址：北京市朝阳区三里屯路7号

电话：010-65321231，010-65323773

邮箱：algpek@ymail.com

网址：http://www.algeriaembassychina.net/

(三) 阿尔及利亚签证办理时间

阿尔及利亚签证申请受理时间：每周一及周二上午9：30—12：00；

签证申请撤销受理时间：每周一及周二上午9：30—12：00，周三至周五上午10：00—11：00。

三、阿尔及利亚出行前的注意事项

(一) 注意事项

阿尔及利亚签证申请人在获得签证后，出行前，需要注意以下问题：

(1) 近年来，阿受国内政局和国际油价下跌影响，经济不振，加上受新冠肺炎疫情冲击，经济困难加重。社会治安难靖，偷抢等案件频发。人员外出要保持警惕，尽量结伴而行，不要去偏僻地带，避免随身携带大量现金，遇紧急情况应立即寻求警察帮助。

（2）阿尔及利亚是地震多发国家，近年曾发生数次轻微地震。建议旅阿中国公民掌握一定的地震防护知识，防患于未然。

（3）阿部分地区雨季常发生洪涝灾害，外出前应注意天气预报。

（4）阿尔及利亚食品卫生情况总体良好，偶有霍乱，仍应注意食品卫生安全。

（5）中国驾照在中国办理公证及中国外交部领事司和阿尔及利亚驻华使馆认证后可换取阿当地驾照。因当地车主驾驶习惯不良，阿交通事故率较高，在阿应注意行车安全，系好安全带，并遵守当地交通规则。考虑到反恐和安全需要，阿城市街道和高速路上时有安全部队设卡检查，遇到哨卡，请缓行并配合安全人员执法。

（6）首都阿尔及尔市内主要医院有本·阿克努医院和穆斯塔法医院。两家医院皆驻有中国援阿医疗队。治感冒、止泻、消炎等非处方药可在当地药店购买，价格合理。

（7）阿家用电源电压为220~240伏，电源接口为欧式标准。

（二）阿尔及利亚紧急求助电话

中资企业及公民在阿尔及利亚如遇突发状况，或遇有语言不通等特殊情况，应尽快通过各种联系方式与中国使馆领事部门取得联系，告知所遇困难及地理信息，以便尽快解决。

在中资企业间、华人内部发生的纠纷，应尽量内部协商解决，避免矛盾扩大，如需通过法律途径解决纠纷，可通过国内有关单位进行。

如遇恐怖袭击、绑架、抢劫等恶性治安事件，请及时报警，并与中国驻阿尔及利亚大使馆和工作单位取得联系。

领事业务中文咨询专线：00213-23469025（工作日15：00—17：00）

领事业务外文咨询专线：00213-23469014（工作日9：00—11：00；15：00—17：00）

24小时领保手机：00213-770888028

报警：17或1548

火警：14或00213（021）711414

急救中心：16或115或（021）235050

卫生防疫：00213（021）672502或672511或672344

新冠肺炎救治：3030

查号台：19

煤气故障：00213（021）684400或679161

供水故障：1594或00213（021）675030

Chapter 4
第四章

阿尔及利亚有关
法律规定

一、在阿尔及利亚投资注册企业需要办理的手续

(一) 设立企业的形式

阿尔及利亚法律允许外国投资企业在当地注册的商贸公司形式有：

(1) 合伙公司：合名公司、简单两合公司、合资公司；

(2) 资本公司：股份公司 (SPA)、有限责任公司 (SARL)、独人有限责任公司 (EURL)、简单两合公司 (SCS，不常用)、股份两合公司 (SCA，不常用)。

最常见的为有限责任公司和股份公司。几乎所有在阿尔及利亚设立的外国公司都是有限责任公司。

还可以采取集团和联合体形式，目前联合体的模式被实际应用于若干家外国企业，或外国企业和本国企业联合投标、承揽某一工程项目。承揽项目的外国公司联合体中各个组成公司在阿尔及利亚必须有其自身法律存在，即以在阿本国注册的公司，或子公司，或其他稳定的机构形式存在。

此外，还有联络处、分公司（须在当地商业注册）、代表处和常设机构等形式。

点评：

　　企业在阿尔及利亚经营的退出成本中等。以世界银行 2019 年营商环境报告中的办理破产来衡量在阿尔及利亚投资的退出成本。办理破产这一指标估算了破产程序的时间和成本，归纳了破产法规中存在的程序障碍。阿尔及利亚在 190 个国家（地区）中排名第 76 位，退出成本处于中等水平。

(二) 注册企业的受理机构

阿尔及利亚国家商业注册中心（Centre National du Registre du Commerce，CNRC）负责受理企业注册，该中心在各地设有分支机构。

(三) 注册企业的主要程序

（1）命名。在阿尔及利亚国家商业注册中心填写申请表以待其确认所选名称未被注册。

（2）开设公司临时账户（注册公司需银行提供一份资金转入证明）。所需材料：公司章程（草稿）、公司名称、公司注册地的租赁证明、公司法定代表人的签字样本、公司法人代表的身份证明。

（3）租赁或购买房屋作为公司注册地。此项牵涉的所有合同均需在阿公证处办理。

（4）在阿尔及利亚公证处办理章程签署手续。所需文件如下（在股东为企业的情况下）：经认证的股东法人营业执照；经认证的股东法人章程；若股东中有自然人，则需自然人股东的出生证明及无犯罪证明（中国公民须在国内做好公证，然后通过中国外交部领事司和阿尔及利亚驻中国大使馆进行认证）；股东法人指定阿公司法人代表的决定函；股东法人要在阿建立公司的董事局决定函；股东法人赋予自然人代表签署章程权利的授权函（以上文件需翻译成法文或阿文并经阿驻外使领馆认证）；涉及公司注册地的房屋所有或租用公证书；由阿国家商业注册中心出具的公司名称未被提前注册的证明函；资金转入证明。

（5）将公司章程刊登在阿尔及利亚官方通告报及一份全国级日报上。

（6）在工商局登记，所需文件如下：企业名称证明；公司成立申请表（表格由阿尔及利亚国家商业注册中心提供，须经股东大会认可）；两份公司章程（原件和一份经认证的复印件）；一份在阿尔及利亚官方通告报及全国级日报上刊登的章程复印件；待成立公司的董事、监事及总经理层在内的所有人员的出生证明及无犯罪证明；经认证的公司注册地房屋所有或租赁证明；现行文件认证的印花税支付收据；工商局注册税收据。

（7）税务局登记，所需文件如下：一份营业执照复印件；公司税务登记申请原件（需由法人代表签署）；公司章程；公司注册地地址；法人代表的签名样件；法人代表的出生证明。

（8）在社保局登记。

（9）获得公章。

（10）财务账本送至法院认证。

（11）若从事法律有特殊规定的行业，应出示有关许可证。

二、阿尔及利亚对外国投资的市场准入

（一）投资主管部门

（1）国家投资管理委员会。委员会由阿尔及利亚总理主持，各部部长参加，有权决定对投资额50亿第纳尔以上或关乎国家利益的投资项目授予何种程度的优惠政策。所有外商投资项目都须提前经委员会审批。委员会每季度召开一次全体会议，如有需要，任何成员均可申请召开会议。

（2）工业和矿业部投资促进总司。制定国家投资政策，初步审批重大投资项目。

（3）国家投资发展局。为行政公共机构，具备法人资格。其主要

职责为：保证国内外投资的实施、发展与监督，给予常驻和非常驻投资者投资信息指导和支持，通过"一站式"服务简化创建公司的手续，保障投资优惠有效落实，管理投资扶助基金和投资范围内的不动产，负责收集整理各类投资信息，与阿尔及利亚和国外的公共私人机构建立合作关系，发现投资障碍并建议政府将其清除以创建良好的投资环境。为简化投资程序，缩短项目实施期限，该局已在全国48个省份建立"一站式窗口"办公机构，集中各相关政府机构（工商行政、税务、海关、城管、领土整治、劳动、土地等）职能，快捷办理手续。根据2016年新《投资促进法》，各"一站式窗口"办公机构计划将被四个中心取而代之，四个中心分别负责执行投资优惠政策、办理公司成立和项目实施相关手续、为公司成立和后续发展提供支持、促进地区投资发展。

（二）投资行业的规定

阿尔及利亚2001年8月20日颁布了《投资法》NO.01-03号，并于2006年7月15日颁布了NO.06-08号法令对《投资法》进行更新，加大了对外国投资的开放力度。阿尔及利亚对外国投资者实行国民待遇，除相关法律限制或不符合环保规定的投资活动外，没有专门针对外国投资者的限制领域。投资开展相关法律限制的活动，须获得政府批准。政府鼓励非碳氢领域的投资，尤其是工业、农业领域的投资。外国投资除受双边投资保护协定保护外，投资者还可与阿投资发展局商签投资协议。

2016年8月，为实现经济多元化发展，进一步吸引投资，阿出台了新的《投资促进法》。新《投资促进法》重新制定了各项投资优惠政策，简化了办事手续，将促进投资的各项措施进行整合，旨在最大限度地为投资者提供便利和支持。

阿尔及利亚通过《2020年财政法补充法》废除非战略领域外国投资"51/49"股比限制。该法中规定的战略部门为：

（1）矿产开采，以及针对地表或地下任何财富的开采活动，但不生产矿物的采石场除外；

（2）能源部门的上游活动和任何其他受碳氢化合物法管辖的活动；

（3）输电网络和地面或地下油气输送网络的运营；

（4）受国防部管理的军事工业，铁路、港口、机场和制药业，但与制造具有高附加值且需要复杂技术的创新基础产品相关的投资除外。

点评：

《2020年财政法补充法案》规定，除购买和销售具有战略性质产品，且属于法案所规定的行业外，与商品和服务生产相关的任何其他活动均向外国投资开放，且无须与本地投资人合伙。

政府在解释性备忘录中指出，在实施"51/49规则"之前，即2009年，国家投资发展局收到了许多外国投资项目，但在该规定实施后，投资的数量出现显著下降。

政府认为，取消外国直接投资限制将使得资本所有权变得透明，能够使投资者在技术转移和确保在国内外市场上的竞争力时做出战略性决策。

此外，《2020年财政法补充法案》建议取消自2009年起适用的，在外国投资人转让股份时由国家行使的优先购买权。

政府解释性备忘录指出，"优先购买权的适用已经严重限制了交易，迄今为止，国家在没有财政参与的情况下对大多数交易使用了这项权利，国家并不是真正的购买者"。

政府认为取消"优先购买权"是"必要的"，因为在不设自由谈判的最低门槛时，该规定阻碍了阿尔及利亚股票市场的出现，同时取消"优先购买权"还将在吸引力和营商自由方面向外国投资者发出强烈信号。

但是，《2020年财政法补充法案》建议，对任何受阿尔及利亚法律管辖的战略部门实体，如其他外国方希望出售持有的股份，国家将保留这一权利。

这一权利可以通过总理或政府首脑通过授权来行使。此外，法案还建议考虑从外国非居民当事方向居民当事方进行的任何资产转让，都作为货物或服务进口处理。

（三） 投资方式的规定

投资方式包括新建企业、扩大生产能力、企业重组，也包括以实物股或现金股形式参股经营，或在阿公有企业部分或全部私有化过程中进行并购，特许经营权或执照的授予（申请专利、注册商标等）也算是一种形式的投资。

（1）股份比例：2009年阿尔及利亚政府出台新法令，规定与外国的合资公司中，阿方须至少拥有公司51%的股权。2010年4月，阿财政部重申外国股东转让股份时，阿国家享有优先购买权。2016年8月，新《投资促进法》规定，如外国公司将持有股权进行转让，且转让的股比超过10%，须经国家参股委员会（CPE）同意。如果未遵守规定或委员会提出反对，国家将享有部分或全部转让股份的优先购买权。

阿尔及利亚2001年8月颁布法令，开始实行公有企业私有化改造，近1000家企业接受改造。截至2008年，仅100多家处于激烈竞争行业的企业由本地企业收购。阿尔及利亚证券市场发展不成熟、几乎不运行，私有化主要通过招投标和自行商谈方式完成，因此，上市等金融市场手段在此过程中无法发挥作用。

（2）并购程序：以招投标方式并购当地企业的程序是，对拟收购的企业评估资产后进行招标。500人以下公司，双方在参股管理公司指导下商谈；500人以上公司的并购商谈由工业和投资促进部监管。双方达成协议后报国家参股委员会审批，由委员会全权决定。

（3）BOT方式：阿尔及利亚政府目前不接受BOT方式项目。

点评：

> 中国企业要实现安全高效的海外项目投资，需要前期了解并评估当地的投资环境及状态；在充分评估多种投资合作模式的基础上，合理选择对中国投资方最为有利的投资模式，以规避合作模式中某些基础法律关系之合规性、投资收益获得等方面的风险。

三、阿尔及利亚对外国投资的优惠

（一）优惠政策框架

投资法保证外国投资者将利润汇出境外，明确在生产和服务业的本国和外国投资，以及在转让经营和许可证范围内的投资均可享受法律提供的优惠。

为加大引资力度，阿尔及利亚政府还建立了支持投资基金和优先投资机制。支持投资基金主要用于资助政府为投资所承担的开销，特别是用于为实现该项投资所必需的基础设施建设。优先投资机制对某些特别需要开发的地区及对国民经济发展有重要推动作用的投资给予特殊税收照顾及经营便利。

外国投资享受国民待遇，符合法律规定的所有投资项目，在向阿

尔及利亚投资发展局申报并获批准后,享受一般优惠政策:

(1) 实施投资阶段。

①免征直接用于投资所进口的设备关税;

②免征直接用于投资所进口或当地购买的产品和服务增值税;

③免征在投资范围内购置的全部不动产的有偿转让税;

④免征在投资范围内出让的全部不动产的注册印花税、土地宣传税费和土地收入税;

⑤每年政府部门规定的土地租金减免90%。

(2) 税务部门证明投资项目进入经营阶段后(3年或5年内)。

①免征公司利润税(IBS);

②免征职业活动税(TAP);

③每年政府部门规定的开发税减免50%。

(二) 行业鼓励政策

符合国家优先发展领域和促进就业的投资,尤其是旅游业、工业和农业的投资,将同时享受国家现行法律规定的税收和金融鼓励政策。如投资者在从项目注册到运行一年的期间内创造100个以上的就业岗位,即可在5年内享受经营阶段的投资优惠政策。

对国家经济发展具有特别意义的投资,尤其是利用自主技术促进环境保护、自然资源保护、节约能源、促进可持续发展的投资,需由投资发展局代表国家与投资者谈判、签订有关协议,经国家投资委员会的批准方可给予相应的优惠政策,这类投资全部或部分享受以下优惠政策:

(1) 在税务部门证明投资项目进入经营阶段后,最长10年内,享受前述一般优惠政策;

（2）免征或减免各项税收；

（3）在协商规定的时间内，国家提供补助、补贴或其他资金支持，并提供便利。

国家投资委员会批准投资者享受免征或减免税收优惠政策的期限不得超过5年。

点评：

外国企业承建此类投资项目时，承包商在当地购买用于该投资项目的商品和服务所需支付的增值税可以申请免征，但必须填写增值税免税证明，随同其他要求的文件一起报送主管税务机关，获得批准后即可享受免征增值税的优惠政策。具体办理流程如下：

（1）准备阶段。

①向投资方索要投资项目的国家投资发展局批复文件（复印件）和清单。

②向主管税务机关递交国家投资发展局批复文件（复印件）和清单。

（2）启动阶段。

①向主管税务机关递交年度外购商品和服务计划，申请外购商品和服务免征增值税的年度配额。批复的配额不够时年度内可以再次申请。

②获得主管税务机关批复的配额后，领取文档编号为 F. n°22 的增值税免税购买证明登记簿。一般情况下每次只能领用一本，使用完后以旧换新。特殊情况下，需征得主管税务机关的同意后可同时领用多本。

（3）办理阶段。

①业务人员采购商品或服务时，向供应商索要形式发票。形

式发票上要提到工程项目信息，同时应注意：

·该形式发票上所列的货物或服务需要交纳增值税；

·形式发票的日期距离免税申请日期不得超过三个月；

·该形式发票中列明的商品或服务须包含在国家投资发展局批复清单里。

②向投资方索要形式发票的专业用途证明"Attestation d'affectation"。此证明是投资方公司负责人签署的，证明形式发票涉及的商品或服务是用于该投资项目。

③根据形式发票等文件填写免税申请登记簿，并连同申请免税商品或服务的相关国家投资发展局批复清单页，递交给主管税务机关审批。

④主管税务机关收到承包商提交的资料后，会及时予以审核批复。税务机关免税工作主管领导同意并签字、盖章后的申请表通常称作"免税证明"。一般情况下，主管税务机关会在十个工作日内批复，但是当地税务部门业务拖沓、办事效率低下，有时候可能会拖延30天或以上。

⑤免税证明一式四联，在拿到批复后的免税证明后，业务人员将增值税免税证明的白色联交给供应商，并且让其签收绿色、蓝色两联免税证明，黄色联保存在免税簿上留档。

⑥供应商根据免税证明出具不含增值税的正式发票。

⑦一本免税申请登记簿共25份，所有免税证明相应的最终发票收集齐全后，将免税申请登记簿，连同形式发票复印件、正式发票复印件、免税簿使用情况统计表归还给主管税务机关，换领新的免税申请登记簿。

每年度末，必须将所有的免税申请登记簿归还给主管税务机关，同时需要提交本年度免税商品或服务配额的使用情况。

(三) 地区鼓励政策

在国家特别扶持区域的投资，目前主要为阿尔及利亚南部和高原省份，额外享受以下优惠政策：

（1）实施投资阶段。

①对直接用于投资所进口的货物免征关税；

②对直接用于投资所进口或当地购买的商品和服务免征增值税；

③对于作为投资一部分而购置的不动产免征财产转让税和土地注册税；

④对于旨在实现投资项目的出让已建和未建不动产免征注册费、土地注册税以及政府收费；

⑤自购买之日起十年内，对于投资中所含不动产免征财产税；

⑥对于公司成立和增资契据免征注册费；

⑦国家投资发展局估价后，国家全部或部分承担为实施投资所需要的基础设施建设费用；

⑧减少政府有关部门收取的投资范围内租用土地的年租金；

⑨对于位于高地和其他需要扶持区域的投资，十年期间内每平方米象征性征收，超过十年后按政府费用50%征收；

⑩对于位于南方省区的投资项目，15年期间内每平方米象征性征收，超过15年后按政府费用50%征收。

（2）税务部门证明投资项目进入经营阶段后，十年内享受前述一般优惠政策。

给予外国投资的所有优惠，无论是一般性优惠还是特殊优惠都必须注明。可汇出境外的利润中必须扣除享受的这些海关、税收或其他优惠政策减免的同等金额。投资者须在停止享受优惠政策起4年内，将公司享受减免公司利润税（IBS）和职业活动税（TAP）所获得的利润的30%用于再投资。如公司拒绝再投资，将无法再享受税收优惠。

（四）特殊经济区相关规定

目前，阿尔及利亚全国有70个工业区，占地面积1.2万公顷，另有8000公顷工业用地，工业用地总储量为2万公顷。阿尔及利亚已建工业园整体发展水平相对较低，现有的投资促进和优惠政策难以吸引外国投资。阿尔及利亚目前尚无经济特区。目前正实施新工业战略，大力发展经济活动区建设，有望在将来与世界接轨，建立真正意义上的免税区和工业区，吸引更多外来投资。

为促进国内制造业发展、提高东西高速路等新建基础设施使用率、平衡地区经济发展，2011年阿尔及利亚政府决定在全国范围内新设立42个工业园区，涉及全国34个省份，其中北部省份27个、中部省份10个、南部省份5个，占地总面积9572公顷。新建工业园区总投入880亿第纳尔（约合11.7亿美元）。首批10个省级工业园区建设已于2013年5月启动。

为解决工业用地的瓶颈，2008年底，阿尔及利亚通过新的工业用地法令，该法令规定：工业用地特许经营权（Concession）不能转让，特许经营权的使用期为33年，可续签2次。在土地拍卖中，不再允许采用议标方式，但如经过国家投资委员会研究并经内阁会议批准的项目，也可通过议标方式获得工业用地。新设立的工业园区用地可以议标方式授予，政府根据园区所处省份经济发展情况予以贴息。外国投资者在工业园区的工业用地只能通过租赁方式获得，不允许外国投资者购买土地。

四、阿尔及利亚关于用地的法律规定

(一) 土地法的主要内容

投资用地规定：投资项目所需地皮，可租用或购买私人土地（房产），国有土地可通过特许经营和转让方式提供给投资者。租用私人土地（房产）只需通过公证人公证租房契约即可，但这一部分资源较少；政府为了进一步鼓励投资，于2006年出台了关于可提供给私人的国有土地的特许经营和转让办法，有关规定如下：

(1) 基本原则：根据投资项目的需要，在遵守国家城市化的有关规定的条件下，可通过拍卖或者议标方式将国有可私人化土地出租（土地特许经营）或转让给企业、公共机构、自然人或法人。但排除以下情况：农业用地、国家旅游规划中所列有关旅游开发区、油气矿产勘探开发地区、规划中的房地产开发区。

(2) 对于工业、旅游业、服务业投资项目所需土地，投资者可获得其特许经营权，期限最少20年，可续约，并在一定条件下［参见以下第 (16) 点］可将土地转让给投资者；在房地产开发项目框架下已规划好的有关项目地块可依据有关法规直接转让给投资者使用。

(3) 土地的特许经营权授予通过拍卖或议标方式进行，其中位于阿尔及尔、安纳巴、奥兰、康斯坦丁省的所有市镇、北部省份的所有省政府、区政府的所在市镇、高原地区的省府所在市镇的土地通过拍卖转让经营权，位于其他地区的有关土地可通过议标方式转让经营权。

(4) 土地的特许经营或转让需通过所在省省长根据职能部门的建议审批或国家投资委员会有关授予投资项目优惠政策的决议批准，并通过行政契约确立，带有一份细则，规定投资项目的计划及土地经营权出让或土地转让的条件。土地特许经营权授予或转让是有偿的，应支付租金或转让费（拍卖价或市价）。通过议标方式进行出租的土地年租金大致为市价（或可拍卖底价）的5%。

（5）土地特许经营权受让人可在标地上建设有关建筑，且可利用房产抵押进行贷款。

（6）特许经营权的受让人，在投资项目建成并投产（根据行政契约细则的规定）后，可申请获得土地所有权（即土地的转让）。若特许经营权受让人在契约规定的期限内完成项目，并在完成项目两年内提出申请获得土地所有权的，可享受签订特许经营转让契约时确定的土地市价（拍卖价）获得土地并可扣除已付租金；若在完成项目两年后提出申请，则只能按照批准该申请时的市场价格获得土地，且不能抵扣租金。

（7）对于享受国家投资委员会审批的特殊优惠的投资项目，土地的租金、转让价格可另外作价。

（8）投资用地管理的职能机构为各个省设置的"产业布局、投资和地产调度促进协助委员会"。该机构由省长统领，负责该省可供投资土地的规划、管理和转让审批，并为投资者取得土地经营权提供必要的协助。

综上所述，对于阿尔及利亚国有土地的投资用地，投资者可先租地建设项目，待项目完成投产后获得土地的所有权，但私人土地一般采取出租的形式，购买难度较大，且需要省政府批准。

（二）外资企业获得土地的规定

从2009年开始，阿尔及利亚出台投资新政策以保护本国企业。关于投资用地,租赁 2 年后可通过转让方式购买的做法(原法律规定,外国人和外资企业不可以直接拥有当地土地,但是在租赁 2 年后可通过转让方式购买),改为采取永久租赁方式。至于租赁期限,根据项目运行长短决定延长时间,租赁期限可延至 44~99 年不等。

(三) 外资企业参与当地农业投资合作的规定

2010 年 8 月 15 日,阿尔及利亚通过了新的《农村土地法》,规定了新的土地使用方式和条件。农民需要在 18 个月内到国家土地办公室(ONTA)重新登记申请土地有期限的土地租让使用权,如超过申请期限,则被视为放弃该权利,土地将被收回并将租让权转让给其他农民。新法律还给予农民更大的土地经营自主权,农民可以到银行申请贷款或与外资建立伙伴关系。

[案例 4-1]

中国与阿尔及利亚自 2012 年开始开展了为期三年的盐碱地改良技术合作,向阿传授中国成熟的盐碱地改良技术,帮助阿提高技术水平,改善实验室条件,提高技术人员能力,实现当地农业可持续发展。在三年的合作中,中方派遣专家和管理人员赴阿开展盐碱地治理工作研究、示范和培训,进行现场测量和土壤采样,制定具体整治实施方案;接受阿方人员来华培训,学习温室大棚、盐碱地改良、盐生植物园、生态循环治理等技术;提供部分仪器设备和物资,支持阿方开展土壤整治。技术合作期间,中国支持阿尔及利亚建成 20 公顷的盐碱地核心试验区,为阿方建成标准化实验室和全自动温室。通过此项援助,阿尔及利亚初步建成了内陆盐碱土改良技术体系,与中国建立了良好的技术合作关系,促进了中阿传统友谊。

2016年9月15日，我国驻阿尔及利亚大使杨广玉与阿农业、乡村发展与渔业部秘书长卡迈勒·沙迪分别代表各自政府签署了土壤改良项目二期技术合作议定书。根据协议，技术合作期限为三年，将在一期所取得阶段性成果基础上，进一步开展相关试验并加以拓展，同时在盐渍土开发利用方面开展一定规模的示范和推广。

点评：

阿主要农产品有谷物（小麦、大麦和燕麦）、豆类、蔬菜和水果（柑橘、葡萄、椰枣）等。阿每年生产粮食约200万吨，仅能够满足国内需求的30%。奶及制品和豆类分别满足国内需求的42%和30%。肉类、土豆、西红柿、水果和其他蔬菜可100%满足国内的需求。糖、油和咖啡本国没有生产，完全需要进口。阿是世界粮食、奶、油、食糖的十大进口国之一，每年进口粮食约500万吨。粮食农副产品来自法国、美国、加拿大和阿根廷，进口能够满足阿国70%的需求，主要产品有小麦、牛奶、食糖和玉米。阿出口的农副产品主要有椰枣、橄榄油、葡萄酒等，法国、西班牙、比利时和利比亚是阿农副产品的主要出口国。

阿尔及利亚自然条件有利于农作物的生长，地处阿尔及利亚北部的地中海平原区以及中部的高原区有大面积的平原、盆地、河流谷地，地表为深厚的现代冲击物所覆盖，土地肥沃，适宜种植农作物，充足的日照有利于农作物的生长，地下水和水库蓄水可作灌溉水源。

阿农业发展水平低下，主要缺少优良品种和科学种植技术。积极引进我国农业方面的成功经验，将会极大的推动阿国农业发展，主要可探讨以下方面合作：

（1）选择典型地块，进行土壤改良和完善农灌设施。引进农作物和蔬菜优良品种，进行种植试验。种植试验成功后就地育种，建立农业科研基地，种植示范田和优良品种供应基地，开展农业技术培训，推广农业经验。

（2）进行农产品加工，使其增值，促进出口。有增值和出口开发潜力的产品有椰枣、葡萄酒、时鲜蔬菜、水果和基因农产品。此外，也可以建立屠宰加工厂，促进肉类产品的增值和出口。

（3）开发面向国内市场的农产品生产，建立奶制品加工厂和面粉加工厂。

（4）投资与农业有关的其他领域：苗圃、种子生产、农业设备和工具加工厂。

五、阿尔及利亚关于劳动就业的法律规定

（一）劳动法的核心内容

（1）劳动合同。阿尔及利亚《劳动法》主要将劳动合同分为：根据合同期限，分为固定期限劳动合同与无固定期限的劳动合同；根据劳动合同的形式，可分为书面劳动合同与非书面劳动合同。需要指出的是，如用人单位与劳动者未签订书面劳动合同，则该劳动关系被认定为无固定期限（这一点不同于中国的事实劳动关系）。试用期不得超过6个月，专业资格要求较高的岗位可延长到12个月。

（2）工作时间。法定每周工作时间为40小时；某些在工作时间可能存在无工作情况的岗位，每周工作时间可以增加；从事高体力、危险或容易在身体和心理方面产生特别压力的工作每周工作时间可缩减。

每周加班时间不可超过法定工作时间的20%。

（3）最低工资。2020年6月1日起，最低工资标准提升为20000第纳尔/月，加班费为正常工作时间工资的1.5倍。

（4）终止合同。在劳动合同中双方可以约定在何种情况下劳动关系终止，法律规定的终止情况有以下9种：劳动合同无效或劳动合同按照法律规定废除、有确定期限的劳动合同到期、辞职、解雇、符合法律规定的完全丧失劳动能力、因裁员而被解雇、用人单位企业依法终止业务活动、退休、死亡。

解雇分两种情况：

第一种无预告期的和补偿金的解雇，适用于劳动者在工作中犯下受刑法惩罚的严重错误，或劳动者实施了《劳动法》第73条提及的泄露内部资料、故意造成物质损失等行为。

第二种解雇虽无补偿金，但劳动者享有解雇的预告期。这种方式适用于被解雇的劳动者没有犯严重错误，具体违规的情况以及惩罚措施可在内部管理规定中详细列明。

（5）社保缴纳。社保缴纳信息见表4-1。

表4-1 雇主需要缴纳的雇员社保基金种类和比例（%）

种类	雇主承担	雇员承担	社保基金	总比例
社会保险	12.5	1.5	—	14
工伤和医疗	1.25	—	—	1.25
退休	10	6.75	0.5	17.25
失业保险	1	0.5	—	1.5
提前退休金	0.25	0.25	—	0.5
合计	25	9	0.5	34.5

资料来源：阿尔及利亚劳动、就业和社会保障部。

(二) 外国人在当地工作的规定

阿尔及利亚法律规定，雇主在缺乏生产或项目需要的本地熟练工人时，可以雇用外籍工人，一般来说，外籍劳工至少应该为有10年以上工作经验的技术工人和有5年以上工作经验的工程师及适当比例的翻译人员。可就业的岗位有工程技术管理、翻译、技术工人等。雇用外籍工人时，需向地方劳动部门提交申请获得外籍劳务指标，办理签证还需经过劳动就业部和外交部批准，手续较为复杂。外籍工人入境后，需办理劳动证，劳动证有效期2年，可延期；另外，还应向当地警局申请办理居住证。

在阿尔及利亚，外国企业雇用外籍工人时所征工资收入税分以下两种情况：未在阿尔及利亚常驻的外国企业，在给其外籍员工发放工资时应扣除所得税，一般为20%；在阿正式注册或常驻的外国企业，一律按照当地工资收入所得税规定从其员工工资扣缴税收。

社会保险方面，外籍员工一律享受当地的保险（有国际协议另外规定的除外），企业必须按规定为外籍员工办理各类保险。

外籍员工的工资纳税后可以汇出，需向当地劳动部门提交申请，但目前较多的情况是承包工程合同下的外籍员工，工资发放、流动均按照合同规定执行。

(三) 外国人在当地工作的风险

在阿尔及利亚申请外籍劳务指标存在一定难度，如果未得到批准，则相关准备无效。阿尔及利亚招聘外籍员工不需要进行市场需求测试，但是要具备一定的条件，包括在阿体检合格，管理人员要提供大学学历证书公证件，技术人员要提供技术资格证书公证件。

阿尔及利亚政府劳动主管部门负责包括外籍务工在内的相关政策

和审批事务,但是没有明确的劳务援助机构。

2020年新冠肺炎疫情期间,阿尔及利亚政府采取了一系列包括实施封省、宵禁、交通限制等疫情防控措施,对疫情蔓延起到了一定的效果,但抗疫措施的实施直接导致了人员流动的受限,3月18日阿尔及利亚政府宣布关闭国境,暂停一切往来国际航班,外国务工人员与阿尔及利亚无法实现正常国际流动。同时,阿尔及利亚普通民众抗疫意识不强,很少有人佩戴口罩。

点评:

受阿尔及利亚方签证政策限制,中方劳务的输出受到限制,所雇佣的当地员工技能较差,阿工素质整体较低,很难招聘到熟练工人,且阿国受欧洲及伊斯兰的双重影响,节假日较多,严重影响施工进度。另外,企业还要尊重当地的风俗习惯,充分考虑他们国家的国情和制度,加之政府中的官僚作风严重,这也是影响工程顺利开展的一大因素。

六、阿尔及利亚关于企业税收的规定

(一) 阿尔及利亚税收体系和制度

1. 税制综述

阿尔及利亚基本实行属地税制,纳税人须自觉申报、计算和缴纳。阿尔及利亚税务总局隶属于财政部,负责管理国家税收,拟定全国税收法律、法令和征收管理制度,组织国家财政收入,运用税收杠杆对经济进行宏观调控。

阿尔及利亚现行税制以所得税为主体税种,其他税种为辅。主要税种包括个人所得税、企业所得税、增值税、地产税、遗产税、国内消费税、油漆产品税、注册税、印花税、关税等。征收方法包括源泉扣缴和查实征收两种方法，前者主要适用于对薪金及利息所得的征税，后者主要适用于对其他各项所得的征税。

2. 税收法律体系

目前，阿尔及利亚制订了《公司税法规》、《流转税法规》、《注册登记法规》、《间接税法规》以及《财税程序法规》。《财税程序法规》主要规定了税务机关与纳税人之间的关系、各自的权利与义务、征管程序和诉讼程序等内容，以规范税收征收和缴纳行为。

自1992年税改以来，阿尔及利亚的税收政策的适用性不断提高，通过税收杠杆协调国家和纳税人之间的利益，推进战略行业和重要地区的发展，完善市场经济内部运作机制。

3. 税务系统机构设置

阿尔及利亚财政部负责统管国家财政预算、税收，制定相关法律法规及政策，下属税务总局、海关总局、经济研究预测总局、审计局、国库总局、国土事务局。

阿尔及利亚税务总局隶属于阿尔及利亚财政部，负责管理国家税收，拟定全国税收法律、法令和征收管理制度，组织国家财政收入，运用税收杠杆对经济进行宏观调控。

阿尔及利亚税务总局下辖税务法律法规部（DLRF）、税收征管部（DOFR）、诉讼部（DCX）、IT和组织部（DIO）、资源管理部（DAMF）、公共关系与传播部（DRPC）、税务信息和档案部（DIDF）、审核与研究部（DRV）等八个部门，此外还设置了大型企业部（DGE）、税务服务区域检查（IRSF）、区域税务（DRI）、区域研究与审核服务（SRV）、区域信息和文献中心（CRID）、省税务（DIW）、税务中心（CDI）、税务邻近中心（CPI）等外部服务机构。

此外，阿尔及利亚税务总局在阿尔及尔、布利达、奥兰、塞蒂夫、谢里夫、安纳巴、君士坦丁、乌尔格拉和贝沙尔等9个省区设置了地方税务局，分管全国48个省区的税务工作。

另外，阿尔及利亚政府还同时设置了独立于税务总局的税务监管局，对全国税收工作进行监督。

4. 近三年重大税制变化

《财政法》2017年版规定，阿尔及利亚增值税标准税率由原来的17%提高到19%，增值税低税率由原来的7%提高到9%。2018年，阿尔及利亚改革了出口业务的税收优惠制度，如明确特定货物和服务的出口交易产生的外币收入免征企业所得税；修订了处置房地产取得的资本利得的税收规定，明确处置持有时间超过10年的集体住房所产生的资本利得免征资本利得税等。

2019年，伴随着阿尔及利亚经济增长缓慢、国家预算趋于紧张的宏观经济环境，阿尔及利亚政府出台了《财政法》2019年版，其主要主张在于引入一系列反滥用措施，以打击骗税、逃税等违法行为、确保税收收入可靠和稳定增长，主要包括：增加了对支付给境外企业的技术服务费的限额扣除的要求，新增了电子商务平台上销售货物或提供服务需缴纳5%预提所得税的规定，以及修订和完善了转让定价政策，增加信息的透明度以确保监管机构能够最大限度地获取所需信息。

2020年，面对日益复杂的经济形势和政治局势，阿尔及利亚政府出台了《财政法》2020版。新的《财政法》强调鼓励投资，旨在通过采取更严格的措施，一方面改善公共财政管理现状，另一方面实现税收收入的最大化。新出台的主要政策包括：

（1）对特殊单一征税制度进行了修订。原税法规定下，对于习惯性从事工业、商业或农业活动且每年净利润不超过3000万第纳尔的公司或个人（包括合作社），适用特殊单一征税制度。《财政法》2020年版将该制度下的起征点，从3000万第纳尔降至1500万第纳尔。

（2）提高了计算机软件特许权使用费适用的预提所得税税率，实际税率由原来的4.8%提高至16.8%。

（3）出台了关于企业发生药品和医疗推广有关的费用的限额扣除规定，旨在限制制药行业中与生产销售无关的费用扣除行为。

（4）在电商交易中引入增值税。《财政法》2020年版规定电子交易取得的收入需要缴纳增值税，适用的税率为9%。该举措旨在推进税制进步，适应电商行业发展的需求，同时增加税收收入。

（5）提出将出台对初创企业免征增值税和企业所得税的税收优惠政策。可享受税收优惠的初创企业的具体条件及该项政策的具体实施细则将在后续出台的条例中明确。

（6）大幅提高了对污染活动的税负，税负增幅从50%到100%不等。

（7）对进口货物和服务提供银行商业票据的税收规定进行了修订。对于将在阿尔及利亚转售的进口货物，按进口价值的0.5%的税率缴纳税款；对于需要再加工和半加工的进口货物，适用税率为1%。

（8）将电子申报和电子支付的范围扩展至地方性税种。强制推行电子支付终端的适用，旨在授权阿尔及利亚银行接受电子支付方式。

（二）主要税赋和税率

1. 企业所得税（IBS）

阿尔及利亚采用的是传统的企业税收制度。纳税主体为阿尔及利亚的责任有限公司、一人有限公司、股份公司、合伙公司、工商事业机构等单位以及税法规定的其他法人实体。企业所得税的征税对象为阿尔及利亚公司的境内所得和外国公司来源于阿尔及利亚的所得。

(1) 征收范围。

对下列企业征收企业所得税：

①所有的居民企业，无论其形式或目的（包括合作社），法律规定可免征企业所得税的除外；

②工业或商业性质的公共事业单位和国有企业；

③取得来源于阿尔及利亚境内收入的非居民企业。

法律规定以下来源于阿尔及利亚境内的利润所得应缴纳企业所得税：

①利润来源于工业、商业或农业企业的实际经营活动所得；

②利润来源于在阿尔及利亚设立独立代理人的企业；

③利润来源于没有在阿尔及利亚设立常设机构或独立代理人，但仍有可以看作是一个完整的商业周期的经营活动的所得。

对下列企业不征收企业所得税：

①非经营性企业且未改制为股份制公司（除非企业选择以缴纳企业所得税为主体，一旦选择不得更改）；

②UCITS：欧盟可转让证券的集体投资企业，包括共同投资基金和共同投资公司的可变资本；

③创造就业的投资基金。本税收制度适用于阿尔及利亚的法人公司，以及类似性质的外国公司，不限于阿尔及利亚的居民企业。合伙企业及合资企业不在企业所得税的征税范围内，除非企业选择以缴纳企业所得税为主体，但一经选择后不可变更。

点评：

当一家阿尔及利亚公司持有一家或多家阿尔及利亚公司90%

或更多的股份时，该集团可选择作为单一实体进行征税，因此，企业所得税只能由母公司支付。在这种制度下，阿尔及利亚所有控股子公司的利润和亏损都得到合并。合并后的集团还可以从其他税收优惠中获益，如免除集团内部的交易增值税和职业行为税。

（2）税率。

生产经营活动收入和资本收益：

①19%的税率，适用于从事制造业生产的企业；

②23%的税率，适用于从事建筑业、公共工程、水利工程、热力活动及旅游业的企业，不包括旅行社；

③26%的税率，适用于从事以上未提及的其他所有生产经营活动的企业；

④对于进行混合经营的企业，则应进行会计分析以区分每种生产经营活动所占比重，否则，将对所有应税利润适用最高税率26%。

需注意的是，完成相应的登记注册并支付了特定行业保障缴款的建筑和公共工程企业才能适用23%的税率。

除此之外，可适用19%税率的制造业企业也不包括从事石油和采矿活动的企业。另外，投资公司适用5%的税率，风险投资公司可享受自其经营活动开始起5年内免征企业所得税的优惠政策。

国内付款的预提所得税：

①股息、红利。阿尔及利亚居民企业之间分配的股息红利免征企业所得税。

②利息。利息需缴纳10%的预提所得税，可抵减企业最终的应纳税额。

③无记名证券适用40%的预提所得税税率。

④服务费。支付的服务费须缴纳24%的预提所得税。

特殊单一征税制度（IFU）：

对于习惯性从事工业、商业或农业活动且每年净利润不超过1500万第纳尔的公司或个人（包括合作社），适用特殊单一征税制度，该制度下的税率如下：

① 从事生产和销售货物活动：5%；

② 从事其他工业、商业或农业活动：12%。

对从事以下活动的纳税人不适用特殊单一征税制度：

① 从事房地产销售推介和土地划分活动；

② 进口货物用于境内销售；

③ 批发用于再销售；

④ 以特许经营方式从事的商业活动；

⑤ 私人诊所和机构以及医学分析实验室从事的活动；

⑥ 从事酒店和餐饮行业的相关活动；

⑦ 从事精炼或回收，和从事贵金属、黄金和铂制品制造业；

⑧ 从事公共、水利和建筑工程等。

（3）税收优惠。

一般规则规定税收优惠政策的授予比例等于在制造产品中使用本地输入的整合比例。此外，所有在阿尔及利亚境内实现的外国投资可能受益于由国家投资委员会决定的具体税收优惠政策，前提是这项投资将有助于将技术转移到阿尔及利亚或者建立生产活动的最低本地输入比例等于40%。其整合计算方法尚未公布。

① 经济开发区的投资税收优惠。

对于实施投资阶段的优惠政策如下：

A. 免征直接用于投资所进口的设备关税；

B. 免征直接用于投资所进口或当地购买的产品和服务增值税；

C. 免征在投资范围内购置的全部不动产的有偿转让税；

D. 免除注册税和地产税公示，同时对已开发和为特定项目尚未开发的地产给予特许权；

E. 每年政府部门规定的土地租金减免90%等。

投资项目进入开发经营阶段后，可享受以下优惠政策：

A. 免征企业所得税；

B. 免征职业行为税；

C. 每年政府部门规定的开发税减免50%等。

② 对阿尔及利亚经济特别重要，有助于保护环境和自然资源、能源安全和可持续发展的投资，可享受多项优惠政策，但这些优惠政策需在投资者和国家投资发展机构之间订立协议的框架内确定。该协议必须经国家投资委员会批准并在官方公报上发布。

10年经营期内，可以在经营阶段给予免征企业所得税等优惠政策。另外，国家投资委员会也可以酌情决定给予额外的优惠奖励。

《财政法》2014年版还引入了国家投资委员会确立的战略投资项目可在5年经营期内享受优惠的政策。

③ 伊利兹、廷杜夫、阿德拉尔和曼哈塞特等地的优惠政策。

《财政法》2000年版规定了建立在伊利兹、廷杜夫、阿德拉尔和曼哈塞特等地区并缴纳税款的企业可享受优惠政策。这种优惠政策不适用于和石油与天然气销售有关的生产经营活动。

《财政法》2005年版和《财政法》2010年版将上述优惠政策延长了2次，每次延长了5年。

《财政法》2013年版规定，在上述区域建立的矿业公司，不再有资格享受50%的企业所得税减免。

《财政法》2014年版规定，在阿尔及利亚南部地区开展项目的青年企业家,将享受为支持南部地区发展的特别基金,10年内免征企业所得税、个人所得税和职业行为税。

④ 中小企业优惠政策。

《财政法》2004年版规定在某些特定领域经营的小型或中小型企业可享受企业所得税减免政策。在Wilayas高原和其南方开展经营活动的中小企业可分别享受5年内降低15%和20%的税收优惠政策。油气行业的企业不享受上述优惠政策。

⑤ 油气(石油行业)产业优惠政策引入了有关鼓励油气产业(上游产业)研究和开发的税收制度,包括一些税收优惠政策。与研究和开发有关的活动(如管道运输、炼油、油加工、销售、储存和分配),有权享受税收优惠,但仍须服从一般税务制度。

上游产业优惠政策:石油工业的上游产业免征货物和服务的增值税,以及来源于商业活动的税收。此外,进口的设备、材料和用于勘探和开采石油的产品,免征关税、税收及相关费用。

在阿尔及利亚投资的外国石油公司如果因其雇员隶属于外国社会保障机构并对阿尔及利亚当地的建设做有贡献时,可免除当地的社会保障费。

下游产业优惠政策:油气产业(石油天然气行业)的法律规定了货物和服务增值税的税收豁免,包括关税、对设备的进口税费,用于和管道运输活动有关的材料和产品的税费,以及进行液化天然气和液化石油气的分离设备的税费。

⑥ 创造就业优惠政策。

《投资发展条例》第1至3条规定企业开展项目投资可以提供100个就业岗位时可享受3年的企业税减免。创造就业岗位超过100个时,免税期可延长至5年。

⑦《财政法》2015年版针对特定领域引入的优惠政策。

《财政法》2015 年版第 75 条规定，在 5 年内引入下列工业产业的，免征企业所得税、个人所得税和职业行为税：

A. 钢铁冶金；

B. 液压黏合剂的生产；

C. 电子设备的制造及机械和汽车工业；

D. 化学工业及制药工业；

E. 食品加工业；

F. 纺织和服装，皮革和其他衍生产品的生产；

G. 航空；

H. 海上施工和维修；

I. 先进技术；

J. 木材工业和家具的生产。

与上述行业有关的其他活动是否享受优惠政策待国家投资委员会最终确定。

2. 个人所得税（IRG）

阿尔及利亚的税收居民应就其全球收入（来源于阿尔及利亚及其他任何地区）在阿尔及利亚缴税。

以下情况个人将被视为阿尔及利亚的税收居民：

① 拥有或享有居留权的人，以及签订一年以上租约的承租人；

② 主要居住地位于阿尔及利亚或在阿尔及利亚拥有主要经济活动的人；

③ 在阿尔及利亚从事专业活动的人员（不论是否取得报酬）。

（1）征收范围。

① 应税所得。纳税人的总收入所得包括生产经营收入、财产转让收入、利息、股息与红利收入、财产租赁收入、特许权使用费收入、

工资及薪金收入、劳动报酬所得、稿酬收入等。纳税人每一纳税年度的收入总额减去准予扣除的纳税人取得收入的成本、费用和损失后的余额为应纳税所得额。

② 不征税和免税所得。各类收入的免税政策具体如下：

A. 工业及商业利润：为了促进国家就业而从事相关经营活动，以及为了鼓励就业而从事特殊生产活动的新个人投资者，享受前三年税收全免的优惠政策。在特殊领域从事以上活动的新投资者享受的税收优惠期可延长至6年。传统工匠和手艺人可享受10年期的个人所得税全免。经批准的残疾人团体可享受永久个人所得税全免。

对特定类型资本进行再投资的个体工商户，享有30%的税基扣除。具体条件如下：利润再投资于应计折旧资产（运输车辆不构成主要营运资产的除外），且能提供完善的会计账簿。以上优惠不适用于资产转移及投资在五年内未到位的情况。

《财政法》2011版通过了在牛奶生产过程中，对加工或转化步骤前消耗牛奶永久免除所得税的政策。

《财政法》2007年版通过了对从事工业和商业活动且营业额不超过1500万第纳尔的个人适用特殊单一征税制度（IFU）。该税收是由税务机关对个人所得税、增值税及进行全面评估之后设定的。从事房地产推介、进口货物用于销售、销售特许权、私人诊所及医学分析实验室、餐饮酒店、贵金属加工和水利工程的个人不适用该制度。

B. 非商业利润：作家和作曲家及其继承人收取的版权费及转让专利权、商标权、生产技术及配方等取得的报酬享受个人所得税减免。

C. 农业收入：在新开垦土地或山区从事农业和畜牧养殖业的个人享受为期10年的免税期。从事谷物和枣类种植同样享受税收减免。

D. 动产收入及资本利得：个人来源于以下金融资产的收入及资本

利得在 2023 年 12 月 31 日之前享受个人所得税减免：

　　a. 在证券交易所上市的公司所发行的最低五年期的股票、债券和类似证券；

　　b. 在证券交易所上市的公司在 2014 年 1 月之前所发行的最低五年期的国债和其他类似证券；

　　c. 股票及欧盟可转让证券集合投资计划（UCITS）所列产品；

　　d. 处置纳税人持有超过 10 年的唯一住房取得的资本利得。

　　工资、报酬、养老金及终身年金，以下情况享受个人所得税减免：

　　a. 在青年就业计划内所获取的工资及其他报酬；

　　b. 费用报销；

　　c. 在特定地理环境中工作获取的报酬；

　　d. 向意外工伤者支付的临时报酬；

　　e. 向永久性丧失劳动能力、日常生活需要帮助的受害者以终身年金形式支付的损害赔偿；

　　f. 在司法公正条件下支付的赡养费及遣散费。

　　（2）税率。

　　表 4-2 所列示所得税税率从 2008 年 1 月 1 日开始生效。

表 4-2　总收入所得税税率表

全年应纳税所得额（第纳尔）	税率（%）
0~120000	0
120001~360000	20
360001~1440000	30
1440001 及以上	35

资料来源：阿尔及利亚国家税务总局。

对于纳税人获得的储蓄利息等，利息金额等于或低于 5 万第纳尔部分，须缴纳 1%（可减免）的总收入所得税。利息高于 5 万第纳尔部分，则须缴纳 10% 的所得税。

非居民法人和自然人之间的股息和红利分配均按 15% 征收总收入所得税，对于居民自然人，如此项收入用于再投资，可享受免税。

对于改造过的房地产转让所得的资本收益按 10% 的税率进行征税。未经改造的房地产转让按 15% 的税率进行征税。

（3）税收优惠。

《财政法》2008 年版第 5 条规定了雇佣收入可享受 40% 的个人所得税抵免。税收抵免的适用与纳税人婚否无关。每年的税收抵免不得低于 12000 第纳尔（每月 1000 第纳尔）或高于 18000 第纳尔（每月 1500 第纳尔）。

签订培训合同的雇员，有权就合同支付金额的 20% 享受税收抵免。

（4）税前扣除。

以下成本和费用可以在计算公历年度内个人应税所得时予以扣除：

① 个人商业贷款利息及与购买或建造主要居所相关的贷款；

② 个人缴纳的社会保险和养老保险；

③ 社会保障和养老保险，以及由业主缴纳的保险费用；

④ 房东投保的保险费。

签订 8 年期以上人身保险合同的个人可享受保费收益 25% 的税前扣除，最高不超过 20000 第纳尔。

阿尔及利亚税务机关规定，夫妻双方同时缴纳个人所得税的情况下，可享受 10% 的特殊减免。

3. 增值税（VAT）

阿尔及利亚从 1992 年 4 月 1 日开始征收增值税。在阿尔及利亚境内从事工业、商业、手工业、进口、批发零售、提供服务等均须按规定缴纳增值税。增值税的课税主体为包括生产商、进口商、批发商和零售商等在内的企业和个人。

增值税以流转过程中产生的增值额作为计税依据。在上一环节已经缴纳的税额可以在下一环节征税时作为进项税扣除。但以现金支付的超过 10 万第纳尔的费用不得作为进项税扣除。

提供服务的纳税人年销售额超过 10 万第纳尔，或者发生其他应税行为的纳税人年销售额超过 13 万第纳尔需缴纳增值税。下列企业或个人需要缴纳增值税：

① 主营或副营业务是关于商品生产、货物加工或者商业市场的产成品制造的企业；

② 参与工业生产制造过程的企业、制造商或者涉及产品的最终制造、包装、运输或储存的企业（无论即将出售的产品是否有制造商的商标）；

③ 通过第三方参与上述两项生产经营活动的企业；

④ 批发商，例如向零售商出售商品的商人或者在同一价格条件下，出售商品给企业、公共或私人公司的经销商；

⑤ 建筑承包商；

⑥ 提供服务的供应商；

⑦ 选择缴纳增值税的企业或个人。包括生产经营活动不属于增值税缴纳范畴的企业、石油公司、需缴纳增值税的个人和免征增值税的企业。

（1）征收范围。

增值税的征收范围仅限于在阿尔及利亚境内产生的交易。如果一项销售内容符合在阿尔及利亚商品销售的条件，则这项销售内容被视为是在阿尔及利亚境内发生的交易。其他被视为在阿尔及利亚境内发生的交易包括：在阿尔及利亚提供的服务、在阿尔及利亚被授予使用的权利等。

对于某些类型的交易，增值税是必须征收的，但在其他情况下，是可以选择缴纳或不缴纳的。对于下列交易，增值税是必须征收的：

A. 由生产制造商提供的销售或供应；

B. 建筑工程；

C. 从事进口应税批发商提供的销售和商业进口商提供的产成品；

D. 批发商的销售服务；

E. 为私人或商业用途的纳税人自行缴付的款项；

F. 涉及货物租用、提供服务、可行性研究及市场研究的交易，一般而言，除销售或公共工程以外的任何其他交易；

G. 销售不动产和企业的人，无论销售不动产时是以个人的名义还是委托第三方进行转售；土地的开发与销售；用于工业及商业用途的房屋的开发与销售；

H. 除制造原料为白金、金、宝石的产品设备之外的二手货交易；

I. 个人或企业（医务人员和兽医除外）的非商业型交易；

J. 有组织的娱乐和体育活动；

K. 邮政局提供的电话和电传服务；

L. 宝石、贵金属和珠宝的销售；

M. 超市及其零售商提供的销售，受税收推定方法限制的纳税人的销售除外；

N. 银行和保险公司提供的交易服务；

O. 电商交易。

（2）税率。

从 1992 年 4 月 1 日起增值税的适用税率如下：

19% 的标准税率。适用于产品和商品的交易以及不适用其他税率的交易。

《财政法》2014 年版规定，代理人和经纪人在符合阿尔及利亚法律法规的情况下，适用 9% 低税率。此外，适用于 9% 低税率的还包括：EPIC/SONELGAZ（企业名称）进行的有关天然气的交易；海军造船厂进行的交易；涉及建筑工程、房屋销售和相邻土地开发的交易；某些传统手工艺；银制品；医疗交易，包括海水浴疗法；音乐会和其他娱乐交易；订阅互联网服务供应商；儿童唱片和绘图书籍；向私人贷款发放的按揭贷款；使用液化石油气的空调的销售；液化石油气（LPG）；经核准的教育和教学企业；橄榄油的销售；个人电脑和笔记本的销售；氮基和磷酸盐基肥料；特定的农药；指定的用于牛饲料的生产投入；电子图书；锌和特定类型的钢板；电商交易。

（3）税收优惠。

法律规定了有关增值税的一些税收减免。为了达到这个目的，在阿尔及利亚境内进行的交易和涉及进出口贸易的交易进行了明确的区分。

在阿尔及利亚境内进行的、可以免税的交易包括：

A. 由个人进行的总收入不超过 10 万第纳尔的销售交易或者不超过 13 万第纳尔的服务交易；

B. 面包和牛奶的供应；

C. 某些特别配备的汽车；

D. 某些医药产品的销售；

E. 供应给在国际运输途径的船只或飞机的货物或服务（特定的互惠设施）；

F. 直接用于勘探、提取或者通过管道运输石油天然气的机器设备，这些机器设备必须是从阿尔及利亚国家石油公司或者与其联合的企业购买的；

G. 涉及再保险、分保的交易；

H. 提供给个人或者个人住房收购或建造的银行贷款；

I. 个人保险合同；

J. 由被认定的新企业家进行的项目的创建和扩展所使用的机器、设备和服务，如果是直接用于上述生产经营活动的汽车也是免税的；

K. 享受免增值税的居民承包商签订合同的非居民企业提供的货物和服务；

L. 属于同一企业集团的公司之间的交易；

M. 从2012年1月1日起，银行和融资租赁金融公司进行的资产收购，这项税收减免最初是由《财政法》2008年版引入的；

N. 报纸、期刊和书籍的生产、出版、制作和销售；

O. 货物、服务和工程用于勘探、开采，管道运输和石油液化气的分离；

P. 由阿尔及利亚国家石油公司或者与其联合的石油公司或分包商进行的炼油厂建造；

Q. 阿尔及利亚生产制造的体育器材和设备。这项税收减免由阿尔及利亚体育联合会提出，并于2012年1月1日之后开始执行。

《财政法》2014年版废除了对船舶建造业所使用材料和产品的税收减免，包括对船舶的翻新、改造和维修。现在这些材料或产品需要缴纳19%的增值税。同样的增值税税率适用于特定的浮动设备和系泊设备。

此外，直到2020年12月31日下列交易也可享受增值税税收减免：

A. 互联网接入费，包括仅用于固定互联网服务的带宽租赁；

B. 由位于阿尔及利亚和阿尔及利亚域名下的主机服务器和网络服务器提供的服务；

C. 网络设计服务；

D. 提供给阿尔及利亚的网络接入和托管网站的维护和援助服务。

与进口有关的交易，如果产品在国内市场销售时是免征增值税的，那么进口交易时也是免征增值税的。下列商品在进行进口交易时是免征增值税的：

A. 暂时免征关税的货物；

B. 金矿石、金锭和金币；

C. 在建造和修理飞机过程中使用的材料和产成品。

《财政法》2008年版补充规定了对于进口的、投入使用在兽医产品生产的货物是免征增值税的。包括：

A. 出口货物交易的销售和加工活动；

B. 货物来源于阿尔及利亚保税仓的销售和加工活动。

4. 国内消费税（TIC）

国内消费税是阿尔及利亚政府对烟草、香烟、雪茄、酒精、火柴等特殊商品的生产消费行为所课征的一个税种。相关税率见表4-3所示。

表 4-3 国内消费税税率表

商　品	从率计征（%）	从量计征（第纳尔/千克）
棕褐色烟草香烟	10	1640
金黄色烟草香烟	10	2250
雪茄	10	2600
吸烟用烟草	10	682
咀嚼烟草或鼻吸烟草	10	781
火柴和煤	仅从率计征：20%	
啤酒	仅从量计征：3971 第纳尔/百升	

资料来源：阿尔及利亚国家税务总局。

5. 关税（CD）

从事商品货物进出口的企业需要缴纳关税。关税对大多数进口商品按照完税价格征收。

关税税率从 0% 到 30% 不等，阿尔及利亚现行的关税税率从 2002 年 1 月 1 日起生效。根据关税税则，不同产品分类适用不同的关税税率。关税基本税率分为三档：5%、15% 和 30%。其中，5% 税率适用于所有原材料和医药；15% 税率适用于半成品、食品、脱水蔬菜和小排量汽车；30% 的税率适用于其他货物。

税收优惠：2002 年 4 月 22 日，阿尔及利亚与欧盟签订了合作伙伴协议，该协议自 2005 年 9 月 1 日起生效。根据与欧盟签订的合作伙伴协议，从欧盟成员国进口特定工业与农业产品（不论是否经过加工）免征关税。从约旦和阿联酋成员国进口商品，按照各自的贸易协议予以免征关税。另外，2009 年阿尔及利亚成为大阿拉伯自由贸易区（GAFTA）成员国。该自由贸易区内部也有相关的免征关税政策。

6. 地产税（TF）

阿尔及利亚地产税按无建筑物地产和有建筑物地产两类进行课税。其中，无建筑物地产主要包括农业用地、盐场、石场、露天矿以及可用于开发建设的土地等。有建筑物地产包括建筑地产、工商业地产以及在上述地产上所建的房屋、仓储室、工厂及各类商业设施等。无建筑物地产税以纳税人实际占用的土地市值为计税依据，依照规定税额计算征收。

有建筑物地产税以纳税人实际占用的土地面积市值及房产余值为计税依据，依照规定税额计算征收。房产折旧率每年为2%，最多不超过25%。工商业地产以国家划定区域的不同土地单价为依据来计算市值。

表4-4 地产税税率表

地　产　税	税率（%）
农业用地使用税	3
非城区无建筑物土地使用税	5
面积不超过500平方米的城区无建筑物土地使用税	5
面积大于500平方米且不超过1000平方米的城区无建筑物土地	7
面积超过1000平方米的城区无建筑物土地使用税	10
有建筑物土地房产税	3
特殊规定区域居住用有建筑物土地房产税	10
面积不超过500平方米的有建筑物土地的附属建筑物使用税	5
面积大于500平方米且不超过1000平方米的有建筑物土地的附属建筑物使用税	7
面积超过1000平方米的有建筑物土地的附属建筑物使用税	10

资料来源：阿尔及利亚国家税务总局。

国家机关、事业单位用地，教育、科研、文化、卫生、体育等公共设施用地，宗教场所，农业开发用地，外国驻阿尔及利亚外交使团办公用地等均可免交地产税。新建或重建的建筑物及其附属设施在建设过程中免征土地税,自建成后的第一年1月1日起按规定交税。接受国家各项政策支持的青年创业者根据不同情况享受不同优惠政策。

7. 油气产品税（TPP）

阿尔及利亚政府对汽油、燃料油、柴油、液化石油气、丙烷、丁烷等油气产品消费所课征的税种。油气产品税税率详见表4-5。

表4-5 油气产品税税率表

油气产品	税率（第纳尔/百升）
优质汽油	1400
普通汽油	1300
无铅汽油	1400
柴油	400

资料来源：阿尔及利亚国家税务总局。

8. 印花税（DT）

阿尔及利亚政府对在官方注册登记的购销合同、商业票据、营业证书、转讫收据、身份证件等有关凭证的企业或个人征收印花税,税目及税率详见表4-6。

表4-6 印花税税率表

税　　目	税率（第纳尔）
普通合同	400
一般收据	200
营业执照	4000
身份证件	500
车辆牌照	根据车的种类和最初使用年份而定

资料来源：阿尔及利亚国家税务总局。

9. 职业行为税（TAP）

在阿尔及利亚境内提供服务（旅游、饮食、运输、金融、文体、仓储、代理、广告、娱乐等）、转让无形资产（转让土地使用权、专利权、商标权、著作权等）或者销售不动产（销售建筑物及其他土地附着物等）的企业或个人应缴纳职业行为税。

职业行为税的征课对象主要为服务提供者或者自由职业者。该税类似于中国的营业税。应纳税额=（营业额-增值税）×税率。纳税人的营业额为纳税人提供服务、转让无形资产或者销售不动产向对方收取的全部价款和价外费用，一般税率为2%。石油天然气管道运输或生产行业适用3%和1%的税率。公共设施建筑工程和水利工程行为所得可在税前扣除25%后适用2%的税率。对销售进口商品或食品，但营业额未超过8万第纳尔的个体经营者免征职业行为税。对提供服务，但营业额未超过5万第纳尔的个体经营者免征职业行为税。销售国家财政补贴或国家定价的大宗消费品的营业收入免征职业行为税。对销售、交易、运输出口产品的企业和个人免征职业行为税。对从事旅游业、酒店业、餐饮业的企业和个人免征职业行为税。

10. 财产税（PT）

阿尔及利亚的居民个人应对境内外的财产缴纳财产税，具体内容包括：不动产、动产、应收账款、保证金和担保、保险、年金等。其中动产包括容量超过2000cc的汽油发动机或超过2200cc的私人汽车、容量超过250cc的摩托车；游艇、游船、私人飞机、艺术品等。

财产税税率见表4-7。

表4-7 财产税税率表

持有财富值（第纳尔）	税率（%）
低于 100000000	0
100000001–150000000	0.50
150000001–250000000	0.75
250000001–350000000	1.00
350000001–450000000	1.25
超过 450000000	1.75

资料来源：阿尔及利亚国家税务总局。

11. 采掘业税收相关规定

（1）油气（石油化工）行业上游产业政策。

油气行业的勘探和开发活动需遵循以下条件进行征税：

① 每年的表面税是不可扣除的。表面税根据勘探和开发区域的不同而收取，每平方千米所收取的税款总量是固定的。

② 支付给维持油气行业稳定的国家机构的月度使用费是以承包范围内的总产量为计算依据的。特定月份的使用费是以每个月的产值总和乘以使用比率。

③ 石油收入税的税率是依据油气（石油天然气）行业法规的特殊规定确定的。

④ 这类行业的年度所得税税率是30%。法律规定了一系列可扣除的费用，包括每月的使用费、石油收入税以及定期在法律规定限额内的折旧。如果公司将其业务活动延伸到由法律处理的电力生产、天然气分销及下游业务，该税率降低至15%。

⑤ 未开发资产的财产税按照现行税收法律法规进行计算。

⑥ 在缔约方之间进行权利与义务的转让须征收1%的税，此税是

不可抵免的。

⑦ 燃气税的征收标准是每 1000 立方米支付 8000 第纳尔。

⑧ 用于提高采收率而进行的引用及灌溉用水按每立方米支付 80 第纳尔的比例征收水资源税（不可扣除的）。

⑨ 对温室气体排放的"使用或转让"征收特别税。

（2）矿产行业政策。

新的矿业法刊登在 2014 年 3 月 30 日官方公告的第 18 项。新矿业法取代了 2001 年 7 月 3 日的旧矿业法。新税法在 2015 年 1 月起施行。

新矿业法设立了 2 个新的国家机构：阿尔及利亚地质服务机构，其设立目的主要是为了方便管理地质基础设施和收集矿山资源储量费用等信息；国家矿业局，其主要功能对可以开展勘探和开采活动的采矿许可授予、更新或者撤销。此外，还负责制定与收取管理费和表面税有关的所有文件。它还负责审核采矿许可证持有人所提交的采矿权使用费声明。

① 管理费。

表 4-8 是对采矿许可证的发放、修改和更新征收管理费的标准。

表 4-8 采矿许可证征收管理费标准

采矿许可证的	费用（第纳尔）	
不同类型	最初办理许可证	更新、修改、转让现有许可证
勘探许可	30000	50000
开发许可	40000	100000
开采特许经营许可	75000	150000
采石许可	100000	200000
采矿许可	40000	100000
矿物收集许可	30000	30000

② 采矿权使用费。

采矿权使用费是依据从陆地和海洋的矿藏中进行化石或者矿物开采而征收的。对持有勘探许可而进行的矿藏采集也需要征收使用费。矿业法的第 8、9 和 10 条定义了矿物质的不同类型。矿物质数量的测量方法、使用费的确定是由专门负责矿业开采的部门决定的。采矿权的使用费是依据上一年度的产量决定的，并在每年 4 月 30 日前进行缴纳。在这方面，对于未申报的金额处以 50% 的罚款。有《财政法》规定的采矿权使用费的税率归纳于表 4-9：

表 4-9 采矿使用费税率表

矿物质的类型	税率（%）
铀	3.0
其他放射性矿物质	2.0
固体可燃物	1.5
铁质矿物质	1.5
非铁质矿物质	2.0
非金属矿物质-采矿业	2.5
非金属矿物质-采掘业	6.0
宝石及半宝石的金属和宝石矿物质	6.0

③ 表面税。

表面税是针对土地拥有者或者租用者所使用的勘探或开采面积进行征收的一种税。表面税的征收主要有下列两个依据：一是固定的年度纳税额，二是按勘探和开采许可证上注明的土地面积以一定比例计算确定。表面税税率详见表 4-10。

表 4-10 表面税税率（第纳尔/平方千米）

地区	采掘期			保留期和特殊时期	生产期
	第 1、2、3 年	第 4、5 年	第 6、7 年		
A 区	4000	6000	8000	400000	16000
B 区	4800	8000	12000	560000	24000
C 区	6000	10000	14000	720000	28000
D 区	8000	12000	16000	800000	32000

注：非传统油气品种采掘期和生产期的表面积税参照 A 区规定。

④ 特别规定。

采矿资格持有人可以为开采矿床的更新续期准备一批物资供应。这批供应品可以用于纳税义务的扣除，且最高限制是应纳税利润的 10%。这批供应可以用于在阿尔及利亚境内开展的矿业开采活动，期限为取得采矿资格持有证的 3 年之内。对于符合此项规定且尚未使用过的部分可以融入第四年创造的应税基数之内。此外，采矿资格证持有人必须为采矿地点的恢复建设准备一批供应品。国家矿业局规定这批供应品的比例不得超过采矿公司年净收入的 2%。

⑤ 增值税和关税新法规定了以下物资和服务的供应免收增值税：

A. 由采矿资格证持有人提供并且可以用于采矿勘探活动的设备、材料和永久使用的产品；

B. 由采矿资格证持有人提供或支持的调查、研究和租赁服务；

C. 免税适用于针对进口设备征收的关税及各种费用、专门用于采矿勘探活动的材料及产品。

2014 年 2 月 24 日发布的最新采掘法规定了促进投资的税收优惠政策，明确了有采掘许可证的单位和个人或以其名义建立地质基础设施，从事勘探和采掘工作，以下项目免征增值税：

A. 购进直接和以上活动有关或永久附属于以上活动的设备资产、产品和材料；

B. 提供以上活动范围内的服务。

12. 其他税种

（1）对汽车经销商的税收。

《财政法》2008年版第28条补充规定了对汽车经销商的年收入征收1%的税。税费按月缴纳，且可以抵扣企业税收。

《财政法》2014年版规定了在阿尔及利亚生产制造的汽车可以免除1%的税收。2017阿尔及利亚相关法律出台了可申请享受该项税收优惠的具体条件，如制造项目必须与世界一流的汽车制造商合作，同时要求制造商必须提交在未来5年内的详细技术和商业安排计划，其中包括创造就业机会预测、投资和融资计划、计划出口规模等。

（2）对预缴手机服务费的税收。

《财政法》2009年版第36条补充规定了对预缴手机服务费征收5%~7%的税。该税由电信运营商按月支付给财政部。

（3）对进口货物和服务提供银行商业票据的税收。

《财政法》2020年版第64条对进口货物和服务提供银行商业票据的税收规定进行了修订。对于进口货物提供商业票据，需按照进口价值0.5%的税率缴纳税款；对于进口半成品提供商业票据，适用税率为1%。对于进口货物商业票据征收的最低标准是20000第纳尔。进口服务提供商业票据的适用税率为4%。

（4）对移动电信公司从事电信相关业务公司的税收。

《财政法》2012年版最新引入了对移动电信公司的交易额征收1%的税。《财政法》2018年版出台新的税收规定，对从事以下电信行业行为取得的收入按照0.5%征税：

①电信充值分销业务（电信运营商作为主要分销商从事电信充值业务取得的收入）；

②电信和邮政监管机构的年营业额；

③电信运营商的年营业额；

④互联网服务供应商的年度净利润。

（5）对生产和进口饮料公司的税收。

《财政法》2012年版规定了对生产和进口饮料公司的交易额征收0.5%的税。

（6）污染税。

对被认为对环境有害的活动征收污染税。根据所用设备和机械的类型，税额从6000第纳尔到360000第纳尔不等。

（7）环境保护税。

对特殊和危险工业废物征税，税率为每吨30000第纳尔。

对医院和诊所废物征税，税率为每吨60000第纳尔。

对在本国领土上进口或制造的油、润滑油和润滑油制剂，包括使用二手油征税，税率为每吨37000第纳尔。

对进口塑料袋和在当地生产的塑料袋征收税，税率为每千克200第纳尔。

（8）烟草产品零售税。

《财政法》2018年版规定对烟草零售商销售烟草产品的营业额按3%的税率征收烟草产品零售税。

《财政法》2020年版将烟草制品的附加税税率从11第纳尔提高到17第纳尔（每包、每袋或每盒）。

点评：

新投资者可在投资阶段和开发阶段享受税收优惠，但必须向国家投资管理处 ANDI 提出具体申请，根据企业的类型和规模，可以给予 3 年或 5 年期限的优惠期。

阿尔及利亚有许多吸引外国直接投资者的税收制度和税收优惠政策。例如，对于投资创造 100 个或更多就业岗位的公司，企业所得税可以有一个短期豁免。具体而言，在创造达到 100 个就业岗位时，有权享受 3 年的企业所得税豁免。

在投资阶段，也可享受增值税和关税豁免。对于投资于某些战略领域的公司，比如先进技术、食品行业、机械行业和汽车行业，企业所得税也有短期豁免。对于那些在证券交易所上市的公司，企业所得税有五年的减免期。

（三）报税的相关手续

1. 报税时间

每月 20 日之前缴纳上月的营业税、预提利润所得税、增值税以及个人所得税。

2. 报税渠道

会计师事务所计算应缴纳的税款并填写报税相关表格后，由企业自行去税务局缴税。

3. 报税手续

企业将会计单据移交给会计师事务所，由会计师事务所进行税额核算，并填写报税表格（即 G50 表）。企业负责人在报税表格上签字盖章后，连同其他附表和划线支票或现金一起交至当地税务局。

4. 报税资料

企业需填报 G50 表、进项税明细表。

5. 税务检查

一般来说，税务机关需在税务检查启动时告知相关企业，税务检查通知书需说明检查的税种和检查期间。企业可聘请专业人员向税务机关了解有关检查事项。税务检查结束时，税务机关需出具最终的纳税评估通知书。对于那些信用较好、能按时履行纳税义务和债务的纳税人，在进行税务处理时可以适当给予一些激励政策。出于该目的，如果纳税人出现财务困难，可向税务机关提出申请延期缴纳税款或者适当减免税款，税务机关需向公司或个人出具履行纳税义务的具体时限。

纳税人还可以向税务机关提出复议申请，复议申请有两种选择：

（1）向税务机关提请复议。该类复议申请可能与直接税、相关处罚、追回罚金以及财政罚款有关。

（2）条件减免。条件减免与罚金和财政罚款有关。主要适用于与直接税、流转税、注册费、印花税、间接税和非法典税相关的税务处罚。为享受上述安排，纳税人必须向相关机构提出书面申请。

税务检查一般会重点关注非扣除费用、营业额的申报，更多时候还会关注转让定价问题。

除某些例外情况外，财政诉讼时效为四年。

点评：

  通常企业会将会计单据交至会计师事务所，由会计师事务所进行税额核算，并填写纳税申报表。会计师事务所计算应缴纳的税款后，企业再自行去税务局缴税。一些跨国咨询公司和会计师事务所均在阿尔及利亚开展税务代理的工作，如普华永道、安永、鹏哥富达等。

（四）中阿税收协定及相互协商程序

1. 中阿税收协定

2006年11月6日，中国政府与阿尔及利亚政府在北京签署了《中华人民共和国和阿尔及利亚民主人民共和国政府关于所得和财产避免双重征税和防止偷漏税的协定》（以下简称"协定"）。

协定共29条，主体部分从第一条至第二十六条，规定协定的适用范围、双重征税的解决办法、非歧视待遇、相互协商程序以及情报交换五大内容，其中双重征税的解决办法所占篇幅最大，详细规定了对于不动产所得、营业利润、海运和空运、联属企业、股息、利息、特许权使用费、财产收益、独立个人劳务、非独立个人劳务、董事费、艺术家和运动员、退休金、政府服务、学生和学徒、其他所得、财产消除双重征税的解决办法，体现了税收协定把消除双重征税作为核心目的和宗旨。第二十七条规定代表和领事官员的税收特权，第二十八条和二十九条规定了协定生效和终止。

中国国家税务总局2007年8月28日下发《国家税务总局关于〈中华人民共和国政府和阿尔及利亚民主人民共和国政府关于对所得和财产避免双重征税和防止偷漏税的协定〉生效及执行的通知》（国税发〔2007〕102号），规定该协定自2007年7月27日起生效，自2008年1月1日起执行。

2. 中阿税收协定相互协商程序

税收协定中的相互协商程序条款授权了缔约国主管当局通过相互协商来解决在解释或实施税收协定时发生的困难或疑义。相互协商程序的启动要历经两个阶段。第一阶段是纳税人向其居民国主管当局就缔约国一方或双方已导致或将导致不符合税收协定规定的税收措施提出异议，主管当局收到纳税人提交的案情后，对案情进行审查；第二阶段是主管当局认为纳税人提出的异议合理并且不能单方面圆满解决的，则启动相互协商程序，通知另一方主管当局，并展开谈判。

2013年中国颁布了《税收协定相互协商程序实施办法》（以下简

称《实施办法》），对申请启动相互协商程序的适用主体、情形、申请时限以及税务机关如何受理申请和反馈结果等问题进行了规定。《实施办法》即是主要针对第一阶段，也就是纳税人如何申请启动阶段而制定的程序性规范。根据现行的《实施办法》，纳税人申请启动相互协商程序要经过两个环节。第一个步骤是申请人向负责其个人所得税或企业所得税征管的省税务机关提出书面申请，由省税务机关决定是否受理该申请；第二个步骤是省税务机关受理申请后上报税务总局，由总局对申请进行审核并最终决定是否启动相互协商程序。

2017年4月1日，国家税务总局发布了2017年第6号公告，即《特别纳税调查调整及相互协商程序管理办法》，该公告自2017年5月1日起施行。

3. 中阿税收协定争议的防范

此类争议产生的原因一般为中国投资者对中阿税收协定及阿尔及利亚当地税法的具体规定没有全面深入的认识，导致在投资项目的推进中产生了尚未识别的纳税成本；或者中国投资者在一些具体的涉税问题上没有与阿尔及利亚税务机关或中国税务机关进行充分沟通，从而引发争议，如常设机构的认定、双重税务国籍及受益所有人身份认定等问题。

虽然中国投资者与阿尔及利亚税务机关一旦产生税收协定争议，可以通过启动相互协商程序加以解决，但这一协商机制的缺点在于缺乏时限规定，可能使得各个程序阶段久拖不决，导致争议解决效率低下，对中国投资者产生更为不利的影响。因此，中国投资者应当注重增强防范和避免中阿税收协定争议的能力，尽力避免在项目投资或者经营过程中产生与阿尔及利亚税务机关之间的税务争议，强化税务风险管理，确保在阿尔及利亚投资或经营能够实现最优化的经济目标。

（1）全面了解中阿税收协定及阿尔及利亚税法的具体规定。

中国投资者应当在投资或经营决策阶段对阿尔及利亚税法以及中阿税收协定的具体规定进行充分考察与准确理解，结合自身的投资项目或经营活动识别税务风险，合理地进行规划，严格按照阿尔及利亚税法及中阿税收协定的具体规定安排自身的投资、经营活动。

（2）完善税务风险的内部控制与应对机制。

中国企业作为赴阿投资者应当特别注重建立税务风险的控制与管理机制，制定涉外税务风险识别、评估、应对、控制以及信息沟通和监督的相关工作机制，尤其要注重准确、全面地识别自身的税务风险点，并制定税务风险应对预警方案。中国企业应当结合在阿尔及利亚投资或经营的业务特点设立专门的税务管理机构和岗位，配备专业素质人员，强化税务风险管理职能以及岗位职责。

（3）与阿尔及利亚政府税务当局开展充分的沟通与交流。

中国投资者应当在全面了解阿尔及利亚税法、中阿税收协议具体规定以及准确把握自身涉税风险点的基础上，进一步做好与阿尔及利亚税务当局进行沟通与交流的准备工作，备齐相关的证明材料，就一些关键税务风险点的处理与其充分沟通和交流，努力获得阿尔及利亚税务当局的承认或者谅解，必要时可以启动在阿尔及利亚的预约定价安排程序以及事先裁定程序，尽力降低自身涉税风险。

（4）寻求中国政府方面的帮助。

检索和考察阿尔及利亚税法以及中阿税收协定的具体规定是中国投资者不得不为但又十分困难的一项工作。中国投资者可以在投资和经营决策初期积极寻求中国政府方面的帮助，获取相关税收规定以及政策信息，并与中国政府相关方面保持良好的沟通关系。能够给中国企业提供投资咨询的机构主要有中国驻阿尔及利亚使领馆经商处、阿尔及利亚中国总商会、阿尔及利亚驻中国大使领馆商务处、中国商务部研究院海外投资咨询中心等。

（5）寻求税法专业人士的帮助。

中国投资者应当在决策阶段及时寻求税务律师、注册会计师等税法专业人士的帮助，借助税法专业人士的专业优势进行周详的税法尽职调查，制定合理的方案，实施符合自身投资或经营特点的税务架构，控制和管理整个项目各个阶段的税务风险。税法专业人士的服务可以使赴阿尔及利亚投资经营决策更为有效。

七、阿尔及利亚关于环境保护的法律规定

（一）环保管理部门

阿尔及利亚环保主管部门是环境和可再生能源部，负责制定环保方面战略规划、法律法规；对国家环境状况监控、管理；会同有关部委建立健全环保行政机制、技术装备和管理机制，监督环保执法情况；促进可持续发展、生物多样性等。

网址：http://www.meer.gov.dz

邮箱：info@meer.gov.dz

此外，还设有国家环境委员会、国家环保局、国家环保计划、环境和可持续发展理事会、国家环境基金等，另外各领域还有各自的管理局。负责投资项目环保审查的部门为各省政府成立的环保监控委员会，该委员会由省长主持，委员包括各省环境、安全、工业、水利、农业、渔业、贸易、规划、卫生、中小企业、劳动、森利保护、投资促进等部门的负责人和相关市镇议会主席以及特邀技术专家，根据不

同项目召集相关负责人对投资项目进行环保审查。

（二）主要环保法律法规名称

阿尔及利亚的环保措施主要依据2003年7月19日颁布的NO.03-10号关于可持续发展框架下的《环境保护法》。具体执行法令主要包括：

06-02号法令《大气污染成分限值、警戒值及参考值》；

06-138号法令《在大气中排放气体、烟雾、蒸汽、粉尘及其监控条件》；

06-141号法令《工业废水排放限量》；

06-198号法令《根据环保要求制定的有关设施（项目）的分级管理体系》；

07-144号法令《确定根据环保要求制定的设施（项目）分级目录》；

07-145号法令《关于环境评估的具体实施细则》；

07-299号法令《关于工业废气污染附加税实施细则》；

07-300号法令《关于工业废水污染附加税实施细则》；

84-12号法律《森林管理法》；

01-19号法律《垃圾管理、监控和处理法》；

02-02号法律《滨海地带开发和保护法》；

04-03号法律《山区保护法》；

07-06号法律《绿化区管理、开发和保护法》；

04-409号法令《特殊危险垃圾运输条例》；

05-314号法令《特殊垃圾制造者或持有者批准规定》；

05-315号法令《特殊危险垃圾申报规定》；

06-104号法令《垃圾分类目录（包括特殊危险垃圾）》等。

以上法律可在政府秘书处网站的公报栏根据法令文号查询：

www.joradp.dz。

(三) 环保法律法规基本要点

(1) 土壤保持：土地使用必须与其本身性质匹配，限制不可逆的开发；土地的农业、工业、城市化使用须符合有关环境规定。

(2) 森林保护：法规对开垦林区、森林防火防虫害、林区放牧、林区及附近地区的工业和建筑设置、林区沙石等方面做出规定。

(3) 大气污染防治：所有建筑物、工商农设施及汽车等均应该依照环保和减少污染的原则进行建设、开发或生产；所有工业设施必须减少使用或不使用破坏臭氧层的生产物质；主要就空气中二氧化氮、二氧化硫、臭氧、浮尘的含量参考值，污染最大限量、预告限量、警戒限量四个等级进行量化规定，以便采取相应措施进行防治；工业废气污染排放超出规定限值时应对相关生产活动征收附加税，附加税按照超标比例分为5级，在相应范围内征收一定的税费。

(4) 水体保护：对淡水、海水的保护和工业废水排放进行了详细规定；工业废水排放超出法规规定限值时应对相关生产活动征收附加税，附加税按照超标比例分为五级，在相应范围内征收一定的税费。

阿尔及利亚现行法律未对污染事故处理及赔偿进行详细规定，只规定了有关违反环保法律法规和造成污染的刑法处罚条款，处罚主要根据不同情况处以1000至上百万第纳尔的罚款，以及几个月至几年的监禁。

(四) 环保评估的相关规定

阿尔及利亚规定外资企业在当地开展投资或承包工程需进行环保评估。环保评估报告须由环境和可再生能源部认可和有资质的单位编制。申请环保评估的程序和收费如下：

（1）环评报告编制单位：环评报告必须由环境部认可的、有资质的单位编制。

（2）申请手续：通过招标确定单位，也可自行确定，委托编制环评报告完成后，交项目主管部门，由其交省环境局审批后，再交环境部审批；不同性质的项目有不同的审批权限，或直接交省环境局。其中的一个程序要在报纸上公示，征求当地民众意见，这是环评报告的一个组成部分。

（3）环评报告编制费用和时间：按项目大小、复杂程度不同而不同，编制费为50万~100万第纳尔不等，一般需要3~5个月时间。

阿尔及利亚国土整治、环境与旅游部认可的环保评估编制单位可登录以下网站查询：http：//www.meer.gov.dz。

八、阿尔及利亚反对商业贿赂的法律规定

（一）尼日利亚关于反对商业贿赂的法律名称

阿尔及利亚反对商业贿赂的法律规定主要体现在《反腐败法》。2003年12月，阿尔及利亚签署了《联合国反腐败公约》，2006年2月20日阿尔及利亚政府颁布了《反腐败法》。此外，《防止和打击腐败法》从一般规定、公共部门预防措施、国家预防和打击腐败、侦查、制裁和调查手段、国际合作和资产追回、其他规定和最终规定六个方面对防止和打击腐败行为作出了具体规定。《刑事诉讼法》和《打击洗钱法》授权在有组织犯罪和腐败事项上使用特殊侦查手段。

（二）反对商业贿赂或官员腐败行为的法规要点

《反腐败法》对相关机构和企业的行为准则、程序制度以及惩处

措施进行了规定，主要内容如下：

（1）规定国家机关和国营部门在录用和使用人员时应以公正、透明、提醒的原则，制定适当的教育计划；规定财产申报制度；明确国家机关人员无论职别大小，个人和未成年子女名下的所有财产均要申报；规定财产申报的方式；明确公共机构行为准则；确立公共合同的操作程序；明确国家公共财产的管理办法，国家机关和公共部门的透明度，对执法部门的约束等。同时对私营部门的财务准则也做出了规定。

（2）成立国家防范和反对腐败机构。设立专门负责防范和打击腐败的机构。该机构为独立的行政部门，保证其拥有自主权。

（3）相关处罚规定。

公共机关行为腐败、公共合同中收取不正当好处，一般处以2~10年监禁及100万~200万第纳尔的罚款；

对在公共合同商议、签署以及附加合同的商签中行贿受贿的，处以10~20年监禁及20万~100万第纳尔的罚款；

窃取或不正当使用公共财产、贪污公有资产，处以2~10年监禁及20万~100万第纳尔的罚款；

非法避税，处以5~10年监禁及50万~100万第纳尔的罚款；

滥用职权，处以2~10年监禁及20万~100万第纳尔的罚款；

虚报财产、收受礼品处以6个月至5年监禁及5万~50万第纳尔的罚款；

对窝藏犯罪嫌疑人、妨碍司法办案、报复检举人、诬告等均有相关处罚措施。

关于腐败行为的后果，除有可能暂时或永久禁止参与公共合同以外，《预防和打击腐败法》第五十五条允许法院废止通过腐败行为获得的任何合同、交易、许可、特许或授权。此外，2010年10月7日关于公共合同的第10-236号总统令允许将所涉人员或实体列入黑名单，以便禁止竞标公共合同。《民法》第一百二十四条允许个人就他人实施的不法行为，包括腐败行为造成的损害提起诉讼。

在2009—2010司法年启动之时，时任阿尔及利亚总统布特弗利卡在最高法院发表讲话，重申打击腐败的决心，称政府将以各种形式和行动打击贪污现象，并很快建立国家特别反腐委员会以加强现有立法执法机制。政府和司法部门决心将持之以恒地打击贪污腐败，不管任何人或任何职务，只要违法必将受到严惩。

[案例4-2]

2012年6月，阿尔及利亚法院认定华为和中兴公司卷入该国一起电信腐败案。两家公司被指控在2003—2006年期间，向该国电信部门前高级管理人员支付了总额为1000万第纳尔（约合12.8万美元）的非法佣金以获取相关电信业务。两家公司均被处以300万第纳尔（约合3.9万美元）的罚款，并被禁止参加当地公共项目竞标两年。同时，阿尔及利亚法院分别缺席判处中兴公司涉案高管董某和陈某及华为公司的涉案高管肖某10年监禁，并对三人发出了国际通缉令。

[案例4-3]

2019年2月11日，时任总统布特弗利卡宣布第五次参加总统大选，引发了全国民众声势浩大的反腐败活动。在此活动中，包括两位前总理Ahmed Ouyahia和Abdelmalek Sellal在内的一批官员和以ETRHB集团老板Ali Haddad为首的商人寡头相继被捕。他们被指控涉嫌挪用公款、滥用职权以及腐败等，其犯罪行为给国家造成数十亿美元经济损失。2019年12月10日，阿尔及尔Sidi

Mhamed 法庭对上述相关人员作出了判决：前总理 Ahmed Ouyahia 和 Abdelmalek Sellal 各被判处 12 年监禁和 100 万第纳尔罚款；前公共工程部长 Amar Ghoul 被判处 10 年监禁和 50 万第纳尔罚款；前公共工程部长 Abdelkader Kadi 和 Amara Benyounès 分别被判处 5 和 3 年监禁，以及 50 万第纳尔罚款；前运输部长 Boudjemaa Talaï 和前运输和公共工程部长 Abdelghani Zaalane 各被判处 3 年监禁和 50 万第纳尔罚款；前工业部长 Youcef Yousfi 和 Mahdjoub Bedda 各被判处 2 年徒刑；逃亡海外的前工业部长 Abdeslam Bouchouareb 被缺席判处 20 年徒刑，同时对其发出国际通缉令；商人 Ali Haddad 被判处 18 年监禁，并处以 800 万第纳尔罚款，随后没收其全部财产。阿尔及利亚检察院在公布的特别声明中称，"前高官不负责任的行为导致公民对国家机构失去信任。由于这些领导人的行为，尽管阿尔及利亚拥有很多财富，但无法实现经济发展"。

九、阿尔及利亚对保护知识产权的规定

（一）当地有关知识产权保护的法律法规

阿尔及利亚对工业知识产权和文化艺术知识产权均立法予以保护，有关工业产权涉及工业专利、商标、工业图纸和样品、集成电路构图、以原产地取名产品等。各类工业产权保护的规定都引入了反不正当竞争的措施。阿尔及利亚知识产权保护受理机构为国家工业产权协会（INAPI）。

另外，阿尔及利亚是 1883 年有关知识产权保护的《巴黎公约》、有关商标国际注册的《马德里安排》、关于商标注册国际产品和服务

分类的《尼斯安排》的缔约国。

发明专利的保护法令保护专利拥有者享有该产品的独家制造、使用、出售权,禁止其他商家对其产品的使用、出售和进口。专利保护涉及各个领域,尤其是食品、化妆品、药品以及微生物。专利年限为20年,不可更新延续。专利申请获准之后将在专利公报上刊登。

点评:

申请专利手续。首先提交申请,申请所需材料包括申请表格、说明书、附图等说明发明特征的材料、缴纳有关注册费用的收据、委托书(若由代理人办理手续时,阿专利法规定住所在国外的申请者必须通过代理人办理申请手续);欲对相同发明在先前提出的申请申报优先权的,必须提交优先权声明书。

提交申请后,INAPI对申请进行审查。审查合格后,INAPI发放证明书,即构成专利证书。INAPI对已授予专利进行登记,并定期在专利公报上予以公布,公众可有偿获得有关信息。

商标保护法令保护商标注册人享有商标专用权,包括放弃、转让商标权,禁止任何人在类似产品或服务上使用该注册商标等。在阿境内,所有产品和服务均须有商标。商标种类包括:产品商标、服务商标、贸易商标、集体商标、认证商标和公认商标。注册有效期为10年,可无限期续延。

点评:

商标注册程序:商标申请人(或其代理人,公司注册地在国外的须通过在阿代理人履行有关手续,除非有政府间特殊协定)递交申请材料,包括申请表格、所要注册商标图样、拟应用该商标的产品及服务清单、已缴纳手续税费证明。欲申请优先权的申请人必须在申请日期之后3个月内提交优先权申请。

INAPI 对申请进行形式审查和内容审查后发放商标注册证书。国家工业产权协会审核商标注册申请时，主要考虑提交有效申请的前后时间顺序，如申请者不接受审核结果可向法院提出诉讼。

国际商标的审查：如在有关国际条约框架下申请在阿尔及利亚注册，则对该商标的内容进行审查，看是否违背有关原则。

工业图纸和样品产权保护期限为 10 年，从第二年起需缴纳维护税。

集成电路图产权保护法令保护构图注册者，禁止他人部分或全部复制，禁止以商业目的进口、销售该构图。保护期限为 10 年。

原产地名称的保护申请由合法机构或在相关地域从事生产活动的法人、自然人提出，由产品相关政府部门确定。保护期为 10 年，可无限期续延。

版权保护包括精神权和财产权，前者是终身的、不可转让的，作者死后可由继承人继承；财产权期限一般为作者有生之年及死后 50 年。受理机构为国家著作权办公室。

（二）知识产权侵权的相关处罚规定

商标和集成电路图伪冒行为将被处以 6 个月至 2 年的监禁和 250 万至 1000 万第纳尔的罚款，或其中一种处罚；图纸和样品伪冒将被处以 500 至 1.5 万第纳尔的罚款，惯犯将处以 1 至 6 个月的监禁并没收假冒产品；原产地名称伪冒将被处以 3 个月至 3 年的监禁和 2000 至 2 万第纳尔的罚款，或其中一种处罚；文学艺术产权伪冒将处以 50 万至 100 万第纳尔的罚金和 6 个月至 3 年的监禁或其中之一，销毁非法介质及制造非法介质的工具，在媒体上公布判决结果，暂时（最长 6 个月）或永久关闭从事盗版的非法机构。

[案例4-4]

某中企在阿尔及利亚东西高速公路施工中,因采用"中空六菱块"作为景观挡土墙,侵犯了某法国工程师的专利,由此支付了200万元的经济赔偿。

点评:

中资企业在进入阿尔及利亚市场前,应由专业律师及相关专家对工程所用的产品、技术、规范和标准中所涉及的专利进行分析,以规避侵权风险。

十、阿尔及利亚对外国公司承包当地工程的规定

(一)许可制度

阿尔及利亚2002年颁布《公共合同法规》对外国公司承包当地公共工程作出了专门规定。该法规对适用范围、乙方缔约人、合同相关条款、合同的监督等内容都有具体规定。2010年10月阿颁布新的公共合同法条例规定,由当地公司控股、使用当地产品和服务的企业将在公共合同授标中享有25%的优惠,在阿参与投标的外国企业必须承诺在相关领域与阿当地企业开展投资合作,并且在投标时必须与阿公司组成联合体共同投标。2011年3月经修订,规定可由发起公共工程项目招标的有关部委和直属机构、国家机关自行确定对外资投标企业的投资要求。工程验收一般分为临时验收和最终验收。临时验收在工程完工之后进行,最终验收在工程保质期届满时进行。

(二)禁止领域

阿尔及利亚对外国承包商在当地承包工程没有规定禁止领域。

2015年12月,阿尔及利亚公共交通部长发表讲话称今后除特殊情况外,公共交通领域项目将仅允许当地公司参与竞标,不允许外国公司参加。但阿尔及利亚政府尚未公布该政策具体细则和落实情况。

(三)招标方式

施工合同标的金额在600万第纳尔以上、设计合同标的金额在400万第纳尔以上的项目需进行招标。招标分为公开招标、有限招标、选择性咨询招标、拍卖招标和竞赛招标等方式,最普遍的是公开招标。

公共工程项目亦可通过议标形式授予特定企业,属于国家紧急需要、确保经济正常运行、有利于国内生产发展以及应标企业在该领域拥有绝对优势的情况,可按照简单议标程序进行,应标企业不受新合同法关于投资承诺的限制。

点评:

随着中国企业的大量进入,与当地企业间的沟通和合作也愈发重要。中阿企业联合投标已在一些项目中取得成功经验,充分利用当地企业熟悉市场、环境、政策的优势,结合中国企业自身优势,对于开拓市场是一个很好的尝试。

十一、阿尔及利亚对中国企业投资合作的保护政策

(一)双边投资保护协定

中阿两国于1996年10月17日在北京签署两国关于鼓励和相互保护投资协定。协定鼓励双方投资者在对方领土内投资并为投资者提供签证和工作许可上的帮助和便利。双方约定对方的投资及其相关活动应受到公平、公正,且不应低于给予第三国投资者的待遇和保护。双

方不得随意采取征收、国有化或其他类似措施。如若发生，应按价给予补偿，且以可兑换货币支付并能自由转移。双方保证与投资有关的转移能得以进行，且转移应以投资者接受的可兑换货币或投资进行时所用货币、按照转移之日的通行汇率进行。转移主要包括以下内容：

（1）利润、股息、利息及其他合法收入；

（2）投资的全部或部分清算所得款项；

（3）与投资有关的贷款协议的偿还款项；

（4）知识产权和工业产权的提成费；

（5）技术援助或技术服务所作的支付、管理费；

（6）有关承包工程的支付；

（7）投资方国民在对方领土内从事与投资有关活动取得的收入。

如果一方对本协定的解释或适用产生异议，应尽可能通过外交途径协商解决。若六个月内不能通过协商解决争端，一方可要求争端提交专设仲裁庭。

如果一方投资者与另一方就在其领土内的投资产生争议，应尽量由争议双方友好协商解决。若争议在六个月内未能协商解决，争议任一方有权将争议提交接受投资方有管辖权的法院。若争议涉及征收补偿额，双方友好协商六个月内仍未能解决，投资者可将争议提交法院，也可应任一方要求将争议提交专设仲裁庭。

点评：

该协定虽然声明协定双方应为投资者提供签证和工作许可上的帮助和便利，但是在实际办理时，需要提交的文件种类繁多，准备资料耗用时间较长、申请审批过程缓慢，甚至当地相关主管部门还会采取设置申请配额、当地用工数量要求等限制措施。因此在办理阿尔及利亚商务签证、居住许可、工作许可前，应事先做好功课，充分了解办理流程及所需要的文件资料，并提前准备，以节省时间，提高办事效率。

（二）中国与阿尔及利亚签署避免双重征税协定

中阿两国于2006年11月签署避免双重征税协定，并于2007年宣布生效。但目前尚无法解决双重征收社会保险问题。公司红利税方面，阿财政部大企业局至今仍未按协定执行，目前依旧按照15%的税率征收。

（三）其他协定及发布的声明

2015年4月9—12日，时任中国商务部长高虎城率领政府经贸代表团访问了阿尔及利亚，与时任阿尔及利亚贸易部长本尤奈斯部长共同主持召开了第七届中阿经贸联委会并签署了会谈纪要。

2016年10月15—18日，中国商务部副部长钱克明率中国政府经贸代表团访问了阿尔及利亚。访问期间，两国签署了《关于加强产能合作的框架协议》。

2017年12月3日，中阿双方签署了《中华人民共和国政府和阿尔及利亚民主人民共和国政府关于提供无偿援助的经济技术合作协定》。

2018年1月30—31日，中阿产能合作联合工作组第一次会议顺利举行，中阿双方签署联合工作组内部规程和联合工作组第一次会议纪要。

十二、在阿尔及利亚解决纠纷的主要途径及适用法律

一般情况下，在阿尔及利亚投资合作发生纠纷，首先应尝试友好协商解决，双方加强沟通，共同寻找解决方案。如两方无法达成一致，可依据合同规定或在自愿的基础上，向第三方申请仲裁。最后，任何一方可向当地法院申诉，通过法律途径解决纠纷。此类情况适用阿尔

及利亚法律，主要因为：

（1）大部分合同均在阿尔及利亚签订和执行。

（2）在阿注册成立的公司必须遵守当地法律。

阿尔及利亚法院分为三级，分别为地方法庭、上诉法院和最高法院。地方法庭分为民事法庭、经济法庭和社会法庭，分管不同性质案件。如对一级地方法庭判决不满，可向上诉法院提出申诉。最高法院负责对地方法庭和上诉法院的判决进行复核，如判决不符合相关法律，最高法院有权驳回判决。

阿尔及利亚为1966年10月正式生效的《关于解决国家和其他国家国民投资争端公约》和1985年世界银行通过的《多边投资担保机构条约》两项国际公约缔约国。此外，阿尔及利亚与40余个国家签署双边合作协议。外国公司在阿尔及利亚发生商务纠纷时，可依据上述协议提交国际机构调节和仲裁。

Chapter 5
第五章

工程项目投建营全生命周期中的合规要求

作为企业风险管理重要组成部分的项目合规管理,首先要识别合规义务,即合哪些规。企业应以适合其规模、复杂性、结构和运行的方式记录其合规义务。合规义务的来源包括合规要求和合规承诺。

(1)合规要求:企业必须遵守的外部各项法律法规、监管规定。

①境内经营:境内工程建设相关的法律、法规、部门规章。

②境外经营:强调所在国的法律法规、国际条约、规则等。强调对外承包工程相关的投标管理、合同管理、项目履约、劳工权利保护、环境保护、连带风险管理、债务管理、捐赠与赞助、反腐败、反贿赂等方面的要求。

(2)合规承诺:企业自愿遵守的指引、合约、协议、内部章程、规定等。

按内容划分,合规义务又可以分为以下四类:

①法律、法规、规章、政策;

②行业协会等自律性组织的规范、标准、惯例等;

③公司章程及企业内部规章制度;

④诚实守信的职业道德。

我们按工程项目投建营全生命周期,梳理了生命周期各个阶段的合规要求。

一、第一阶段:项目前期论证

(一)相关法案、政策和规则

项目前期论证阶段,需要研习和了解相关法案,熟悉规则,降低后续工作开展的政策风险。

中资企业开展境外投资活动前,应当完成中国境内的核准、备案程序,避免出现境外工作完成后因境内合规问题导致投资失败的风险。

1. 中国境内相关政策法规

中资企业境外投资需要遵守的国内相关政策法规主要包括:国家发展改革委、商务部、国家外汇管理局、国资委等部门制定的相关政策法规等,具体内容见表5-1。

表5-1 中资企业境外投资需遵守的部门规章

序号	部门规章	发文机构	发布时间
1	《境外投资管理办法》	商务部	2014
2	《企业境外投资管理办法》	国家发展改革委	2017
3	《境内机构境外直接投资外汇管理规定》	国家外汇管理局	2009
4	《关于境内居民通过特殊目的公司境外投融资及返程投资外汇管理有关问题的通知》	国家外汇管理局	2014
5	《关于进一步改进和调整资本项目外汇管理政策的通知》	国家外汇管理局	2014
6	《关于进一步简化和改进直接投资外汇管理政策的通知》	国家外汇管理局	2015
7	《关于进一步推进外汇管理改革完善真实合规性审核的通知》	国家外汇管理局	2017
8	《中央企业境外投资监督管理办法》	国资委	2017
9	《关于进一步引导和规范境外投资方向的指导意见》	国家发展改革委、商务部、人民银行、外交部	2017
10	《境外投资敏感行业目录(2018)》	国家发展改革委	2018

续表

序号	部门规章	发文机构	发布时间
11	《对外投资备案（核准）报告暂行办法》	商务部、人民银行、国资委、银监会、证监会、保监会、国家外汇管理局	2018
12	《关于做好国内企业在境外投资开办企业（金融企业除外）核准初审取消后相关工作的通知》	商务部办公厅	2018
13	《对外投资备案（核准）报告实施规程》	商务部办公厅	2019

2. 境内核准、备案流程及主要规定

（1）国家发展改革委相关规定。

对敏感类项目实行核准管理，对非敏感类项目实行备案管理。具体见表5-2。

其中的"敏感类项目"指涉及敏感国家和地区的项目和涉及敏感行业的项目。

"敏感国家和地区"指与我国未建交的国家和地区；发生战争、内乱的国家和地区；根据我国缔结或参加的国际条约、协定等，需要限制企业对其投资的国家和地区；其他敏感国家和地区。

"敏感行业"是由国家发展改革委发布敏感行业目录（2018年1月31日发布），例如武器装备的研制生产维修、跨境水资源开发利用、新闻传媒、房地产业，根据我国法律法规和有关调控政策需要限制企业境外投资的行业等。

"大额"是指中方投资额3亿美元及以上。

表 5-2　国家发展和改革委员会相关规定

项目分类	境内企业直接开展投资	境内企业通过其控制的境外企业开展投资	具体内容
敏感类项目	核准（国家发展改革委）	核准（国家发展改革委）	·实行核准管理的，投资主体向核准机关提交项目申请报告并附具有关文件，项目申请报告应当包括以下内容：投资主体情况；项目情况，包括项目名称、投资目的地、主要内容和规模、中方投资额等；项目对我国国家利益和国家安全的影响分析；投资主体关于项目真实性的声明。 ·核准机关应当在收到项目申请报告之日起5个工作日内一次性告知投资主体需要补正的内容。核准机关应当在受理项目申请报告后20个工作日内做出是否予以核准的决定。项目情况复杂或需要征求有关单位意见的，经核准机关负责人批准，可以延长核准时限，但延长的核准时限不得超过10个工作日，并应当将延长时限的理由告知投资主体。符合核准条件的项目，核准机关应当予以核准，并向投资主体出具书面核准文件。
非敏感类项目	央企、大额：备案（国家发展改革委） 央企、非大额：备案（国家发展改革委）	央企、大额：报告（国家发展改革委） 央企、非大额：无须履行手续	实行备案管理的，投资主体通过网络系统向备案机关提交项目申请报告并附具有关文件。项目备案表或附件不齐全、项目备案表或附件不符合法定形式、项目不属于备案管理范围、项目不属于备案机关管理权限的，备案机关应当在收到项目备案表之日起5个工作日内一次性告知投资主体。备案机关在受理项目备案表之日起7个工作日内向投资主体出具备案通知书。

续表

项目分类	境内企业直接开展投资	境内企业通过其控制的境外企业开展投资	具体内容
非敏感类项目	非央企、大额：备案（国家发展改革委） 非央企、非大额：备案（省级发展改革委）	非央企、大额：报告（国家发展改革委） 非央企、非大额：无须履行手续	投资主体通过其控制的境外企业开展大额非敏感类项目的，投资主体应当在项目实施前通过网络系统提交大额非敏感类项目情况报告表，将有关信息告知国家发展改革委。投资主体提交的大额非敏感类项目情况报告表内容不完整的，国家发展改革委应当在收到之日起5个工作日内一次性告知投资主体需要补正的内容。

（2）商务部相关规定。

2018年1月25日，商务部、人民银行、国资委、银监会、证监会、保监会、外汇局共同发布了《对外投资备案（核准）报告暂行办法》（商合发〔2018〕24号）》，规定由商务部牵头对外投资备案（核准）报告信息统一汇总，各部门定期将备案（核准）信息和报告信息通报商务部，实行"备案为主、核准为辅"的管理方式。

2018年8月和2019年7月，商务部分别出台《关于做好国内企业在境外投资开办企业（金融企业除外）核准初审取消后相关工作的通知》《对外投资备案（核准）报告实施规程》，明确了相关工作细则。

企业境外投资涉及敏感国家和地区、敏感行业的，实行核准管理。企业其他情形的境外投资，实行备案管理。实行核准管理的国家主要是与中华人民共和国未建交的国家、受联合国制裁的国家。必要时，商务部可另行公布其他实行核准管理的国家和地区的名单。实行核准管理的行业主要是涉及中华人民共和国限制出口的产品和技术的行业、影响一国（地区）以上利益的行业。

点评：

一般基础设施建设项目仅需要备案，但若属于"跨境水资源开发利用"则为《企业境外投资管理办法》所规定的敏感行业，需要进行核准。企业在对外承包工程时应尽量避免在敏感国家或地区进行投资，包括与中国未建交的、发生战争内乱的，或者根据中国缔结或参加的国际条约、协定等需要限制企业对其投资的国家和地区，以降低境外投资的国内监管风险。

（3）国家外汇管理局相关规定。

银行按照国家外汇管理局《直接投资外汇业务操作指引》直接审核办理境外直接投资项下外汇登记，外汇局及其分支机构通过银行对直接投资外汇登记实施间接监管。参见表5-3。

表5-3 国家外汇管理局相关规定

银行直接办理的事项	境外直接投资前期费用登记	（1）境内机构（含境内企业、银行及非银行金融机构，下同）汇出境外的前期费用，累计汇出额原则上不超过300万美元且不超过中方投资总额的15%。 （2）境内机构汇出境外的前期费用，应列入其境外直接投资总额。 （3）银行通过资本项目信息系统为境内机构办理前期费用登记手续后，境内机构凭业务登记凭证直接到银行办理后续资金购付汇手续。 申请材料： （1）《境外直接投资外汇登记业务申请表》。 （2）营业执照（尚未办理"五证合一"的企业，还需提供组织机构代码证）。 （3）境外投资资金来源证明、资金使用计划和董事会决议（或合伙人决议）、合同或其他真实性证明材料。

续 表

银行直接办理的事项	境外直接投资前期费用登记	注意： 境内机构为其境外分支、代表机构等非独立核算机构购买境外办公用房的，需提交以下材料： ①《境外直接投资外汇登记业务申请表》。 ②境外设立分支、代表机构等非独立核算机构的批准/备案文件或注册证明文件。 ③境外购买办公用房合同或协议。 ④其他真实性证明材料。
	境内机构境外直接投资资金汇出	银行要求的审核材料主要有： (1)《境外直接投资外汇登记业务申请表》。 (2) 营业执照或注册登记证明及组织机构代码证（多个境内机构共同实施一项境外直接投资的，应提交各境内机构的营业执照或注册登记证明及组织机构代码证）。 (3) 非金融企业境外投资提供商务主管部门颁发的《企业境外投资证书》；金融机构境外投资提供相关金融主管部门对该项投资的批准文件或无异议函。 (4) 境外投资资金来源证明、资金使用计划和董事会决议（或合伙人决议）、合同或其他真实性证明材料。 (5) 外国投资者以境外股权并购境内公司导致境内公司或其股东持有境外公司股权的，另需提供加注的外商投资企业批准证书和加注的外商投资企业营业执照。 (6) 其他真实性证明材料。

点评：

　　企业开展对外投资之前，应针对具体投资项目向各部门进行确认具体流程及要求。同时，国家对于境外投资行业的政策可能随时变化，因此，投资者应当关注我国针对具体行业的境外投资政策，特别是敏感行业或国家战略不支持的行业的政策变动，及时向相关部门咨询、核实。

（二）前期论证各子阶段

1. 投资机会研究

（1）企业内部资源分析。

市场中的投资机会很多，但是要寻找适应本企业的投资机会，就必须对企业的内部资源进行分析。了解其优势和劣势，以及劣势向优势转化的可能性和转化条件，找出合理的投资动机，找到符合企业发展的投资机会。

企业的内部资源包括企业拥有的人力、物力、财力、技术及管理经验等。企业内部资源分析的内容包括：企业的人力资源状况如何，是否拥有满足现代化大生产的专业技术人才及管理人才，企业的人力资源结构是否合理，企业的人力资源有没有得到充分发挥；企业的物质资源能否保证其持续发展的需要，企业的核心业务是否具有优势；企业的资金状况、盈利能力、融资能力，能否满足长期的盈利需要，保证对投资项目的持续资金支持；企业现有技术状况包括现有技术结构、技术水平，是否掌握专利技术和专有技术，以及技术的消化吸收能力如何；企业的管理结构及管理水平，能否适应市场经济的需要，能否有效发挥企业潜能。

（2）企业外部资源分析。

企业资源分析还包括地区和行业分析。了解企业在行业中的地位，是龙头企业还是普通企业；企业所在行业，是夕阳产业，还是朝阳产业，即行业所处的生命周期；企业在行业中的竞争力，技术状况在行业中所处地位，产品的市场占有率，销售网络是否健全可靠，产品的销售状况，盈利情况等。投资国经济环境分析，主要是指投资国的相关税法以及国家近3~5年的经济状况和未来发展规划及潜力情况。

2. 初步可行性研究

（1）目标市场调查分析。

在市场经济条件下，市场是反映投资机会的最佳信息来源。市场调查的主要内容是主导产品及主要投入物的市场容量、产品价格、市场竞争力等现状。

做好市场调查，首先要调查相关产品的国际和国内市场总生产能力、地区分布、质量性能、国内产能、主要投入物的供应能力，掌握供应状况；调查主要产品及投入物的国际国内总消耗量、消耗区域分布、国内需求，掌握需求情况。

其次要调查主要产品的国际国内市场价格、历年变化趋势、垄断及倾销情况，初步确定产品的市场价格趋势。

再次要调查主要产品的国内外市场竞争程度，主要竞争对手产品的质量、生产、销售、市场份额及其竞争力、市场的垄断程度，以确定初步的生产能力。

市场调查还要调查拟进入的行业状况，如行业平均利润率、平均利税率、固定资产投资增长幅度、平均开工率、行业职工平均收入水平等，以确定行业的发展前景。

最后，要针对市场调查的结果进行市场分析：①要对拟进入行业的产品市场供需态势进行分析预测，预测未来一定期限（一般为5~10年）的产品供需状况；②进行产品价格预测以及主要投入物的价格预测；③进行市场风险分析，如技术进步、替代产品的出现、市场竞争加剧、政策导向变化等，导致项目生存环境变化。

（2）投资环境分析。

投资环境包括政治社会环境、经济环境、基础设施、自然资源等。通过对投资环境分析，初步确定投资地域。好的投资环境，加上产品良好的市场前景，项目才得以成立，投资目标才能实现。投资环境分析要注重考察国家或地区政治局势、社会安定程度、社会保障机制是否健全等。考察投资环境，不但要注意基础设施、自然资源等硬环境，而且要注意软环境。软环境包括：国家或地区对外开放程度、贸易保护主义和地方保护主义严重程度；法制是否健全、法律被尊重程度；政府的产业政策导向、政府管理经济能力、政府对市场的干预程度、政策的支持度；当地经济的市场化程度；人力资源自由流动、劳动者的素质等。

3. **可行性研究**

针对前期的初步可行性研究进行分析和研判，结合投资国的相关投资政策进行更深层次、更具体翔实的调研分析，形成可行性研究报告。相关前期调研需包括投资必要性、技术可行性、组织可行性、经济可行性等。

（1）投资必要性。根据市场调查及预测的结果、有关产业政策等因素，论证项目投资建设的必要性。在投资必要性的论证上，一是做好投资环境分析，对构成投资环境的各种要素进行全面的分析论证；二是做好市场研究，包括市场供求预测、竞争力分析、价格分析、市场细分、定位及营销策略论证等。

（2）技术可行性。应从项目实施角度，合理设计技术方案，并进行比选和评价。各行业不同项目技术可行性的研究内容及深度差别较大。工业项目可行性研究的技术论证应达到能明确列出设备清单的深度；非工业项目可行性研究的技术论证应达到工程方案初步设计的标准，以便与国际惯例接轨。

（3）组织可行性。制订合理的项目实施进度计划，设计合理的组织架构，选择经验丰富的管理人员，构建良好的协作关系，制订合适的培训计划等，以确保项目顺利执行。

（4）经济可行性。从资源配置的角度，衡量项目的价值，评价项目在实现区域经济发展、有效配置资源、增加供应、创造就业、改善环境等方面的效益。

（5）社会可行性。分析项目对当地社会的影响，包括经济发展、就业增加、法律道德、宗教民族、妇女儿童及社会稳定性等。

（6）风险因素及对策。对项目的市场风险、技术风险、财务风险、组织风险、法律风险、经济及社会风险等进行全面评价，制定能规避风险的对策。在阿尔及利亚开展投资、贸易、承包工程和劳务合作过程中，需特别注意在事前调查、分析、评估相关风险，事中做好风险防控等工作。

表5-4 境外投资项目可行性评估报告框架（参考）

一、总论	五、项目经济效益估算
二、项目实施必要性分析	5.1 投资估算依据
2.1 项目宏观背景	5.2 项目总投资估算
2.1.1 阿尔及利亚宏观政经概况	5.3 项目收益估算
2.1.2 阿尔及利亚宏观政经形势判断	5.4 财务评价
2.2 项目必要性	六、项目组织机构与运作模式
2.3 项目必要性结论	七、项目实施进度方案
三、项目实施可行性分析	八、风险与规避措施
3.1 宏观政治经济条件对项目形成有力支撑	8.1 风险因素识别
3.2 地区产业经济环境有利于项目实施开展	8.2 风险影响程度评价
3.3 项目拟选址已初步具备项目实施条件	8.3 风险规避措施
3.4 结论	九、结论与建议
四、项目实施方案	9.1 可行性研究结论
4.1 建设规模与内容	9.2 项目实施关键建议
4.2 产品方案与产值预测	9.3 专家意见
4.3 项目技术方案	

4. 项目评估及决策

通过调查研究与分析，结合自身情况，意向性选择具体的投资项目或投资组合，确定投资时机、投资方式、投资规模。

首先，确定投资时机。企业的投资时期选择还要兼顾经济发展周期，经济发展处于低谷及稳定增长时期，要努力投资，以节省建设投资，使投产与经济增长时期合拍，产品投产即能获利；经济发展处于高峰或通货膨胀严重，则要谨慎投资，防止建设投资增加，企业负债加重，产品成本居高不下，企业获利微薄。

其次，投资方式的选择需要投资者根据自身情况考虑各种因素，综合确定。

最后，根据市场产品需求量、资金状况、投资成本、自然资源及人力资源，确定投资规模。

对于某一具体的投资项目，要根据类似项目的工艺流程、工艺技术装备、环境保护等的要求，估算建设投资、消耗量指标、产品数量等；根据市场预测的情况，评价投资项目的经济及社会影响，初步计算项目的内部收益率、投资回收期和净现值；通过分析项目工艺技术及装备、规模效益、产品的前后延伸性、产品结构、项目区位优势结合企业现有人力资源、管理经验等方面，评价项目在市场竞争中获胜的可能性，以进一步论证投资项目是否可行，投资机会是否有价值，从而得出项目可行的初步结论，为投资提供初步决策依据。

[案例 5-1]

中铁下属某公司自 2006 年成功中标东西高速公路进入阿尔及利亚市场，以"修东西高速、筑中阿友谊"为口号，充分发挥公司铁军能吃苦、能战斗的企业精神，快速高效地完成了东西高速公路的建设，于 2010 年底东西两个标段全部实现通车运行，受到了阿尔及利亚当地民众及媒体的一致好评。

2006—2012年公司未中标大的项目，其间只分包了浙建、中土、中建等几家单位的一些房建工程和附属工程。2010年7月阿尔及利亚政府修订宪法，当地公司的优惠政策从原来的15%提升到25%，致使外国公司的竞争力下降。除此之外阿尔及利亚政府还加大扶持本国公司的力度，以东西高速公路腐败案为由，2010年取消了外国公司中标尚未上场的全部工程项目。该公司预计2010年下半年开工上场的139千米铁路项目，就是在这样的大背景下被取消。公司的大量设备处于闲置状态，人员陆续回国，从2012年公司开始改变经营策略，从刚开始的"小项目不干，不盈利的项目不干"，到后来的"为了生存先活下去"。2013年是公司迎来转机的一年，同年公司正式进入房建市场，到2014年底共承揽房建工程5万套，合同额112亿元人民币。2013年底该公司与当地公司联合中标贝佳亚到东西高速的连接线，全长100千米。2014年底与当地公司联合中标噶撒瓦特到特莱姆森连接线一期工程。但受国际石油降价影响，从2014年开始阿尔及利亚第纳尔开始大幅贬值，物价开始上升，国家财政出现赤字，外汇储备迅速减少，已中标项目无限期延迟或取消，2015年公司在阿承揽额为零，新的寒冰期开始到来。

点评：

该公司在阿尔及利亚的经营情况与其在其他国家所取得的成绩相比不尽如人意，这其中存在多方面的问题，以下从该公司内部的优劣势以及阿尔及利亚市场两方面进行分析。

1. 公司内部分析

（1）人才队伍实力雄厚。公司重视对具有丰富经验的国际营销和工程管理人才的吸纳，利用办公地理上的优势争取到更多的人才，以解决他们生活中的后顾之忧作为激励培养他们的工作热情。公司在招收员工方面比其他公司有更多的选择。尤其是对于硕士和博士研究生这样高学历的毕业生，他们能够获得更多的机会，而且待遇也十分丰厚，从而吸引了大量的人才。

同时该公司通过与国内建筑设计院校、企业合作，在铁路、建筑和公路方面汇聚了很多的尖端人才。通过阿尔及利亚的公路、铁路、房建等项目的实施，公司培养了一批熟悉欧洲标准的工程技术人员，熟悉国际贸易的物资采购人员，熟悉国际商务的商务人员，熟悉阿国税收、财务标准的财务人员，同时项目人员也学会了法语，能与业主、监理无缝沟通。

（2）机械设备配套能力强。从东西高速公路开始，公司即采购了大量机械设备，价值15.2亿元人民币，在后来的贝佳亚高速及房建项目施工中，公司又陆续采购大量的机械设备进场。

公司在阿现有全套路面设备4套，混凝土拌和站、沥青混凝土拌和站、旋挖钻、吊车、推土机、压路机、平地机、自卸车、混凝土泵车、塔吊等施工用的全套机械设备，为以后承揽工程打下了坚实的基础。

（3）品牌影响力高。公司所在母公司是中国乃至全球最具实力、最具规模的特大型综合建设集团之一，公司在2015年《财富》评选中排名第79位、在"中国企业500强"排名中位列第8位，2013年度"全球最大250家工程承包商"排名中位列第1位。公司在国内各工程领域创造过多个第一，在世界上业务遍布78个国家和地区，先后参建了坦赞铁路、安哥拉罗安达铁路、阿尔及利亚东西高速公路、沙特麦加轻轨等世界知名工程项目。总公司下属各局在海外统一使用 CRCC 品牌，已完成项目质量优良，口碑相传，CRCC 在阿尔及利亚的影响力已逐渐深入人心。

但与其他中国企业在海外经营的常见问题相同，该公司也存在海外施工和管理人才缺乏；技术和法律方面仍未与国际市场完全接轨；施工技术水平偏低；风险评估和监督机制尚未建立健全；领导和管理体制繁杂；过分倚重政治关系，商业意识不强；环保及社会责任关注不够；协调合作意识有待进一步增强等问题。

（4）缺乏国际工程建设经验。由于对国际业务开展没有相关的经验，企业本身起步较迟，对于当今的发展趋势没有一个深刻清醒的认识，再加上没有对工程的具体情况进行详细了解，在实际承包过程中盲目沿用国内做法，导致经常失败而归。其次，没有一体化服务的发展经验，不能够针对紧急事件进行快速反应并妥善解决。过去该公司通常将所获得的项目交给设计咨询单位来做项目的前期工作，自己则负责中下游的业务工作。但随着发包方越来越倾向于 EPC 和 BOT 项目，导致公司因为上游业务的不突出而遭淘汰。

（5）缺乏高综合素质的项目管理人才。尽管公司对于人才的吸纳和培养非常重视，但仍然非常缺乏富有经验的国际项目经理以及设计、采购、施工各阶段的核心管理人员。

（6）融资能力弱。主要表现为以下几个方面：一是公司资产负债率高，导致其融资力度下降；二是进出口银行对公司承包工程的支持力度不大，制约了公司对外承包工程的国际竞争力；三是融资渠道单一，公司带资对外承包工程参与国际竞争，主要是依靠出口卖方信贷，这种方式增加了公司的负债率，对公司再融资造成一定的影响。此外，公司还承担了项目的利率、还本付息等风险,无形中加大了经营风险。

(7) 审批制度烦琐。作为国企,所有经营发展事务都要符合审批程序,公司的审批程序要经过项目评审、国家区评审、三级公司评审、集团公司评审等程序,有些甚至要到总公司评审。从下到上要经过最少四道程序的评审,每个环节短则需要一周,长则需要一个月,整个评审程序需要一至三个月。如果还需要总公司审批,则有可能长达半年。

2. 外部市场分析

(1) 中阿两国交好。自阿尔及利亚独立以来,中国即承认其合法地位,这使得中国成为非阿拉伯国家中首个承认它合法地位的国家。除此之外,中国在阿尔及利亚的解放战争中也通过各种途径予以支持。两国高层互访和政治往来关系频繁。

(2) 市场前景良好。受国内社会形势的影响,稳定政局和改善民生已成为政府工作任务的重心,安置和改善民众的居住环境需求迫切。在这样的社会局势下,阿尔及利亚政府开始大范围地进行住房项目建设,并且大部分目标已得以实现。除此之外,阿政府的基础设施项目建设还包括公路、铁路、机场、港口、能源、电信等。

(3) 社会治安总体良好。布特弗利卡总统自上任以来一直致力于推动全民和解政策的实施,该政策深得人心,党内斗争明显下降。虽然仍有极少数恐怖分子在制造恐怖活动,但政府也在加强社会治安管理,防止此类事件对民众以及外国企业造成伤害。

阿尔及利亚市场的威胁包括以下方面。

(1) 签证办理缓慢。阿政府为了减少国外企业的劳务输送对本国劳务就业造成影响,制定了非常严格的签证政策。办理签证需要由项目业主、地方劳动部门、劳动部、外交部和驻华使馆等五个单位审批,一般情况下,一个外国人从申请到最终拿到签证需要 2~3 个月,这就使得项目的进度会受到一定影响,很多时候往往会因为准备不充分导致工程延期。

(2) 资金支付拖延。阿尔及利亚以石油天然气为主要经济收入来源,在石油价格高时资金充足,石油价格降低后资金严重短缺,业主支付能力有限。同时阿政府办事效率低,手续烦琐,经常性延付资金,使项目进度受到影响。

(3) 建材供应不足。阿尔及利亚不但基础设施落后,他们的建设产业链业也较落后,国家在大规模建设工程的同时,水泥、钢筋、地材等材料短缺,这使得建材尤其是水泥价格逐年上涨。水泥厂按阿国每年下达的计划生产,每个工程项目需要向政府申请指标,只有拿到指标才能购买水泥。国内水泥不能满足要求,阿尔及利亚国家为了保护本国水泥厂家,限制进口水泥,而部分团体和个人勾结水泥厂内部倒卖水泥,从而滋生了黑市水泥。

(4) 属地国人员素质不高。受阿尔及利亚方签证政策限制,中方劳务的输出受到限制,所雇佣的当地员工技能较差,阿工素质整体较低,很难招聘到熟练工人,且阿国受欧洲及伊斯兰的双重影响,节假日较多,严重影响施工进度。

企业在进入一个新的市场时,其自身的优势和劣势以及市场中的机会和威胁共同影响着项目的发展,企业应提前做好分析,发挥自身的优势,抓住发展机会,尽量规避风险,以寻求利益最大化。

二、第二阶段：建设准备

(一) 对外承包工程

根据国务院 2017 年 3 月 21 日公布的《国务院关于修改和废止部分行政法规的决定》（国务院令〔2017〕676 号）和 2017 年 9 月 22 日公布的《国务院关于取消一批行政许可事项的决定》（国发〔2017〕46 号），对外承包工程资格审批和对外承包工程项目投标（议标）核准正式取消。对外承包工程企业在决定参与境外工程项目后、进行投（议）标前，应办理项目备案手续。

1. 初次从事对外承包工程业务的企业

登录"走出去"公共服务平台（http：//fec.mofcom.gov.cn/），申请商务部业务系统统一平台账号，在对外承包工程数据库中录入企业信息并完成项目备案，具体操作步骤参见《对外承包工程项目备案操作手册》（注册成功后可见）。材料齐全、填写完整的，商务主管部门将在 3 个工作日内完成备案。属于特定项目的，企业需按照应用提示向商务部申请特定项目立项。

企业在中标或对外签署项目商务合同后需要：

（1）在收到中标文件或签署商务合同后 15 个工作日内，以现金或银行保函形式存缴备用金至不少于 300 万元。企业到银行办理履约保函需提交备用金足额缴存的证明。

（2）与境外项目发包方签订合同后，及时向中国驻项目所在国（地区）使（领）馆经商机构报到。

（3）在合同生效后，按照《对外承包工程业务统计制度》要求报送统计资料。

（4）在对外承包工程数据库应用中填报备案项目的后续中标、签约、实施及完工等阶段进展情况，一般每两个月填报一次。

2. 已开展对外承包工程业务的企业

登录"走出去"公共服务平台，在对外承包工程数据库中完成项目备案，具体操作步骤参见《对外承包工程项目备案操作手册》（登录后可见）。材料齐全、填写完整的，商务主管部门将在3个工作日内完成备案。属于特定项目的，企业需按照应用提示向商务部申请特定项目立项。

已开展对外承包工程业务的企业应该保证备用金账户余额不少于300万元，或获具处于有效期内的等额保函。企业到银行办理履约保函需提交备用金足额缴存的证明。

企业在中标或对外签署项目商务合同后需要：

（1）与境外项目发包方签订合同后，及时向中国驻项目所在国（地区）使（领）馆经商机构报到。

（2）在合同生效后，按照《对外承包工程业务统计制度》要求报送统计资料。

（3）在对外承包工程数据库系统中填报备案项目的后续中标、签约、实施及完工等阶段进展情况，一般每两个月填报一次。

点评：

进入21世纪以来，受益于国际油价上涨，2005—2013年，阿国外汇储备持续增加，2013年突破1940亿美元。布特弗利卡总统上任以来提出2001—2004年的经济振兴计划和2005—2009年与2010—2014年两个五年经济发展计划，开启大量基础设施项目，以满足基础设施的刚性需求，阿尔及利亚国内迎来建设高潮。

同时在中国"走出去"战略的指引下，越来越多的中资建筑企业开始开拓阿尔及利亚市场，包括中国建筑、中国地质工程、中鼎国际、浙建投、中航建、中信建设、中铁建、中国港湾、北新建工、青建集团等多家大型国有建筑企业在阿尔及利亚当地承建了大量住房、公路、港口、学校、酒店等项目，并参与建设了包括东西高速公路、阿尔及尔布迈丁国际机场、国家会议中心、特莱姆森万丽酒店、外交部新办公大楼等重点项目。

尤其在房建领域，中资承包商在当地承建了大量住房项目，为缓解当地住房问题做出巨大贡献，2001年和2002年政府计划建设的5.5万套住房项目中超过一半的住房由中国建筑阿尔及利亚分公司承建，由此看出阿尔及利亚政府对中资企业在房建领域上的信任。

在2003年阿尔及利亚"5·21"大地震中，大量房屋倒塌，但中国公司承建的住房无一损坏，"中国建造"的住房在当地树立起良好口碑。随着大型国有承包商在阿工程承包领域的发展，越来越多私人承包商进入阿尔及利亚，分包部分标块。

中国企业在阿尔及利亚承包工程须注意：

（1）信守合同。企业应始终贯彻守约、保质、按期、重义的经营方针，工程质量和按期完工对企业至关重要。

（2）当地雇工。阿尔及利亚失业率高，尤其是年轻人失业问题严重。中国企业应尽量多雇用当地员工，阿中员工比例最好在5∶1以上。

（3）资金周转。阿工程项目多，合同和工程量单等相关手续的审批时间较长（6个月以上），且国家财政资金紧张导致付款较慢，因此在阿尔及利亚承揽工程项目须有资金周转保障。

(4)中方员工手续。工程项下劳务人员抵阿尔及利亚后,应尽快办理居住证和工作证。工人更换工地或工作城市须办理相关手续。

(5)安全防范。安全事故(特别是高空坠落)发生率呈上升趋势,企业应加强工地安全管理,做好安全防范,避免存在侥幸心理。

(6)其他。严禁在工程机械、设备及材料中夹带生活用品及酒类、在人员行李中夹带零配件。

(二)工程项目招投标

阿尔及利亚承包工程项目招标分为公开招标、有限招标、选择性咨询招标、拍卖招标和竞赛招标等方式,最普遍的是公开招标,议标较少。一般情况下,凡国际金融机构和组织,如世界银行、国际货币基金组织、欧盟国家的银行、非洲发展银行、伊斯兰发展银行和阿拉伯发展银行等出资的项目,均采取国际招标方式选择承包商。此外,阿政府和国有大公司,如阿尔及利亚国家石油天然气公司、阿尔及利亚国家电力煤气公司自筹资金的项目,特别是吸引外资从事油气田区块风险勘探、生产项目改造、油气输送管道建设等,也多采用国际招标方式。国际招标项目的合同款一般三分之一以外汇支付,另外三分之二以当地货币第纳尔支付。对以外汇支付的项目,如承包商愿意全部接受当地货币,则进口第三国设备和材料时可再申请外汇。承包商所得利润可按规定汇出国外。

1. 阿尔及利亚基础设施建设招标的主要部门

公路项目:主要由高速公路局对全国的高速公路、连接线的新建和升级改造以及高速公路服务区、收费站等相关附属设施进行招标。

各省内部的省道的新建和升级改造主要由各省的公共工程和交通局进行招标。

铁路项目：主要由阿尔及利亚国家铁路投资设计实施局进行招标。

房建项目：主要由有阿尔及利亚房地产销售管理局、国家住房改善和发展局以及国家房地产销售公司进行招标。

机场项目：主要由机场管理和服务局进行招标。

旅游业酒店项目：主要由旅游部下属的温泉旅游酒店集团进行招标。

油气项目：主要由非洲第一大石油和阿尔及利亚国家石油天然气公司进行招标。

2. 招投标程序

招标公告在当地的报纸上刊登；招标人对竞标人的资格进行审查；投标人在规定期限内向业主提交投标文件；项目中标后，业主与中标人进一步谈判，就合同的执行进行协商，最后签订框架合同和实施合同。框架合同对项目的性质和规模、项目实施的地点、施工期限、工程合同总价、相关保函、工程变更、工程计量、纠纷的调解等内容有具体规定。

业主评标大致分为以下三步：一级评审（初级评委会，对投标文件进行技术和商务评审并排出名次）、二级评审（部级评委会，在一级评委会评标结果的基础上评审出一家公司作为中标的承包商）、三级评审（国家合同委员会最后审批）。国家合同委员会批准合同文本后，业主签字，合同正式生效。阿尔及利亚国家石油天然气公司发标的重要国际招标项目，经第二级评审后，由总统主持部长会议通过，并由总统签发政令后合同生效。自合同生效之日起，招标工作即告结束。

3. 许可手续

（1）投标时需要随同投标书报送：签字的声明；投标人资质证明

文件和专业资信证明文件；投标企业章程、商业注册证书、资产负债表及银行资信证明；企业法人代表的无犯罪记录。

（2）中标后需要办理：商业注册证明；税卡；企业存在证明；海关物资进口许可证明；外籍劳工工作签证配额许可。

(三) 工程合同及相关手续

合同是交易参与方之间权利、义务和责任及风险分配载体，是当事人之间的"法律"，境外商事主体，特别是欧美企业，都十分重视交易文件，特别是合同文件的起草和谈判工作，做到交易文件的严谨、规范，保护己方利益。相对说来，我国企业对于交易文件的设计和管理较为粗放，合理利益的争取力度不够，所面临的合同风险更大。

我国承包企业"走出去"承接的工程承包项目的交易模式较为简单，交易文件种类和数量也较少，与投融建营一体化项目相比，风险也相对较低。以我国承包企业认为复杂、风险大的EPC/交钥匙项目为例，其项目参与方主要有业主、承包商、分包商、供货商、保险公司等，相应的，其交易文件主要包括EPC承包合同、分包合同、采购合同、保险合同以及业主融资银行要求签署的直接协议等。

但承包企业一旦跨入投资领域运作投融建营一体化项目，所涉的参与方将更多，主要有中国投资方、当地政府、合资方、项目公司、土地权利人、产品/服务购买方、融资方、承包商、燃料供应商、运维商和保险公司等，相应地，其交易架构将复杂得多，风险更大，交易文件种类和数量也更多，所以交易文件的起草、谈判和合同风险管控更应引起我国承包企业的高度重视。

点评：

2017年11月27日至12月1日在奥地利维也纳举行的联合国

贸易法委员会（UNCITRAL，"贸法会"）第三工作组（投资人与国家间争议解决）第34届会议中有意见提到国家可通过前期引入法律顾问拟定更好的合同条款，以便减少后期争议解决费用，从而减少时间和成本；在仲裁程序中，也可以采取相关步骤控制程序存续时间和费用，包括选择性价比高的律师代理人和专家，选择合适的仲裁员和仲裁机构，与申请人商议制定程序时间表，作出最合适的程序决策和选择。

中国企业走出去过程中应注意通过合同设计以及一些特别条款来保护自身利益，例如：

（1）货币保值条款：在基础设施投标报价过程中应事先考虑汇率变动的因素，在合同中加入货币保值条款，事先约定支付货币与人民币之间的比价，如支付时汇价变动超过一定幅度，则按原定汇率调整，如此将汇率固定下来，无论此后汇率发生什么变化，仍按合同规定的汇率结算。

（2）法律稳定条款：在与东道国的协议中如不得不适用当地法律，争取加入"法律稳定条款"或者类似的条款。要求东道国在投资协议签署后一段时间内不得做出不利于投资者的法律变动，或至少包括：东道国对于投资者的财产和投资保证不予以征收和国有化；对于税收待遇不予改变；对于中国投资者投资合法所得可以自由兑换汇出境外；对于中国投资者为履行合同而从境外进口的设备等的减税和免税待遇，在合同期内不作变更。

（3）再谈判或重新协商条款：双方在重大情势发生后负有再谈判或重新协商的义务以达成利益的平衡，使得该等情形下中国投资者拥有重新谈判的主动权和合同依据。

一般来说根据双边投资协定，协议方可根据《联合国国际贸易法委员会仲裁规则》（UNCITRAL）或解决投资争端国际中心（ICSID）规则提起仲裁。为适用双边投资协定中的规定，投资者通常必须属于协定国公民。中国投资者在与相关机构签订合同时应将这些要求写入其中，包括规定协议方为双边投资协定之目的属于"公民"且合同属于"投资"等。

（四）工程项目计划与设计

在满足业主的招标文件、合同及合同规定执行的相关标准及规范的前提下，阿尔及利亚业主通常对国内的设计院是认可的。除了某些重点结构、特殊建筑需要欧洲设计公司设计外，其他车间都可以采用国内建筑设计院的设计，且符合中国技术标准和技术规范。

[案例5-2]

由某中企总承包建设的阿尔及利亚BC 2×6000吨/天熟料水泥生产线项目鉴于阿当地CTC设计要求及结构关键性，除大型混凝土筒仓库和塔架预热器采用欧洲设计事务所的图纸外，其他均采用中国标准进行设计，且满足结构和工艺要求。

（五）工程项目征地及建设条件的准备

从2009年开始，阿尔及利亚出台投资新政策以保护本国企业。关于投资用地，租赁2年后可通过转让方式购买的做法（原法律规定，外国人和外资企业不可以直接拥有当地土地，但是在租赁2年后可通过转让方式购买），改为采取永久租赁方式。至于租赁期限，根据项目运行长短决定延长时间，租赁期限可延至44~99年不等。

更多关于用地的规定见本书"第四章 阿尔及利亚有关法律规定"中"阿尔及利亚关于用地的法律规定"部分。

（六）工程建设材料及设备的采购运输

1. 采购策划

（1）采购计划：采购工作正式开始前，需研读总承包合同，根据总承包合同中规定的设备、材料的要求和工作界面，确定采购工作范围，细化设备及材料采购的要求和说明。根据总承包合同制定施工计划，反推材料到场、安装调试计划。因采购存在一系列不确定因素，如物流海运周期、清关周期、不可抗力等，需尽早制定采购计划。

（2）采购策略：将采购纳入设计工作中，设计进展的同时对材料及方案进行询价、确认供货周期，落实设计方案的可行性，最大程度节约成本，或避免设计完成材料采购不到或供货周期过长等现象发生。根据材料复杂性、系统兼容性、到场计划等制定差异化的采购策略，如由专业分包代采购或是自行采购，在中国采购、欧采或是属地化采购。

（3）采购团队：对国际 EPC 项目来说，采购材料产品类型多样化、采购地域广、涉及专业多、牵涉方多，建议设立专门的采购团队，材料由采购团队统一采购。团队由精通英语或其他外语、沟通协调能力强的专业采购人员组成。

点评：

采购涉及的协调方较多，如供货商、各专业工程师、设计人员、监理、业主、第三方检测机构（如产品需要三方检测报告）、货运代理、清关代理、船公司、海关等，要求采购人员积极主动与各方沟通协调，确保信息的准确性。

2. 询价

（1）询价文件的准备：了解采购产品。首先研究项目的技术条款，明确所需产品的技术要求。此外，需要了解进口国对目标产品是否存在进口限制，是否需要提前办理进口许可，办理进口许可需要提供的文件，并落实供货商是否可提供所需文件证明、产品关税等。

（2）询价包准备：将所需产品的量单、技术要求及图纸等相关文件整理到一个询价包中。询价文件的准备原则为清楚、准确、简洁易懂。

尽可能将同一系统的产品放到同一个询价包，同批采购。某项目曾将开关插座的底座和面板分开放在了两个工作包采购，开关插座的底座先采购，用于预留预埋，面板在后期装修施工时采购。前期采购底座时没有考虑与面板的兼容性，导致后期采购面板的选择性很小，供货商以此抬价。

（3）询价函：询价函清晰明了，需涵盖与报价相关的信息。要求供货商报价产品满足询价包的技术要求（技术要求、图纸等）、提供供货/生产周期、报价有效期、货物原产地、产品质保期、报价贸易术语（CFR/FOB/CPT等）、准备报价期限、提供产品技术卡片。

询价函中的任何要素都会对报价产生巨大的影响。如货物原产地，阿尔及利亚禁止进口以色列原产地的货物。若不了解货物原产地，进口了阿尔及利亚进口黑名单中原产国的产品，会导致整批货物滞留在港口，无法清关。

3. 选择目标供货商

供货商获取渠道：一般的供货商资源可以从几大渠道获取。（1）以往项目资源：因以往有过接触或合作，往往信息可信度要高一些。（2）专业顾问或建筑师推荐：这类供货商的产品比较容易获得监理审批。（3）行业协会和专业网站：信息资源广泛、集中，专业性强。(4) 搜索工具,如谷歌等:信息量大,但信息需要甄别。

点评:

不同类型的供货商有着各自不同的特点。比如生产商一般有价格、技术和售后服务的优势,但针对小批量供货的成本大、周期长。特别是某些欧洲厂家,对出口程序,特别是针对阿尔及利亚的出口流程、手续不熟悉,可能会给后期的物流、清关带来问题。而经销商销售的产品多样化、整合能力强、熟谙出口业务流程,文件准备齐全,但技术澄清较慢、价格较高。所以在采购过程中需根据实际情况,灵活处理。

供货商资格审查:企业一般每年对供货商进行多维度的考评,形成合格供货商名单。合格供货商名单中的供货商信息一般比较可靠,可直接使用。但由于近几年全球经济不景气,许多供货商倒闭,所以涉及首次合作的供货商时,建议对供货商进行资格审查。资格审查一般需要检查供货商的营业执照、生产许可证等。若涉及采购金额较大的合同,除上述文件外,还需对供货商近三年的财务报表进行分析,确保供货商资金运转良好,可按合同约定履约。

[**案例 5-3**]

阿尔及利亚某会展中心项目曾在施工过程中,遇两家机电专业分包破产,导致项目后期花费大量时间和精力解决专业分包破产无法履约造成的影响。

选择供货商:在完成询价、比价和技术澄清后,对供货商的整体实力和报价进行综合评估,结合项目的实际情况,选择合适的供货商。供货商选择需以公平、公正原则,以"供货商选择审批表"形式在公司内部会签、审批。影响供货商选择的主要因素一般有如下几个方面。

(1) 价格。

价格是决定是否采购的首要因素。产品本身的特性、原材料市场的行情、采购数量及付款条件都会影响到产品的最终价格。比如钢筋的价格随钢材市场的价格波动，因此可对钢筋价格时刻跟踪，在价格低谷时大量买进。

(2) 供货周期。

项目物资采购服务于项目工期，材料采购周期要满足项目施工工期。在项目采购中，往往影响供货商选择的不是产品价格，而是供货周期。

(3) 支付条款。

支付期限一般包括即期支付、预付和延期支付。实际操作中对于合作较多的供货商，一般会同意延期支付，这对项目的现金流非常有帮助。针对首次合作的供货商或某些定制产品，供货商可能会要求预付款。为减少预付的风险，可要求供货商提供等额的预付款保函。

支付方式一般有现金、支票、电汇和信用证四种。属地采购一般采用现金、支票和电汇。境外采购一般采用电汇和信用证。根据进口国的政策不同，境外采购的支付方式存在差异。如2009—2018年，阿尔及利亚进口只能通过阿尔及利亚当地银行开立的信用证结汇。信用证项下的交单文件描述需满足进口清关的单据要求，才能保证货物日后顺利清关、信用证受益人（供货商）按期收款。

信用证支付时，银行只审核单证是否相符，不审核单据的真实性，即银行认为供货商交单文件单证相符，随即便会付款。某项目曾在一意大利供货商处采购货物，信用证要求提供供货商在发货7天内寄送清关单据的DHL快递单。根据DHL网上跟踪快件信息显示，供货商在发货13天后寄出单据。供货商银行交单使用的快递单由供货商手写，快递单日期在发货7天之内。银行认为交单文件单证相符。

在实际业务操作过程中，还需考虑信用证、保函的银行手续费。一般保函的手续费较信用证低。实操时应灵活运用信用证、保函和电汇这些银行工具。为有一定信任度的供货商延期付款时，若供货商不同意无担保延期电汇支付，除使用延期信用证外，可考虑使用付款保函担保、延期电汇的方式降低银行费用。

此外，为确保供货商如期履约，针对合同额较大供货，项目会要求供货商出具5%~10%无条件的见索即付履约保函。

（4）服务。

供货商提供服务的质量对采购是否可以顺利执行起着至关重要的作用，特别针对需要安装调试的机电产品。调试成功与否直接影响着机电系统是否可以顺利运行。服务质量的好坏对供货商选择的影响有时要大于产品价格的影响。

欧洲供货商的服务费大多按天计算，建议在合同中约定服务时长，若超时如何处理等相关条款，避免因服务费变成开口合同。外国人在阿尔及利亚提供服务，需要交纳源泉税，要求在项目采购过程中，将相关税费考虑在价格当中。

点评：

项目物资有一定的相似性，如防水材料、瓷砖、矿棉板、石膏板等，因此可建立集中采购平台，采购常规建筑材料。集中采购量大于普通的零星采购，可获得价格优势。通过集中采购平台与供货商对接，统一公司对接出口，避免多个项目分别与供货商进行技术澄清、合同谈判，造成混乱。对经常合作的供货商，签署战略合作协议，大大提高采购效率。

如条件允许，可考虑在欧洲成立公司，通过欧洲本地公司进行集中采购，可打破销售区域限制、减少供货商的风险溢价，自行组织物流运输，从而降低物流成本，物流运输更为有效、可控。

4. 交付及运输

（1）催交工作：从 EPC 项目采购的经验来看，供货商的供货风险主要包括供货不及时、供货质量问题、备品备件供货不及时、发运文件不满足清关要求、合同签署后不能及时开立合同要求的保函等文件、现场技术服务不及时、安装调试效果不满足现场系统运行等问题。催交工作对材料按时到达现场、顺利施工起着重要作用，合同签署后，需由专人跟踪合同执行，确保供货商按照合同要求生产、发运、安装调试。

（2）检验：检验可在合同执行的各个环节进行，如材料生产过程驻场检验、工序点检验、发运前检验、项目现场验收检验。实际操作时，可根据材料的特性和重要性决定采用哪种检验方式。

除采购方自行派人检验外，检验也可由 VERITAS、SGS 等第三方机构来完成。第三方机构的检验可进行实验室检验或仅对货物的外观、数量进行检验，检验范围不同，收取的费用不同。个别国家将第三方检测报告作为进口清关的必要文件。

（3）货物运输：根据合同贸易术语，安排跟踪货物的出口报关，第一时间获取物流相关信息。无论合同采用哪种贸易术语，采购人员皆需在货物发运前与供货商认真沟通核对单据，确保单据准确，避免因单据问题造成清关延滞或无法清关。

货物通过海运或空运运输至目的地，集装箱海运运输状态可根据提单或集装箱号码在船公司网站中查询，需时刻对货运状态进行跟踪，避免运输过程中出现问题不能第一时间发现，给项目带来不必要的损失。同时，国际物流运输存在各种不确定因素，建议为采购金额较大、运输周期长的货物购买保险。

[案例5-4]

某项目曾花费90万欧元购买一批白色石材,通过马士基船公司由天津港发往阿尔及尔港,马士基的船在运输途中忽然发生火灾,申请共同海损。由于该批货物未购买保险,项目不仅要承担白色石材遭遇火灾无法使用的损失,还需承担船公司共同海损修理船舶的费用。

拿到所有准确无误的清关单据后,进行银行背书(如有需要)。收到到港通知后,第一时间协调清关代理启动清关。清关的一般流程包括:接收到港通知、船公司换单、报关、申请免税(如有)、海关检查、缴纳税费、提货放行等。

货物到达现场后,对货物进行清点。若发现货物破损缺失,需做好相关记录,留存证明文件,协调供货商或保险公司进行索赔。

点评:

从中国进口的设备物资分为以业主名义进口和以总承包商自有物资名义进口的两种情况。

(1)以业主名义永久进口的设备清关所需要的单据如下:

A. 银行备书的发票原件;

B. 业主的税卡;

C. 业主的商业注册证明;

D. 提单原件;

E. 原产地证明;

F. 业主的免税许可;

G. 业主的免税物资清单;

H. 装箱单(法语);

I. 业主给清关代理的授权书,附上业主税卡复印件、章程复印件、商业注册证明复印件。

其中注意：测量仪器需要去当地行政管理部门审批盖章；与安全监控相关的电话、摄像头和对讲机等需要去内政部进行申请，一般需要3个月到12个月。这些被严格管控的特殊设备，采购发运前务必办理好相关进口许可手续，以避免发货到港而清关出现问题，或者退返货的情况。

(2) 以项目名义永久进口的自有物资清关所需要的单据如下：

A. 业主出具的证明，证明此物资是用于此项目的；

B. CBMI 阿尔及利亚的税卡；

C. 提单（英语即可）；

D. 装箱单（法语）；

E. 原产地证明。

(3) 临时进口的注意事项：

临时进口的总期限是根据合同工期决定的，一般情况下跟合同期限一样长，并且操作时是按照每一年为一个期限，期满前提前进行申请延期。如果项目工程延期，需要提供延误证明。临时进口每年应交纳原关税的 16%、25%、33% 不等。

临时进口的物资不可以在当地处理，使用完后必须运出阿尔及利亚。

旧的工具只有使用临时进口的方式才能进口；新的工机具可以选择永久进口和临时进口两种方式进口。

(七) 阿尔及利亚工程成本

1. 水、电、气价格

阿尔及利亚当地的水、电、气价格均较为便宜，见表 5-5 所示。

表5-5 阿尔及利亚水电气价格

	单位	生活	工业
水（分地区）	立方米	家用水价分四档： 25立方米以下6.3第纳尔； 25~55立方米20.48第纳尔； 56~82立方米34.65第纳尔； 超过83立方米40.95第纳尔	办公区为34.65第纳尔； 工业用水40.95第纳尔
电	度	125度以下1.904第纳尔； 125度以上4.472第纳尔	125度以下1.904第纳尔； 125度以上4.472第纳尔
燃气	立方米	375单位以下0.1682第纳尔； 375~833.33单位0.3245第纳尔； 833.33~2500单位0.4025第纳尔； 2500单位以上0.4599第纳尔	833.33单位以下0.3245第纳尔； 833.33~2500单位0.4025第纳尔； 2500单位以上0.4599第纳尔
燃油	升	粗柴油23.06第纳尔； 普通汽油38.95第纳尔； 优质汽油（96号）41.97第纳尔； 无铅汽油（95号）41.62第纳尔	

资料来源：阿尔及利亚国家投资发展局、国家统计局。

2. 劳动力供求及工薪

阿尔及利亚劳动力总体过剩，2019年失业率为11.4%，劳工素质不高，技术水平较低，中青年管理人才缺乏，地区水平差异较大。阿尔及利亚本地熟练技工基本无法满足外国公司的需要。随着阿尔及利亚国内局势的稳定，各项基础设施亟待发展，水利建设、住房、机场、港口、道路的建设均需大量劳动力。

阿尔及利亚最低工资标准逐年递增，现为18000第纳尔/月（每周工作 40 小时），2020 年 6 月 1 日起将提升为 20000 第纳尔/月。技术工人一般月收入 30000~50000 第纳尔。缴纳的社保总和约占工资总额的 35%，其中 9% 由个人承担，25% 由企业承担，企业负担较重。

外籍劳务需求：阿尔及利亚需要外籍劳务的主要岗位有技术工人、工程技术管理人员和特别工种，如设计人员、测量人员、医生、翻译等。2010 年以来，为缓解就业压力，阿尔及利亚政府开始严格限制外籍劳工的进入，新的劳工指标申请较难，原来在建筑领域实行的 1∶3 比例要求变为 1∶5 甚至是 1∶7。目前在阿尔及利亚的劳工主要来自摩洛哥、突尼斯等北非国家，中国公司建筑劳务约 2 万人。

3. 土地及房屋价格

按照法律规定，外国人或企业不得购买当地土地。投资项目所需土地可通过租用私人土地（房产）或特许经营国有土地获得。私人土地较少，农业用地不可侵占。国家鼓励工业、旅游业、服务业投资用地采用国有土地特许经营方式，特许经营权一般通过拍卖或议标获得，北部大城市主要通过拍卖方式，经营期限可达 44~99 年不等。

房屋或厂房租赁价格总体较高，但因城市和区位而异，差异很大，最高为首都阿尔及尔，其次为奥兰等沿海主要城市，一般须双方协商。

4. 建筑成本

主要建材当地基本可供应。2020 年 5 月，主要建材成本见表 5-6。

表 5-6 阿尔及利亚主要建材成本（税前）

材料	规格	单位	第纳尔	约合美元
钢筋	12/14/16	吨	66500	560
水泥	CPJ 42.5	吨	6000	50
黄沙（细沙）	0/3	立方米	900	8
木材（普通白松）	40×90	米	120	1
红砖	5T/8T/12T	块	12~20	0.1~0.17
石子	8/15、15/25	立方米	1200	10

注：1 美元约折合 119 第纳尔。
资料来源：中国驻阿尔及利亚大使馆经商处收集整理。

三、第三阶段：建设实施

（一）依法用工

1. 阿尔及利亚劳动法的主要条款分析

（1）雇员的权利与义务。

雇员可享有以下基本权利：

·从事工会权利。

·集体协商权。

·参与用人企业权。

·社会保险与退休。

·卫生与安全预防，工作医检。

·休息。

·预防劳动纠纷，平息纠纷。

·罢工。

同时雇员也可在劳动关系的前提下享有以下权利：
- 正式聘用。
- 尊重工人身体、精神与尊严。
- 不可从事当地人不能做的工作。
- 工作技术培训。
- 按规定支付劳动报酬。
- 社会服务。
- 与劳动合同相关的一切福利。

雇员在与雇主签署了劳动合同之后，便产生了雇佣劳动关系，有劳动关系后工人需履行以下基本义务：
- 尽力完成与自己工作岗位相关的义务，尽心尽力完成雇主安排的工作。
- 为改善企业的效益做贡献。
- 执行雇主指定的和当局出台的指示。
- 遵守雇主根据法规指定的卫生和安全预防措施。
- 接受雇主施行的各种内外的体检。
- 为了改善企业效益或改善卫生与安全预防，可参与安排工作、提高水平、更新知识。工人没有企业或公司的直接利益或间接利益，除非和雇主有协议。
- 不可泄露与技术、作业方式等相关的信息。总之，不可泄露企业内部文件内容，除非有法律和当局的规定和要求。
- 遵守劳动合同条款。

（2）招聘的条件和方式。

任何情况下，招聘的雇员不得低于 16 岁，除非是依照现行法规招聘的学徒。招聘小年龄徒工必须凭其合法监护人开具的许可证书。徒工不得从事险活、脏活及有损身心健康的劳动。雇主应按法律规定为残疾人保留工作岗位并且协议条款或劳动合同中不得在工作岗位、酬金、工作条件、年龄、性别、社会地位或婚姻状况、家族关系、政治信仰及是否工会成员等方面有任何歧视性规定。

对新招聘的雇员可实行为期不超过 6 个月的试用。高级别工作岗位的试用期可达 12 个月。各类工作或全体雇员的试用期长短通过集体协议确定。试用期内，雇员与类似岗位的正式雇员享有同等权利，履行同样的义务。试用期计入工龄。试用期内双方均可随时要求解除工作关系。并且劳动法为保护本国公民就业，阿尔及利亚国家劳动局规定外国人在本国承接大型项目时，通常主合同中对使用外国人员数量做了强制性的限制，一般来说外国人与当地雇员的用工比例为 1∶7，项目施工所需的基础性作业人员，如力工等必须从当地招聘。

工作时间：阿尔及利亚法定工作时间为每周 40 个小时。一般情况下，每周工作五天，其中周日至周四为工作日，周五和周六为休息日，每天工作时间为 8 小时。在用人单位有需要或者特殊性质的情况下，用人单位可要求雇员加班，但日工作时间不能超过 12 小时。夜班工作时间为 21 时至凌晨 5 时，不满 19 岁的男性或者是女性雇员均不得在夜间工作，并且明令禁止女性从事夜间工作。

（3）内部管理制度。

根据 1990 年颁布的阿尔及利亚劳动法规定，拥有 20 名以上雇员的雇主必须建立内部管理制度并提交劳动福利机构认可。如果没有劳动福利机构，则应在实施前提交雇员代表认可。而拥有不足 20 名雇员的雇主应根据其业务的专业性建立内部管理制度。其业务性质根据法律文件确定。

雇主必须在内部管理条例中规定有关劳动技术组织、卫生、安全和纪律等的内容。在劳动纪律方面，应规定职业过失的鉴定、相应处罚程度及执行程序。如果内部管理制度中出现取消或限定法规和集体协议赋予雇员的权利的条款，则该条款无效。同时阿尔及利亚劳动法规定内部管理制度必须在 8 个工作日内提交当地劳动监督主管机构对其与劳动法规的符合性进行认可。内部管理制度自提交主管法庭之日生效。

内部规章确定劳动关系的建立、执行及终止等各个环节，以及薪酬待遇、安全和纪律等各个方面。内部管理规章须提交当地劳动监察部门，若无异议，8 个工作日内会得到劳动监察部门的批准，并交由管辖法院备案。内部规章使得双方在处理劳资关系时有据可依。在用人单位的层面，其可对违反规章的劳动者进行口头、书面的警告，可及时主张自身的权利，可进行合法的解雇。规范化的管理能够最大程度避免纠纷的产生。

（4）签署劳动合同。

根据 2004 年 11 号法案，劳动合同分为非固定期限劳动合同（CDI）和固定期限劳动合同（CDD）两种。为了充分保护劳动者的就业权利，在阿尔及利亚 CDI 合同被普遍适用，是法律鼓励用工单位签订的一种合同形式。特别要说明的是，如果企业与所雇佣员工没有签订合同，则会被法律自动认定为 CDI 合同，而工资单、工作证明、资格证则成为证明双方劳动关系的依据，这样会形成企业无法辞退的局面。CDD 合同主要适用于工程施工项目或者季节性的临时补充用工。但需要在 CDD 合同或者内部管理规章中，阐明采用固定期限的理由，而且该理由需符合《劳动法》第 12 条的规定。在 CDD 合同快到期时，要提前 15 天通知员工；如果 CDD 合同超期，在没有与当地雇员签订新的劳动合同的情况下继续工作，则双方的劳动关系则被认定为 CDI

合同。

合同信息简析：当应聘者面试合格，雇主决定录取面试者后，应按照面试者已提交的个人信息，填写完善合同范本，主要包括个人信息、工作岗位、地点、合同有效期、薪酬待遇等，同时明确劳动者已对用人单位制定的内部管理规章详细了解，并同意遵守该规章制度。如违反内部管理规章制度，用人单位可以根据规章给予处罚，直至解除合同。

（5）薪酬待遇。

最低保障工资：2020年6月1日起，阿最低工资标准提升为20000第纳尔/月。用工单位支付给雇员的基本工资，由劳动双方根据工种及技术要求协商确定，但无论如何都不能低于法定的最低工资标准。

其他福利津贴：除了上述规定的雇员的基本权利之外，若雇员的妻子没有工作时，还可以享受一定的家庭补助，但这项补助不是法定强制执行的，根据雇员公司的实际情况决定；此外，对于在特定条件下（不能回家用餐）工作的雇员需支付误餐费，具体标准由劳动双方协商确定；针对有危害（如粉尘）或者强迫性工作需发放补助，具体标准由劳动双方协商确定；对于夜班工作和居住较远区域雇员发放一定的补助，标准由劳动双方协商确定。雇主可根据生产或服务需要实行连班或定岗，定岗应给予津贴，具体标准由劳动双方协商确定。

对于加班工资，在任何情况下都不得低于正常小时工资的50%；法定节假日为正常工作期间的200%；如遇恶劣天气（如雨雪冰冻等）不能正常工作停工时，用人单位需向雇员支付工资，但从第二天起所有的工资性支出均由休假工资局承担。如雇员本人结婚、雇员的孩子出生、雇员的子女结婚、雇员或配偶的直系亲属死亡、雇员孩子进行割礼、赴圣地朝觐（只可享受一次）时，可享受三天带薪休假，薪酬由用人单位支付。

（6）社会保险及休假事宜。

①保险政策及费率：在阿尔及利亚缴纳社会保险是强制性的。国家社会保险局（CNAS）是执行社会保险政策的专门机构。法律规定不管是阿尔及利亚人或者是在阿外籍人员，均须按法律规定缴纳各类社会保险费用，并享受各类社会保险待遇。所有的自然人和法人，不管其为雇主还是雇员，必须到辖属社会保险局投保。

社会保险主要包括基本保险、工伤与疾病、退休、失业、住房等。社会保险费率为35.13%，其中企业承担26.13%、雇员承担9%。

②社保申报程序：在签订劳动合同的10天内，企业需向辖属社保局提交社保申报申请单，为新招聘的员工办理社会保险账户。如果企业每漏办一个员工的社保，不但将有可能被处以1万~2万第纳尔的罚款，而且在发生工伤事故后，所有损失均由企业自行承担，因此企业要特别注重员工关于社保申报的事宜。

③社保费用缴纳：每月末之前，企业需向社保局缴纳上月发生的社会保险费用，逾期未缴纳者，在第一个月内社保局将收取5%的滞纳金，以后每递增一个月，将在5%的基础上再增加1%的滞纳金，直至费用全部缴纳。在每一财务年度结束后30天内，企业须向当地社保局提交员工工资结构表，其中包括员工数量、员工姓名、员工薪金收入等，以及按法律规定应缴纳的社会保险金额数据。

④雇员休假事宜：所有雇员均有权享受带薪年休假。年休假的计算自上年的7月1日起，至本年的6月30日。新招聘雇员的年假计算起点为招聘之日。带薪年假按每月2.5天计，一年的总休假期不得超过30天。但是在南部省份工作的雇员每年的补充年假不得低于10天。

(7)劳动纠纷解决。

劳动纠纷在企业内部可以解决的情况：在与当地雇员出现劳动纠纷后，可先进入企业内部协调程序，即雇员可向直接上级领导反映纠纷事件并提出申诉，后者应在一定时间之内给予答复。若雇员未得到直接上级领导的答复或对其答复不满意，可向用人单位最高领导机构提出，后者应在一定期限内给予书面答复。

劳动纠纷在企业内部无法解决的情况：当劳动纠纷无法在企业内部解决时，双方都可将争议递交至有管辖权的劳动监察局进行调解。可能会出现以下情况：①双方达成协议，劳动监察局调解委员会出具一份调解会议纪要；②被告两次未出席，调解委员会出具未调解的会议纪要；③原告无正当理由缺席调解，调解委员会会撤销该案；④劳动监察局调解委员未达成调解。

若劳动纠纷通过以上方法无法解决时，其中任何一方可以将劳动监察局调解委员会出具的会议纪要，递交到当地法院由其进行审理宣判。

(8)劳动关系的解除和终止。

海外施工项目管理过程中，较为常见的劳动合同终止情况有以下三种情况：

① 劳动合同到期。目前中资企业在阿尔及利亚与当地雇员签订的劳动合同期限一般为1~3个月。每当合同到期以后，经使用单位考评不合格的雇员，次月将不再与其签订劳动合同，可达到顺利终止劳动合同的目的。

② 辞职。劳动者依法享有辞职的权利，无论是有固定期限的劳动合同还是无固定期限的劳动合同。如果劳动者想要解除劳动关系，则应递交书面辞职报告，在劳动合同或者内部管理规章中，双方可以约

定预先通知期，在预告期满后方可离开工作岗位，届时双方签订的劳动合同自动终止。劳动者辞职后，雇主需要向劳动者开具劳动证明，以满足劳动者之后找工作的需要。

③ 解雇。无预告期不带补偿金解雇：当雇员在工作中有以下行为时，用人单位可以实行没有预告期没有补偿金的解雇。

•犯下受刑法惩罚的严重错误；

•实施了《劳动法》第73条规定的无正当理由拒绝执行与其职责相关的工作指令；

•行为有可能会损害企业利益；

•泄露技术、工艺、生产程序、组织方式、内部保密信息；

•参加经过精心策划的违反有关现行法律条款规定的集体罢工；

•做出暴力行为；

•故意造成建筑物、工程、机器、工具、原材料等物质损失；

•拒绝执行符合现行法律条款规定的公诉通知；

•在工作场合喝酒、吸毒等。

有预告期无补偿金解雇：当雇员没有犯特别严重的错误时，可根据劳动合同或者内部管理规章，给予有预告期没有补偿金的解雇。所谓预告期是指在这段时间内，劳动者可以在原岗位每天工作2小时，用人单位支付酬金，以便其能够找到另外一个工作。

2. 相关注意事项及风险规避

（1）加强对《阿尔及利亚劳动法》的了解和应用。

目前阿尔及利亚适用于用人单位和劳动者之间劳动关系的是1991年颁布的第11号根本法案，并且在2004年颁布的第19号法案中，对雇佣的程序、招聘的原则及义务进行了补充。

《阿尔及利亚劳动法》最初是在阿尔及利亚经济体制改革的大背

景下进行制定并逐渐完善的，因此它的立法宗旨主要是保护劳动就业。阿尔及利亚是一个高失业率国家，随着阿国2005—2009年五年经济振兴计划的推动以及2010—2014年新5年计划的实施，阿失业率呈现下降趋势。但因阿尔及利亚制造业欠发达，各类产品主要依靠进口，国内所能创造的就业岗位有限，阿国2010年失业率仍维持在10%。近几年阿尔及利亚的失业率更是逐渐增加，加上2020年全球范围内新冠肺炎疫情的影响，阿尔及利亚作为受波及影响较大的国家之一，失业情况加剧，且多集中在青壮年群体以及部分经济贫困地区，已为社会的稳定带来了隐忧。

中资企业缺乏对《阿尔及利亚劳动法》的了解和应用势必会给企业在当地的生产经营、管理等工作造成众多不便和难点，因此熟悉掌握《阿尔及利亚劳动法》及相关法律法规并且规避一些雇员管理过程中的风险对中资企业来说至关重要。

（2）强化当地雇员管理流程及维权意识。

大多数中资企业在海外雇员日常管理的过程中，存在以中方人员为主的管理现象，管理人员随意性和情绪化过强，未能按照雇员管理流程进行管理工作。发生劳资纠纷的时候，企业相关人员并没有通过书面维权等形式留下书面证据，这无疑给后续的管理工作留下了很大漏洞。如：在当地雇员出现消极怠工、不遵守劳动纪律、不服从工作安排，犯一些错误时，并没有按照企业《内部管理规章》中规定的程序依次给予书面警告、停工处罚、提前通知带补偿辞退，而是滥用职权直接给予开除处罚，同时也没有留下任何当地雇员存在过错的书面证据，在当地雇员诉诸法律，向当地法院起诉，即使企业聘请当地律师辩护，也没有书面证据可以还原劳动纠纷，结果造成企业败诉，并需要支付6个月以上工资甚至更严重的赔偿金。

在雇员工资发放时,根据劳动法的规定企业要给雇员发放工资条,但是有些企业存在只发放工资而未发放工资条的现象,亦未让雇员在收到工资后签字按手印,没有留下相关凭证,若之后产生工资纠纷,企业往往拿不出书面凭证。

中资企业在海外生产经营或者是从事项目管理等工作时,一定要按照当地法律规定的管理流程进行管理,要注意日常工作生活中的书面维权证据留存,在雇员管理工作中要认真沟通,及时处理一些日常小纠纷,避免产生不必要的风险和麻烦。

(3) 妥善处理与当地劳动监察局、招工局等政府部门的关系。

企业在雇员管理工作的过程中,难免会涉及与政府部门打交道的时候,尤其是与劳工管理相关的政府部门,如:劳动监察局、社保局、招工局等,企业应该与相关政府部门的负责人建立良好的关系,企业内部关于雇工管理的资料档案,比如员工登记簿等要经常更新,随时准备当地政府部门的检查。

(4) 成立专门的人资管理机构,制定相应管控制度。

中资企业在海外经营及项目施工等活动中要规范当地雇员的管理,规避用工风险,完善项目管理流程,成立专门的人资管理机构。

当企业员工一旦达到 20 人时,要制定企业内部管理制度,同时各部门根据实际情况制定相应的管控制度,在工作中加强对当地员工的管控,企业也要加强对当地雇员的培训,包括入职培训、企业文化培训、技能培训等。企业根据自身的实际情况,引入培训、考核和培养机制,可以增加当地雇员对企业文化的认同感和归属感,企业相关管理人员同时也应提高自身的管理能力、法制观念等。

(二) 境外 QSHE 标准

中资企业在阿尔及利亚承包建设工程,常涉及的 QSHE 标准如表

5-7 所示：

表 5-7 QSHE 标准

规范编号	规范名称	备注
DTR-EE 1.2	阿尔及利亚住房规范 建筑土方工程施工标准	阿尔及利亚标准
DTR-EE 1.32	阿尔及利亚住房规范 深层基础工程标准	阿尔及利亚标准
DTR-EE 2-1	阿尔及利亚住房规范 钢筋混凝土工程施工标准	阿尔及利亚标准
DTR-E 2.4	阿尔及利亚住房规范 小构件砌筑工程标准	阿尔及利亚标准
DTR-B.C- 2.48	阿尔及利亚住房规范 阿尔及利亚防震规范	阿尔及利亚标准
装备部 住房部	阿尔及利亚住房规范 工程维修及加固技术建议	阿尔及利亚标准
建筑技术条例	阿尔及利亚技术标准和规范文件手册	阿尔及利亚标准
CCTG 第4分册第3篇 (1) (2) (3)	承包商下达钢材订购单时应参考通用技术条款细则	阿尔及利亚标准
P 22-810	金属结构-桥隧构造物-尺寸公差	阿尔及利亚标准
CCTG 第56分册	金属构造物防腐工程	阿尔及利亚标准
DTU 32.1	法国钢结构施工规范	阿尔及利亚标准
CCAG 中25款	质保条款	阿尔及利亚标准
CPC 第3章 第4分卷	钢材质量和与细小的差异	阿尔及利亚标准
A01-DTR E1.2	建筑土方工程施工标准	阿尔及利亚标准
A02-DTR-EE 1.32	深层基础工程标准	阿尔及利亚标准
A03-DTR-EE 2-1	钢筋混凝土工程施工标准	阿尔及利亚标准

续 表

规范编号	规范名称	备注
A04-DTR-E 2.4	小体积砌筑工程标准	阿尔及利亚标准
A05-RPA99	阿尔及利亚防震规范	阿尔及利亚标准
A06	工程维修及加固技术建议规定	阿尔及利亚标准
NA17004—2008	混凝土结构及预制件抗压强度评定规范	阿尔及利亚标准
D.T.R-B.C.2-41	钢筋混凝土结构设计及计算规范	阿尔及利亚标准

(三) 境外工程技术标准

阿尔及利亚对结构工程包含混凝土结构和钢结构的设计要求，均需要符合欧洲标准且需经CTC审核确认通过方可执行施工，而其他工程，除业主另有其他要求外，承包商的研究、设计、资料、制造以及所有工程，都应遵守适用于设备供货和安装运行的技术标准和技术规范、安装要求和环境规定。

(四) 依法保护生态环境

投资者在投资建设项目前，必须先进行环境评估，将评估报告及相关材料递交有关环保主管部门，得到批准后方可进行项目建设。所有涉及工艺流程变化、业务扩展、设备变化等因素的改变或有关设施地理位置的移动，都必须重新提交项目的环保许可申请。在生产和生活中，应严格遵守各项法律规定的环保标准。

四、第四阶段：竣工验收

(一) 竣工验收条件

竣工验收通常是在建筑工程进展到一定条件后，由承包商向业主方提出的验收申请,通常分为初步验收和最终验收两部分。

1. 初步验收

建设项目初验阶段应具备的条件如下:

(1) 单位工程完工经承包商组织预验收合格,工程基本达到竣工验收要求;

(2) 所含(子)分部工程的质量均验收合格;

(3) 工程质量控制资料完整;

(4) 主要功能项目的抽查结果均符合要求;

(5) 有关安全和功能的检测资料应完整;

(6) 承包商已向建设单位提交工程竣工验收申请表。

初验工作由咨询公司组织,承包商、建设单位等单位参加,参加初验的人员应当按照各自的专业分工对工程实体进行认真检查,尤其是对一些常见的质量问题要重点检查。

2. 最终验收

在施工单位对初步验收问题进行整改、处理并与咨询公司及建设单位验收确认后,建设单位根据整体处理情况及生产中产生的相关问题一起形成最终验收清单,并且双方商定整改期限。

(二) 竣工验收手续

针对初验及最终验收检查中发现的问题提出整改要求,明确整改方案和整改期限,并形成整改清单,由各方参验单位签字。

初验后,施工单位应组织力量对初验发现的问题逐条进行整改,整改完毕后,写出整改报告。咨询公司应对整改过程认真进行监督,并确认每个问题都已整改落实后,方能在整改报告上签署意见同意竣工验收。力争使工程实体质量问题在初验阶段得以全部解决。

针对建设项目最终验收，对于确认无法整改的项，可以根据问题情况，三方开会讨论解决方案，并形成一致性行动解决方案。

待三方对所有问题处理方案达成共识后，建设单位将根据验收结果，签署工程竣工报告。

（三）资金跨境结算

阿尔及利亚实行外汇管制，仅实现经常项目下部分可兑换，中央银行掌控所有外汇资源。自20世纪90年代外贸垄断体制被废除以来，阿尔及利亚外汇管制已大幅放宽，资金流入流出较以前更为自由。

阿尔及利亚中央银行在外汇管制上有总管辖权，负责制定外汇交易管理法规并监督指定的银行实施法规。此外，中央银行把外汇管理权下放给阿尔及利亚国民银行、人民信贷银行、对外银行、地方发展银行、农业与乡村发展银行、互助储蓄银行等6家国有商业银行，并允许在阿尔及利亚设立分行的美国花旗银行、法国兴业银行等少数外国银行或私人银行进行外汇业务操作。只有中央银行及其授权外汇银行才可进行第纳尔与其他外汇之间的兑换。除此之外，其他在阿尔及利亚境内的任何外汇交易都属非法行为。公司利润汇出需缴纳15%的红利税。

在阿尔及利亚境内的阿尔及利亚籍或外籍公民，无论法人或是自然人，均可用外币开设外汇结算账户。外国人开设的外汇账户可以接收来自国外的汇款，也可以接收来自阿尔及利亚不同银行外币账户的转款，甚至是等额的第纳尔，但在存储或支出时必须按向国外转汇的条件办理。对以个人名称开设的外币账户，只有在贷方有余额的情形下，才允许操作，不允许出现借方余额。在账户余额内，持有人可以取款或往国外转款。

1. 非贸易外汇的收支

阿尔及利亚政府对以银行现钞、硬币（除金币外）、支票、信用证等形式输入的非贸易外汇没有任何数量限制，但上述物品入境时须向海关申报。对于赠款、担保、抵押等非贸易外汇收入须及时汇回国内并办理结汇。非居民旅游者入境时不允许携带任何数额的第纳尔现钞。对进入阿尔及利亚的外国游客随身携带的外汇现钞、硬币、信用卡、商业票据或旅行支票等无金额或数量限制，但须向海关申报。游客离开阿尔及利亚时，可携带已申报的上述货币和证券出关。在阿尔及利亚进行购物、食宿、旅游、培训、医疗等各种活动时，所消费的外汇须提供阿尔及利亚授权外汇银行出具的换汇证明。非居民在出境时购买飞机票和船票，必须使用入境时带入的外汇付款。

2. 贸易领域的外汇管理

自 2009 年 3 月起，已经注册的从事进出口贸易的外国企业，须向阿尔及利亚自然人或法人出让 30% 股份，之后再成立的此类公司须由阿尔及利亚股东控股 51%。在履行阿尔及利亚有关法律程序并进行商业注册和税务登记后，可进行货物的进出口、批发和零售等业务。在阿尔及利亚从事贸易活动的外籍公民须使用自带外汇进行公司注册及商品进口，在进入阿尔及利亚时须向海关申报其所带外汇金额，在商业经营期间购置商品或劳务等消费的外汇须提供阿尔及利亚授权的外汇银行出具的换汇证明，向阿尔及利亚海关申报的外汇资金可自由带出阿尔及利亚。阿尔及利亚法律规定，外籍公民只有在阿尔及利亚从事 5 年及以上商业经营活动时，才可将其商业利润汇出阿尔及利亚，违反者现金将被没收。从 2009 年 1 月起，对于未持有新的纳税身份识别卡的进口商，海关和银行将拒绝清关和支付。从 2009 年 3 月起，所有进口商只有在向银行出具进口商品质量检验证明后，方可办理外汇汇出业务。该证明应由企业外的各行业相关权威部门出具。

3. **投资领域的外汇管理**

无论是阿尔及利亚籍或外国国籍，无论是法人或自然人，在国外从事主体生产经营活动两年以下的人员被视为非居民，非居民的资金或收益被允许汇入或汇出阿尔及利亚；在阿尔及利亚境内从事主体生产经营活动两年以上的人员被视为居民，在法律方面享受与阿尔及利亚公民同等待遇。阿尔及利亚投资法规定，在阿尔及利亚从事生产经营的外国投资者，其投资建设或生产用的外汇资金和实物等，须向阿中央银行或授权的金融机构申报，法律保证在阿尔及利亚的投资资金、投资收入、利润、清算或转让中产生的实际净收入等在申报后可汇出境外。2009 年新政策规定所有外国投资项目或合作投资项目中，阿尔及利亚公司或股东必须控股（占股 51% 以上），外商投资项目在项目整个运营期间必须有利于阿尔及利亚收汇。阿尔及利亚《2020 年财政法》规定，2020 年起将取消非战略领域对外国投资"51/49"的股比限制，政府将在《2020 年财政法补充法》中对战略领域进行定义。

然而，阿尔及利亚有关法律对于可汇出的资金范围规定缺乏透明度。从境外汇入的投资资金部分没有异议，但对于投资的收入、利润、清算或转让中产生的实际净收入，央行的审核时间往往较长。另外，对于合资企业，还需计算外国投资者的相关参股比例。

点评：

> 按照阿央行规定，投资企业汇出盈利必须满足"在整个项目期间有利于阿尔及利亚收汇"。在阿投资企业须缴纳完利润税、股息税、增值税、营业税、职业行为税、地产税、印花税、备案税等所有应税项目，并获得完税证明文件后方可从税务机构获得转汇许可。另外，阿财税系统不承认外国企业的某些成本（外籍员

工的国内成本、临时进口设备投入等），造成企业项目利润额虚高，税收负担重。

工程承包企业因不属于投资企业，其获得的当地货币第纳尔收入不允许长期存放当地银行，也无法转为美元汇出，导致许多企业积压大量当地货币无法消化。

五、第五阶段：投产运营

项目投产运营后，为保证业主的投资尽快产生效益，承包商应在竣工验收完成后及时撤场，恢复占用业主的场地，同时应认真进行工程的回访和保修，继续积极配合业主方工作，确保工程竣工后的使用正常运转。按照与业主的合同约定，除留下必要的维修人员、机具和材料外，其余一律退场。

在阿尔及利亚境内的施工，人员、机具等撤场后再次入场程序繁琐，原则上在保修期内需留置必需的维修人员、机具和材料等，保证保修工作及时有效地组织和开展，同时为了更好地服务于业主，充分体现承包商对业主负责的精神，应制定合理有效的回访及保修制度，做实、做细项目的后续服务工作。

（一）保修、回访、后续服务

1. 保修

通常自获得业主方的临时验收证书 PAC 后，进入为期一年的保修期。保修期内，承包商将安排专业技术人员对业主的生产及运维进行技术指导，确保业主生产及保证设备良好的运行状态，减少设备损坏情况的发生。

在保修期间，工程建设方应根据合同约定，凡总包施工范围内的所有工程，因总包责任造成其使用功能不能正常发挥或产生质量问题，均应认真负责的履行保修义务，以优质的服务维护业主的利益。

成立工程保修小组，由工作认真、经验丰富、技术好、能力强的原项目经理部的管理人员和作业人员组成。

建立工程保修管理制度，对保修人员起到严格的约束和管理作用，保障保修工作的正常开展。

指定熟悉本工程的技术、施工管理人员作为保修负责人，专门负责本工程的保修工作，并与建设单位建立可靠联系。

在接到建设单位保修通知后，保修负责人立即前往现场检查，应对缺陷问题及时确认，会同建设单位共同做出鉴定，提出维修措施，并尽快组织人员、机具进行整改维修。

在保修过程中，根据建设单位的生产安排组织维修工作，保修人员应听从业主相关人员的指挥和调度，做到服务周到，保证工程维修的质量及效果。对业主的合理要求应尽量满足，及时为业主排忧解难。

各维修作业应建立档案，保留维修记录，总结问题，为后续工程项目的开展积累经验。

工程保修记录，应包括工程名称、施工单位、保修单位、保修负责人、返修起止时间、返修措施、返修结果、监察人等项。保修人员据实填写保修情况，以及在保修中花费的时间、购买的材料、保修的效果等内容。

2. 回访

工程回访是为了能够及时排除用户在使用中的各种质量问题，更好地为用户服务；同时可以及时收集各种质量情报，分析原因，以制定措施，总结教训，避免类似情况再度发生。施工单位通过回访检测客户对工程质量的满意程度,评定质量管理的业绩和管理体系的有效性,识别可改进的机会,对提高服务质量、提升企业管理有着积极的帮助作用和指导意义。

工程项目移交业主后,承包商应定期回访,编制回访计划,制定回访工程的时间及负责人。

在回访中,对业主提出的任何设计问题、设备缺陷、质量隐患和意见,回访人员应虚心听取,认真对待,同时做好回访记录,认真分析原因,制定纠正对策,为业主提出合理的解决方案。吸取经验教训,避免类似问题在后续工程项目中再次发生。

表 5-8 回访记录表

工程名称			
建设单位			
施工单位			
工程地址		工程规模	
开工时间		竣工时间	
回访方式		回访时间	
回访情况及问题:			
回访人:		年 月 日	
业主意见:			
负责人或盖章:		年 月 日	

由于地处阿尔及利亚,工程项目完成交付后,多数承包商需要撤

回国内，回访方式多采用电话、邮件等途径开展。在阿境内有后续工程项目或设立有分公司的工程建设企业，建议委派回访人员亲临工程项目实地回访，如实填写回访记录。

表 5-9　回访方式及做法

序号	回访方式	回访做法
1	季节性回访	在雨季、大风季节回访屋面、墙面、地下建筑物的防水情况，发现问题采取有效措施，及时加以解决。
2	技术性回访	了解在工程施工过程中采用的新材料、新技术、新工艺、新设备等的技术性能和使用后的效果，发现问题及时加以补救和解决；既便于总结经验，也可收集科学依据，不断改进和完善，为进一步推广创造条件。
3	节日回访	指定节日回访计划，保修负责人按照计划要求对负责的项目进行回访，向业主进行节日慰问，并进行用户意见调查。
4	特殊回访	特殊情况的回访至建设单位的来人、来函、电子邮件或电话反映的急需解决处理的问题，须在规定时间进行回访，并在规定时间内处理完成。
5	保修期满前回访	在保修即将届满前进行回访，既可以解决出现的问题，又标志着保修期即将结束，使建设单位注意对工程项目的维护和使用。

除了填制回访记录和回访方式的表格，还需要注意记录回访措施。详见表 5-10。

表5-10 回访措施

序号	措　　施
1	针对工程应用情况和有关的反馈信息，向建设单位、监理单位征询意见，对"新技术、新工艺、新材料、新设备"应用的工期效果、质量效益有哪些影响。
2	根据气候特点进行季节性回访，主要解决以下问题：特殊气候如风、雨对工程质量的影响及各单位的意见和建议，业主方的要求。
3	针对工程建设特点，对于易发难治的质量通病，在施工过程中跟进回访，收集信息，及时制定有针对型的措施应用于过程实践中。
4	组织设计、技术、质量、生产等有关方面的人员进行回访，回访时由建设单位组织座谈或意见听取会，并察看建筑物和设备运转情况等，回访必须认真，必须解决问题，及时做出回访记录，必要时应写回访纪要。

3. 后续服务

在阿尔及利亚境内，工程项目投产运营后，很多项目运营生产性持续降低，达不到业主方的预期效果，究其原因主要是业主方运营维护能力较国内水平较低、人才储备不足、维护保养不到位、备品备件存储不足所致，因此总包方的后续服务显得尤为重要。

项目移交业主后，在调试期及保修期内应加强业主管理和操作人员的培训管理，让其尽快领会并掌握相应的技术、技能，熟练操作设备，规范地进行生产运营，过程中加强设备的维护保养，加强备品备件的储备。

良好的后期服务既可以完成工程项目的完美移交，又可以进一步赢得业主的满意，同时还可以开拓业主生产运营、备品备件的市场需要，甚至延伸开拓新的工程项目，实现多赢。

(二)项目后评价

项目后评价是指对已完成的项目执行过程、效益、作用和影响进行系统的、客观的分析和总结。

1. 项目后评价的主要收集整理任务

(1)项目全过程的回顾和总结。

从项目的前期准备到竣工验收,全面系统地总结各个阶段的实施过程、查找问题,分析原因。

(2)项目效果和效益的分析评价。

对项目的工程技术效果、财务效益、经济效益、环境影响、社会影响等进行分析评价,对照项目可研评估的结论和主要指标,找出变化和差别。

(3)项目目标和持续性的评价。

对项目目标的实现程度及其适应性、项目的持续发展能力及问题、项目的成功度进行分析评价,得出项目后评价结论。

(4)总结经验教训,提出对策建议。

以上分析详见图5-1。

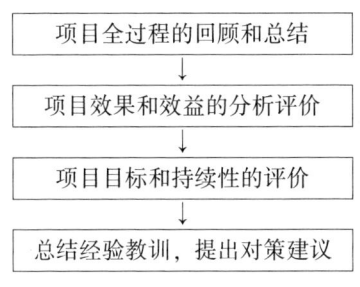

图5-1 项目后评价步骤

2. 项目后评价的范围和内容

全过程各阶段的回顾和总结，即从项目的决策、准备、实施到运营，全面系统地对各个阶段进行总结的过程，发现合规问题，分析原因。详见图5-2。

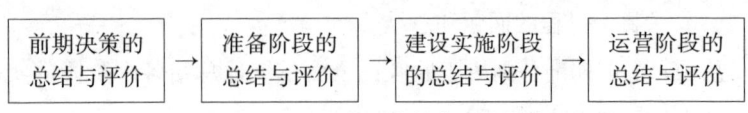

图5-2　项目后评价的范围与内容

前期决策的总结与评价包括可行性研究的总结评价、项目评估的总结评价、项目决策的评价。

准备阶段的总结与评价包括勘察单位、投融资方案、采购工作、开工准备等评价。

建设实施阶段总结与评价包括合同执行的分析评价、工程实施与管理评价、项目资金使用的分析与评价、项目竣工评价。

运营阶段的总结评价包括项目运营状况的小结、项目效益监测。

3. 项目后评价的基本指标

（1）项目技术效果评价；

（2）财务和经济效益评价；

（3）环境影响评价；

（4）项目社会影响评价；

（5）项目的管理效果评价（项目工期、质量及安全管理、合同履约情况、过程中存在的重大问题、业主满意度）。

4. 项目成功度评价

（1）完成成功；

（2）基本成功；

(3）部分成功；

(4）不成功。

5. 评价方法

主要有前后对比法、有无对比法、成功度评价法等。

6. 项目后评价作用

项目后评价对提高建设项目决策科学水平，改进项目管理和提高投资效益等方面发挥着极其重要的作用，为后期项目积累宝贵经验，主要表现在以下几个方面：

(1）总结项目管理的经验教训，提高项目管理水平；

(2）提高项目决策科学化水平；

(3）对企业经营管理进行诊断，促使项目运营状态的正常化，提高项目的经济效益和社会效益。

六、在阿尔及利亚开展工程的其他注意事项

（一）处理好与政府和议会的关系

中国企业在阿尔及利亚投资经营不仅要与阿尔及利亚中央政府主管部门和地方政府建立良好的关系，而且要积极发展与议会的关系。要关心阿尔及利亚政府的换届和议会选举，关心当地政府的最新经济政策走向。了解中央政府部门和地方政府的相关职责和权限范围，了解议会各专业委员会的职责和他们关注的焦点、热点问题。

（二）妥善处理与工会的关系

阿尔及利亚大型工会组织力量不强，但工会组织较多。阿尔及利亚劳动法规定，在同一公司工作的 3 人以上即可成立工会，如果工会

对雇主不满可向当地劳动监察局反映,由劳动监察局对企业展开调查,所以处理好与当地劳工组织关系的关键是遵守阿尔及利亚劳动法。

(三) 密切与当地居民的关系

对于近年中国人的大量涌入,阿尔及利亚人持两种看法:大部分人认为中国人勤劳,工作效率高,为阿尔及利亚的经济社会发展作出了贡献。但也有一部分人认为中国人抢占了他们的就业机会,存在一些不满情绪。近年来针对中国人的攻击行为时有发生,如偷窃工地材料、抢劫中国人钱物手机等。因此中国企业应更多雇用当地员工,加强当地员工培训,多做回报当地社会的工作,进一步密切与当地居民的关系,赢得他们的信任。

2020年新冠肺炎疫情暴发初期,阿尔及利亚国内少数普通民众存在对中国人的偏见和歧视行为,表现在故意与中国人保持较远距离,对中国人大喊"Corona"等歧视性语言。但随着中国对阿尔及利亚多批抗疫援助物资和官方医疗专家组的抵达,社会上的偏见和歧视逐渐消失。

[**案例5-5**]

  中资企业在当地或通过阿尔及利亚驻华使馆向阿尔及利亚捐赠了医疗器械、防护物资等急需的抗疫物资:中铁建捐赠100台呼吸机,中建在向阿尔及利亚捐赠口罩、防护服、检测试剂的同时,还派出了自己的医疗队,服务集团在阿尔及利亚8000多名中国和属地员工。

(四) 尊重当地风俗习惯

中国人在阿尔及利亚工作和生活要尊重当地的文化,尊重穆斯林习惯,不要在斋月期间在穆斯林面前大吃大喝等,以免引起当地居民的不满。中国人应注意了解伊斯兰文化,切勿拿宗教话题开玩笑。

(五) 承担必要的社会责任

加大对当地管理人员、技术人员和普通技工的培训力度。加强技术转让,多聘用当地员工,帮助当地解决就业。增加对阿投资,尤其是参股形式的投资合作,帮助阿尔及利亚落后企业恢复生产。

长期以来,在阿尔及利亚的中资企业积极参与阿政府为改善民生、促进当地经济发展而进行的重大建设项目。在阿中资企业还在力所能及的范围内为当地民众做好事实事,提高当地员工就业技能和水平,通过"属地化"政策,使企业融入当地社会。

[案例 5-6]

中国建筑股份有限公司(中建)阿尔及利亚分公司自 1982 年进入阿尔及利亚市场以来,已完成了一大批重点项目和民生工程。公司招募、培训和使用阿尔及利亚员工,积极承担促进当地就业、提高当地员工技能水平的责任。

目前,中建公司直接雇用的阿尔及利亚员工达 5000 余人。此外,中建还与阿尔及利亚近 300 家中小企业保持长期合作关系,直接或间接提供的当地就业岗位 1.5 万余个。

(六) 懂得与媒体打交道

阿尔及利亚主流媒体对华友好,中国企业应学会主动与当地主流媒体沟通,定期向媒体发布相关信息。企业在重大并购、涉及社会敏感问题时,特别是遭遇不公正的舆论压力时,应注重宣传引导,做好预案,通过媒体与大众交流。引导媒体进行对本企业有利的宣传。

中资企业可定期向媒体开放,欢迎媒体到企业参观采访,了解企业的真实发展情况,对中国企业进行宣传和监督。对于媒体的负面不实报道，应及时与之沟通，提供证据正名，或请求中国使馆协助要求媒体澄清。

（七）学会与执法人员打交道

中国公民应友善对待当地执法人员，积极配合执法人员的调查，如实说明情况。遇到不公正待遇时，应通过所在企业或中国使馆相关部门与阿方交涉，并通过法律途径维护自身合法权益。

（八）传播中国传统文化

中国传统文化是世界优秀文化中的瑰宝，随着中国企业"走出去"逐步走进阿尔及利亚。不少阿尔及利亚民众和企业对中国文化更加了解，并抱有浓厚兴趣。中国企业在阿尔及利亚投资时宜将中国文化同"入乡随俗"有机结合起来，在投资合作、融入社区的过程中，主动介绍中阿文化差异，以便阿方更好地了解中国企业的投资理念和目的。还可结合中国传统佳节，以合适的方式与当地员工甚至社区共同庆祝，增进彼此了解和感情，营造有利于中国企业发展的外部环境。

（九）遇到困难寻求帮助的途径

1. 寻求法律保护

在阿尔及利亚，企业不仅要依法注册、依法经营，必要时还要通过法律手段解决纠纷，捍卫自身权益。

由于法律体系和语言差异，中国企业应该聘请当地律师处理企业的法律事务，一旦涉及经济纠纷，可以借助律师的力量寻求法律途径解决，保护自身利益。

中国企业和公民在遇到困难时可以求助当地警察和法院。

2. 取得当地政府帮助

到阿尔及利亚投资或承揽工程项目的企业可以咨询阿相关政府部

委、协会、商会，以及项目所在地政府部门。

阿尔及利亚投资主管部门主要有：国家投资管理委员会、工业和投资促进部、国家投资发展局等。

3. 取得中国驻当地使（领）馆保护

中国企业在进入阿尔及利亚市场前，应征求中国驻阿尔及利亚大使馆经商处意见；投资注册之后，按规定到经商处报到备案；日常情况下，保持与经商处的联络。遇有重大问题和事件发生，应及时向使馆报告。

中国驻阿尔及利亚使馆领事处

电话：00213-23469025

网址：http：//dz.china-embassy.org/chn/

邮箱：consulate_dza@mfa.gov.cn

中国驻阿尔及利亚使馆经商处

电话：00213-23054673、23054650

网址：dz.mofcom.gov.cn

邮箱：dz@mofcom.gov.cn

4. 与保险、银行等金融机构合作，规避信用风险

中国企业在开展对外投资合作过程中，可以使用中国出口信用保险公司提供的包括政治风险、商业风险在内的信用风险保障产品。中国出口信用保险支持企业对外投资合作的保险产品包括短期出口信用保险、中长期出口信用保险、海外投资保险和融资担保等，可以对因投资所在国（地区）发生的国有化征收、汇兑限制、战争及政治暴乱、违约等政治风险造成的经济损失提供风险保障。

5. 建立并启动应急预案

在阿尔及利亚，中资企业和相关人员应充分做好各种突发情况应急预案，尤其是应对恐怖袭击、交通事故、施工事故、劳资纠纷等预案。出现重大问题应在第一时间报告中国驻阿尔及利亚大使馆和经商处，并迅速启动应急预案。

阿尔及利亚紧急联系电话：

报警：17、消防：14、急救中心：115、查询电话台：19。

以上号码用座机和手机皆可直接拨打。

6. 其他应对措施

企业遇到问题还可求助在阿中资企业协会。

遇有紧急突发事件要以人为本，拨打医疗救护、报警或火警电话，尽量避免人身伤亡。

Chapter 6
第六章

阿尔及利亚投资
风险和机会分析

一、阿尔及利亚整体营商环境

1. 总体情况

阿尔及利亚总体营商环境不容乐观。世界银行《2020年营商环境报告》显示,阿尔及利亚在全球190个经济体中,排第157位,与上一年度持平。

2005年至今,阿尔及利亚经济自由度一直呈倒退势态。美国传统基金会和《华尔街日报》发布的2019经济自由度指数,对全球180个经济体的经济自由度进行排名,阿尔及利亚排名第170位。

在加拿大、德国和阿曼的国际研究机构联合发布的《阿拉伯世界经济自由度报告》中,阿尔及利亚在20个阿拉伯国家中排名最末。

世界经济论坛《2019年全球竞争力报告》显示,阿尔及利亚在全球最具竞争力的141个国家和地区中,排第89位。

2. 宏观经济环境

阿尔及利亚宏观经济环境详见表6–1。

表6–1 宏观经济环境

宏观经济						
指标	2014年	2015年	2016年	2017年	2018年	2019年
人均GDP(美元)	5493.0	4177.9	3946.4	4044.3	4114.7	3948.3
名义GDP(亿美元)	2138.1	1659.8	1600.3	1673.9	1737.6	1699.8
实际GDP增速(%)	3.8	3.7	3.2	1.3	1.4	0.8
通货膨胀率(%)	2.9	4.8	6.4	5.6	4.3	2.0

续 表

	财政收支					
财政收入 (占GDP比重,%)	33.2	30.6	29.4	30.7	32.5	—
财政支出 (占GDP比重,%)	40.6	45.8	41.9	40.4	40.7	—
财政余额 (占GDP比重,%)	−7.4	−15.3	−12.6	−9.7	−8.2	—
	国际收支					
商品出口(亿美元)	600.6	346.7	300.3	351.9	418.0	358.2
商品进口(亿美元)	585.8	517.0	470.9	460.6	463.3	419.3
经常账户余额(亿美元)	−92.8	−272.8	−262.2	−229.9	−190.7	—
经常账户余额 (占GDP比重,%)	−4.3	−16.4	−16.5	−13.6	−10.6	—
国际储备(亿美元)	1796.2	1446.8	1143.9	976.1	802.3	633.0
进口用汇(月)	30.2	27.3	22.9	19.1	17.4	—
	外债情况					
外债总额(亿美元)	55.2	46.7	54.6	57.1	57.1	54.9
长期外债(亿美元)	18.1	11.9	18.7	19.0	17.2	15.7
短期外债(亿美元)	19.7	18.2	19.9	21.0	23.2	22.6
外债存量 (占GNI比重,%)	2.6	2.9	3.4	3.5	3.4	3.3
偿债率(%)	0.4	1.7	0.9	1.4	1.5	—

续 表

	汇率波动					
年均汇率（本币/美元）	80.6	100.7	109.4	111.0	116.6	119.4
年末汇率（本币/美元）	87.5	106.9	110.2	114.9	118.3	118.8
实际有效汇率指数（2010=100）	102.9	96.5	95.5	97.8	93.3	95.3
	双边经贸					
双边贸易总额（亿美元）	87.1	83.7	79.8	72.3	91.1	80.8
中国出口（亿美元）	74.0	76.0	76.5	67.8	79.3	69.4
中国进口（亿美元）	13.1	7.7	3.3	4.5	11.8	11.4

数据来源：世界银行数据库、中国海关总署。

阿尔及利亚经济规模在非洲位居前列。石油与天然气产业是阿尔及利亚国民经济的支柱，多年来其产值一直占阿尔及利亚GDP的30%左右，税收占国家财政收入的60%左右，出口占国家出口总额的95%以上。粮食与日用品主要依赖进口。

2009年金融危机后，阿尔及利亚加强对金融机构的监督和引导，加大对油气领域投资，加快实施能源多元化战略，积极开发核能、太阳能等新能源。2014年以前，国际油价长期走高，阿尔及利亚油气收入大增，经济稳步增长。政府一方面继续实施财政扩张政策，加快大型基础设施建设，推动国有企业和金融体系改革，加大对中小企业的扶持；一方面扩大经济开放，出台"新碳化氢法"鼓励外企参与阿油气开发，加强与欧美的经贸合作。2014年油价下跌后，阿尔及利亚政府优先支持国家发展急需的重要项目和已启动的项目，其他项目被迫搁置或取消。2020年，受新冠肺炎疫情和国际油价"跳水"的双重影响,阿尔及利亚经济发展面临的外部环境更加艰难。

3. 投资环境

阿尔及利亚投资环境的有利方面包括:

(1) 政策支持:修订投资法,给予投资项目不同等级的税收优惠,对于国家投资委员会批准的重要项目优惠年限可达10年,同时制定投资用地政策,鼓励投资者常年租用。2016年8月,为实现经济多元化,吸引投资,阿出台新投资促进法,重新制定各项投资优惠政策,简化办事程序,将投资促进的各项措施进行整合。新的投资优惠政策被分为三类:普遍优惠政策;对工业、农业、旅游业等特定行业提供的额外优惠政策;对国家经济有重要意义的项目提供的特别优惠政策。阿尔及利亚《2020年财政法》规定,2020年起在非战略领域取消有关对外国投资"51/49"的股比限制。阿尔及利亚《2020年财政法补充法》将具体定义战略领域的适用范围。

点评:

> 阿尔及利亚政府就投资项目的总体税收优惠制订该政策,投资者须在停止享受优惠政策起4年内,将公司享受减免公司利润税和职业活动税所获得利润的30%用于再投资。如公司拒绝再投资,将无法再享受税收优惠,还将受到其他的税收制裁。此外,利润汇出须征收15%利润汇出税等。

(2) 市场化改革:推行国有企业私有化,改革银行金融体系使其与国际接轨,在能源、电信、工业等重要行业引入竞争机制等。

(3) 促进对外开放:与欧盟签署联系国协议,双方谈判逐渐建立自贸区,加入非洲大陆自由贸易区,积极入世等。

同时,存在一些不利因素:

(1) 油价下跌带来冲击。石油收入骤减导致国家财政出现赤字,为减少开支,政府对公共领域投资有所减少,限制进口,大部分项目被搁置甚至取消。阿尔及利亚私人领域发展仍较落后,无法带动经济增长。同时,油价下跌使得就业、住房、教育等民生问题更加突出,社会矛盾不断加深。

(2)经济模式亟须转型。阿尔及利亚经济缺乏长远规划,经济结构较为单一,主要依靠石油收入,农业、工业、服务业均不发达,国家无法实现自给自足,长期依赖进口。

点评:

截至2017年底,在我国商务部登记备案的在阿尔及利亚中资企业近100家,主要为从事公路、铁路、房建、水利、电信、石油等领域的承包工程企业和部分投资型企业。

据阿商业注册中心提供的数字,在阿经营的中国公司总计800余家,个体建筑公司、零售商店、进出口公司等小型企业超过400家。

工程承包领域,累计在阿签订工程承包合同总额近770亿美元,业务涵盖房建、水利、石油化工、铁路、公路、电信、地质等领域。目前在建项目200余个,分布在阿48个省中的45个省,多数集中在沿海和中部高原地带。

中资企业在阿总资产超过150亿元人民币。投资型企业登记备案的不足10家,项目主要集中在油气领域,少数私人投资涉及软木、铝合金、家具制造、电子产品制造、床上用品生产等。

二、阿尔及利亚投资风险分析

阿尔及利亚政治局势较为稳定;宏观经济增速有所放缓,受国际能源价格的直接影响较大,但未来存在逐步复苏向好的可能性;经常账户和财政收支双赤字,投资环境有所改善但短期内成效并不明显。

根据2018年国家风险评级和主权信用风险评级,阿尔及利亚国家风险评级为6级,国家风险水平中等偏高,未来风险展望为稳定;主权信用风险评级为BBB级,主权信用风险水平中等偏低,未来风险展望为稳定。

随着中国"一带一路"与阿尔及利亚合作的深入,对阿尔及利亚相关风险的分析对今后中阿经济往来尤为重要。以下从政治风险、宏观经济风险、法律与监管风险、经营性风险、安全风险、自然风险等方面对阿尔及利亚投资风险进行分析。

(一) 政治风险

政治风险主要指项目所在国政局动荡、战争、汇兑限制和政府违约。对于该类风险一般的防范措施为:特许权协议必须得到东道国政府的正式批准,并对项目付款义务提供担保。向国家出口信用保险公司投保政治保险。

1. 政治稳定性风险

阿尔及利亚政治局势总体较为稳定。2019年大选期间,前总统布特弗利卡意欲谋求第五任期,引发了大规模的游行示威活动,最终布特弗利卡于4月2日宣布辞职。新任总统由前总理阿卜杜勒·马吉德·特本当选。

2020年10月27日,特本因新冠肺炎住进阿尔及尔一家部队医院,并于28日在医生的建议下转至德国一家医院接受治疗,及至12月29日,结束治疗返回阿国首都阿尔及尔。

阿新政府与中国持续保持良好的合作关系,2020年12月28日,阿尔及利亚总理阿卜杜拉齐兹·杰拉德与李克强总理就阿尔及利亚-中国双边关系的现状与前景进行了电话交谈。这是两位总理继 3 月 31 日通话后的第二次电话交谈，双方在全面战略伙伴关系的框架内讨论了中国与阿尔及利亚的双边关系，双方在交谈中对两国的双边合作水平表示满意并表示愿意继续加强双边合作，此外还讨论了两国协调共同抗击新冠疫情方面的问题。双方承诺将继续进行双边磋商，以执行在两国全面战略伙伴关系框架内商定的合作项目和方案。

点评：

中资企业在阿进行投资需要高度关注阿尔及利亚的局势，掌握第一手资料，并及时向企业内部提供书面报告，以便及时做出决策。同时保持和中国驻阿大使馆的联系，出现突发事件第一时间向使领馆报告，通过外交途径寻求帮助。

2. 政策变动风险

政策变动风险指的是东道国相关政策立法的变更调整给跨国公司带来难以规避的风险，通常体现在两个方面：一方面是由于东道国目标与跨国企业目标差异；另一方面是由于东道国政权不稳定，政权更替时可能出现政策的剧烈变化。

东道国目标与跨国企业目标存在差异时，东道国政府将通过政策、法律对外资企业实行歧视性措施，从而给外资企业带来损失，打击跨国企业投资信心。尤其在一些处于经济转型期的发展中国家，其经济政策、投资政策和市场法规有待完善，各项政策仍处于不断调整的过程。外资企业在这样的国家中，经营环境稳定性较低，容易遭受政策变动风险，特别是东道国的政策调整，可能使事先制定好的优惠政策不复存在，之前受欢迎的行业遭受限制，从而给外资企业带来损失。

以油气领域为例，阿尔及利亚油气政策的频繁变动也降低了阿尔及利亚油气领域对外资企业的吸引力,尤其这一类能源型投资,回报周期长,投资具有不可撤回性,政策的变动对其影响极大。

[案例6-1]

2005年时,阿尔及利亚政府颁布了新《石油法》,这部《石油法》给予了外资企业一定的优惠。然后仅过一年,为保护本国经济安全,阿国政府即对该法案进行修正,取消了部分对外资企业的优惠政策,同时强调国家对石油天然气资源的拥有权,在所有的石油天然气项目中必须给予阿尔及利亚国家石油公司51%的控股权,此外该修正案还要求外国石油企业在阿开展经营活动时需缴纳包括权利金、地表税等多种附加税,同时对其征收高额暴利税。尤其暴利税这一条引起众多外国石油企业的抗议,阿纳达科石油公司在2007年第一季度的财报中称,暴利税致使2007年第一季度所缴纳的税收是上年同期的3倍之多。政策的频繁变动降低了阿尔及利亚油气领域对外资企业的吸引力,该修正案颁布后阿尔及利亚国家油气资源管理局组织的数次招标均未取得理想结果,2008—2010年期间的三次油田招标,参与的外资企业甚少,且大量油气区块以流标告终。

另一方面,当新旧政府更迭,新政府上台后其对外资企业的态度有可能发生改变,甚至对旧政府时期签署的合同单方面终止,从而使跨国企业在东道国的项目遭遇巨大损失。

总而言之,外资企业的跨国经营依赖东道国政策的稳定性与连续性,而缺乏连贯性的制度与政策、"转型期"的政治环境,将对跨国企业在阿尔及利亚的经营活动带来极大挑战。

3. 官僚政治风险

官僚政治风险指的是由于东道国法律制度的不完善而导致的政府

官员贪污腐败或不作为，从而造成企业成本上升所带来损失的风险，东道国政府机构的腐败以及效能低下，将损害跨国企业的营商环境。

（1）政府机构办事效率低。

阿尔及利亚政府行政机构臃肿庞大，层次过多，人员庞杂，企业进行商业活动面临的程序较多；另一方面政府办事效率低，致使企业的经营活动常因此受到拖延。

比如在油气领域，油气项目从设计到采购再到施工，均需要受到来自阿尔及利亚国家碳氢化合物管理局、土建工程技术审批局、国家法制计量局、国家质检公司和能矿部危险品监管局等多家政府行政机构的检查和审批，而每一项的审批短则数十天长则数百天，严重拖延了项目进度。

再以水泥申请为例，水泥作为阿尔及利亚战略性资源，从申请到审批再到取得水泥提货单这一过程长达数月。申请水泥前需由设计院计算水泥用量，再交由监理方审核，监理审核通过后需要交至业主处审批，而这一审批工作通常需要花费2个月以上，审批通过后审批单需要交给水泥厂，并等待取货通知，这期间需要花费一个半月以上的等待时间，接到水泥厂通知后需提交支票，方可拿到水泥厂提货单，之后才可联系运输商安排取水泥。阿尔及利亚目前国内水泥缺口较大，国内的水泥生产难以满足国内大规模基础设施建设，作为一个典型的卖方市场，申请水泥的过程中常遇到水泥厂工作人员拖延时间的情况，为取得提货单常常需往返水泥厂数次才能办妥，严重影响项目的进度。

（2）腐败程度较高。

根据透明国际2019年清廉指数，阿尔及利亚在180个国家（地区）中排名106位，得分35分，位于全球中下游，腐败现象较为严重。面对国内官员较为严重的腐败现象，阿国政府积极开展打击腐败行动，但成效不大。当地较为严重的腐败现象造成外资企业在财产和人力上的巨大浪费，长此以往也将导致政府公信力降低。

[案例6-2]

2003年，中国两家大型电信设备商同阿尔及利亚电信公司在电信、网络上的合作被爆出存在可疑交易，被处罚两年内禁止参与阿尔及利亚电信行业竞标。

[案例6-3]

2006年，两家大型中资企业组成的联合体中标阿尔及利亚一大型公共项目，这一项目也是当时中国在海外承建的合同金额最大的项目，引起国内外的广泛关注。然而几年后这一项目被爆出存在严重贿赂，涉案的中资企业也受到严肃处理，被列入阿尔及利亚公共合同项目黑名单，损失惨重，至今都难以在当地承接到新的大型项目。

2010年突尼斯发生革命之后，阿尔及利亚政府吸取教训，出台了数项旨在打击腐败的法律法规，并在法律框架内建立了专门反腐机构，同时要求企业在参与公共合同的竞标时，提供"廉洁声明"。

根据《阿尔及利亚公共合同法》第6条规定："任何人为他自己或别人的利益，在准备、商谈、签订或执行合同和补充合同时向公务人员直接或间接行贿，不管是什么性质的行贿方式，将作为足以取消相关合同或补充合同的理由。这种行为还可作为采取其他惩罚措施的理由，最重处置可以将其列入黑名单，禁止其参与合同和解除合同。除此之外，还可对这种行为追究刑事责任。"

可以说阿国政府已经将反腐工作上升为政府工作中的重中之重，然而目前这一反腐工作的成效仍较小，当地严重的腐败问题给当地外资企业造成极大困扰，也造成严重的人力财力浪费。

[案例6-4]

2020年12月24日,阿尔及利亚邮电部前部长胡妲·法拉翁与前工业部长贾米拉·塔马泽特,在首都西迪穆罕默德法院出庭接受与腐败案件相关的调查。法拉翁被指控2014年涉嫌向与科尼纳夫兄弟有关联的一家私人互联网公司提供非法特许经营权,给国家公共财产造成3000万美元损失。贾米拉·塔玛泽特在管理首都利雅得旅游中心期间受到腐败指控,她被指控非法交易获取金钱,并以可疑方式在法国拥有房地产和投资。

12月27日,阿尔及尔司法委员会恢复了对牵涉数起腐败相关案件的科尼纳夫兄弟的审判。司法委员会听取了辩方关于被告的论点,这些论点都跟进了与滥用职权、洗钱和滥用特权有关的指控。阿尔及尔西迪·穆罕默德法院已判处里达·科尼纳夫16年有期徒刑,判处阿卜杜勒·卡德尔和阿卜杜勒·塔雷克15年有期徒刑,判处卡杜尔·本·塔哈尔8年有期徒刑,并对每人处以800万第纳尔罚款,同时没收其国内外财产。

点评:

面对阿尔及利亚国内较为严重的官僚政治风险,中资企业在进入阿尔及利亚市场前需充分了解当地的投资环境、法律与风俗习惯,以确保企业的经营活动合法合规,同时与阿尔及利亚当地政府保持良好的沟通交流。另外外资企业可以与当地有实力的企业进行联营,或者在当地聘请代理人,加强同政府间的联系。为了防止政府机构效能低下延误项目进度,凡事要早作计划安排,在运作过程中留有充足时间。

4. 地缘政治风险

"马格里布联盟"国家中有三国深陷西撒问题,且立场对立,阿尔及利亚支持西撒的自决，而摩洛哥和毛里塔尼亚则对西撒提出了领土要求。由于三个国家的立场不同，且划分为两大阵营，相互对立，直接导致了三国外交关系失和，阻碍了"马格里布联盟"的发展和地区一体化的进程。

"马格里布"国家（摩洛哥、阿尔及利亚、毛里塔尼亚、利比亚、突尼斯）1964年创建区域性机构"马格里布常设协商委员会"，1989年成立"马格里布联盟"，其间花费20年时间才建成联盟，这与西撒问题有很大的关系。

阿尔及利亚和利比亚支持西撒独立，摩洛哥和毛里塔尼亚分别占领西撒。1976年，阿尔及利亚宣布与摩洛哥断交，原因是摩洛哥未经允许强行占领西撒土地，至1988年两国才正式恢复外交关系。阿尔及利亚坚持自身立场：坚定支持西撒人民自决；拒绝承认1975年西班牙与摩洛哥签订的马德里三方条约的有效性；支持波萨阵线为西撒人民的合法代表，并呼吁国际社会予以支持，并表示只有西撒人民真正获得民族权力，才能建成阿拉伯马格里布联盟。

阿尔及利亚在西撒问题上的强硬态度，使得马格里布联盟的建设进程一度放缓。1988年，阿尔及利亚与摩洛哥恢复外交关系，地区一体化进程前进一大步，1989年，"马格里布联盟"成立。

20世纪90年代起，联合国安理会积极介入西撒问题，客观上使摩洛哥处于被动地位。1995年，摩洛哥方面表示，阿尔及利亚过度干预西撒内政，违背了国际法，并表示将会中断"马格里布联盟"的一切活动。此后，布特弗利卡总统于2005年致贺电祝贺波萨阵线成立32周年，再度引发摩洛哥的不满，同年的"马盟"首脑会议仍未能顺利举行。由此可见，西撒问题是阻碍两国关系发展乃至马格里布一体化建设的关键问题。

自西撒问题爆发以来，阿尔及利亚对西撒问题的立场一直未有明显变化，这使得其与邻国的外交关系时起时伏，无法获得稳定的周边环境，不利于国内政治的稳定；其次对于西撒问题，阿尔及利亚也未能拿出切实有效的方案推动其解决，反而在支持波萨阵线上花费了巨大的人力、物力和财力，这也引发了国内民众的不满，从而影响政权稳定。

(二) 宏观经济风险

宏观经济风险主要指所在国的经济发展形势、利率、汇率、外汇兑换率、外汇可兑换性等。该类风险一般的防范措施为：就目前国际金融状况而言，项目融资全部以美元贷款，通过远期外汇买卖、外汇买卖掉期、货币期权等金融工具进行汇率风险的规避。

1. 经济发展形势风险

阿尔及利亚属于资源输出型国家，石油和天然气行业是阿尔及利亚的支柱产业，能源行业对啊经济发展影响重大。

2008 年，全球金融危机爆发，因欧洲经济严重受损，阿尔及利亚经济严重依赖欧盟，也受波及。

欧佩克会议决议全球原油减产，阿尔及利亚石油及相关产业、外汇、财政预算收入以及投资与贸易政策受到一定影响。危机发生以后，阿尔及利亚政府加强进口监管，保护民族产业，恢复经济。此外，政府还为鼓励投资多次修订《投资法》，给予投资者优惠政策。这些措施使得阿整体经济风险有所缓解。

2012 年因欧债危机，阿尔及利亚经济再受影响，2015 年则因全球石油供需关系失衡，美国能源政策变化等导致油价下跌，阿尔及利亚经济动荡，影响再次加剧。

阿尔及利亚国家石油公司已于 2016 年底宣布 2015—2021 年六年投资计划，按照此计划，总投资规模达 630 亿美元，主要用于石油的勘探和开发等。如果此项投资计划能够持续实施，预计阿尔及利亚将可以保证相对稳定的石油产量。

[案例 6-5]

2014 年以来阿尔及利亚公共工程发标量大幅回落，原 2015 年五年规划中计划新建的许多项目受经济形势恶化的影响而暂缓，传统建筑承包市场进一步探底，在建项目也面临着巨大的资金压力。

某中资建筑企业项目经理曾表示，其所承建的特莱姆森住房局（OPGI）一住房项目自 2016 年 3 月后就再未收到工程进度款，项目处于半停工状态。一方面进度款难以跟进，材料设备闲置、人员闲置造成窝工费给企业带来巨大损失；另一方面是业主方以及当地政府对工程进度的催促，使其陷入两难局面。

发标项目减少，已完成项目的未结金额巨大，这一背景下不少中资承包商开始大面积裁员，诸多中小型建筑企业也开始撤离阿尔及利亚市场。

2017 年以来，全球经济复苏，石油价格回升，贸易环境改善，阿尔及利亚努力发展产业多样化初见成效，阿总体经济趋势向好。此外中国"一带一路"与其发展战略相对接，也是阿尔及利亚经济向好的信号。

但美联储进一步加息和美元升值，全球石油价格持续走低、欧洲市场需求持续疲软，以及由此带来国内公共投资和私人消费下降，阿尔及利亚经济增速有所下滑。

从经济结构上看，投资和消费是拉动阿尔及利亚经济发展的主要动力。从中长期来看，阿尔及利亚经济存有一些积极因素。一是政府将继续推进产业结构多样化进程，拉动私人消费需求，制药业、汽车业、钢铁业、水产业等行业的发展可能会提速；二是政府对石油和天然气行业及其相关产业的投资不会停止，如果国际能源价格持续企稳回升，阿尔及利亚经济复苏前景有望向好；三是居民住宅建设和公路网建设将继续实施，政府财政在这些方面将重点支出，基础设施建设对国民经济仍具有重要的拉动作用。

[案例6-6]

为配合阿尔及利亚2009年总统大选、解决首都阿尔及尔无固定住所民众的住房问题，阿尔及利亚政府在2007年底推出了35000套住房项目的紧急计划，由住房部直接管理，选择了全球十多家有实力的承包商参与议标。

浙江省建设投资集团有限公司（以下简称浙建集团）自2003年通过与中建国际合作首次进入阿尔及利亚市场以来，在短短的5年时间中，实现了大规模进入阿尔及利亚市场的"三级跳"：借船出海、承接分包工程；独立投标、转向工程总承包；依靠实力、信誉与政府议标。本次议标，浙建集团凭借良好的实力和信誉获得了其中的10000余套，包括住宅及配套的商业服务设施、学校和室外工程，建筑面积约100万平方米。

2008年4月签署了框架合同，总造价为23366亿第纳尔（约折合3.16亿美元）。合同特点：实行单价合同，价格为每平方米31000第纳尔，可随物价指数变化上浮。工程实行总承包模式，业主是达尔贝达不动产开发管理办公室。

浙建集团对项目实行总分包的模式：浙建集团阿尔及利亚分公司负责全部的设计、采购任务，同时代表总承包商（浙建集团)处理好与外方现场代表的关系。浙建集团海外部、浙江一建、浙江二建、浙江长城等子公司负责施工,部分偏远地区的项目分包给了外部施工单位。

2. 通货膨胀风险

通货膨胀是经济发展过程中很难避免的,大多数国家都有此风险。但是如果通货膨胀的速度超出承包商的可预见范围,而承包商签订的固定总价合同没有调价可能,此时材料、设备价格上涨及当地货币贬值会给承包商造成严重损失。

阿尔及利亚总体通货膨胀水平不高,2014—2016年间,通货膨胀率持续上升,及至2019年,又重新回落至2.0%。鉴于石油和天然气出口收入有可能增多,且商品进口价格在汇率稳定的情况下不会有大幅上升,未来阿尔及利亚通货膨胀水平预计将保持在较低水平,出现恶性通货膨胀的可能性不大。

点评:

石油与天然气产业是阿尔及利亚国民经济的支柱,而其粮食与日用品主要依赖进口,2018年以来,国际原油价格阶段性上涨拉高了阿尔及利亚原油价格,收入增加导致开支增加,进而形成消费带动的物价上升,CPI从5月的3.37%上升至8月的6.5%。随着美联储多次加息和美元升值,油价下跌可能引发贸易逆差和财政收入减少引发的第纳尔贬值,从而导致物价上升。中资企业在阿承揽建设工程项目时仍需关注此类风险。

3. 外汇管制风险

外汇管制是一国为了减缓国际收支危机,减少本国黄金外汇储备的流失,而对外汇买卖、外汇资金移动以及外汇和外汇等价物等进出国境直接加以限制,以控制外汇的供给或需要,维持本国货币对汇率的稳定所施行的政策措施。

有些国家的国际金融市场不发达,本币不可以自由兑换外币,或者即使兑换成可自由兑换货币也不允许汇出该国。还有的国家高估本币,如果承包商根据银行牌价兑换,要蒙受巨大的损失,只能在黑市兑换。

阿尔及利亚是外汇管制严格的国家,从境外汇入外汇到阿尔及利亚不受限制,但对资本、利润、红利汇出设置严格限制,阿尔及利亚央行对外汇实行严格的管制,目前外资企业在当地开展跨国经营面临着较大的外汇管制风险。

(1)限制合同中的外汇比例,限制外汇资本回流。

外资企业在阿尔及利亚开展跨国经营的过程中,签订的合同里往往以两种货币进行结算,以限制外汇资本外流。一为当地货币,二为外汇(美元与欧元为主要对外结算货币),不同行业其合同中所定的外汇比例也存在差异。例如在石油行业,其外汇比例较高,近几年虽略有下降,但也能保持在60%~70%。而房建项目中,这几年外汇比例不断削减,从原本的32%削减至25%,至目前仅为12.5%,甚至更低,而其余的额度则由当地货币第纳尔进行结算。

较低的外汇比例导致收支两方面上存在严重的外汇额度不平衡:一方面大量的中国管理人员与中国工人,其劳务费用与差旅费用需要通过外汇支出,还有部分短缺建筑材料以及设计工作需要使用大量的人民币或者硬通外币;而另一方面受限于合同中较低的外汇比例,项目合同金额中仅有少部分能通过外汇支付,致使项目外汇收支不平衡,而第纳尔又大量囤积无法转化为硬通外币。部分第纳尔通过黑市进行换汇,然而外汇银行外汇的挂牌价和市场上的黑市价差价高达50%,例如2017年2月,当时银行中第纳尔对美元的汇率为1∶110,而黑市上第纳尔对美元的汇率则高达1∶172。

点评：

企业在合同谈判过程中应尽量提高外汇比例；项目实施过程中加快工期，力争在原合同工期内完成；及时收款，收到款项后及时汇到国内，以减少由于外汇管制所带来的损失。

（2）外汇结算办理程序复杂，审核难，外汇收款遭拖欠。

外资企业的汇出利润必须得到阿尔及利亚中央银行外汇总署的审批，外汇申报和汇出程序相当复杂，且存在严重的拖延现象。虽然阿尔及利亚法律保障在阿外资企业其投资经营过程中产生的净收入在申报后可汇出境外，然后，阿国法律对可汇出的资金范围缺乏透明度，审核时间长，甚至常常无法通过审批，从而增加了企业的资金压力。

4. 汇率风险

阿尔及利亚实行有管制的浮动汇率制，中央银行掌控着所有的外汇资源。近年来，阿尔及利亚外汇管理限制已大幅放宽，资金流入流出较前已大为自由，这不仅推动了对外贸易发展，而且也促进了外来投资的增长。阿尔及利亚政府设立了外汇稳定基金，以减轻国际货币市场的波动给阿尔及利亚国民经济及金融市场带来的冲击、保持经常项目下以及资本项目的国际收支平衡。此外，第纳尔同美元、欧元等可自由兑换货币之间的汇率保持一定幅度的波动，以使其反映正常的货币市场供求关系。

2008—2020年间，美元兑第纳尔汇率总体处于上升趋势，从64.6上升至131，在此期间美元兑第纳尔升值了102.8%，见图6-1。

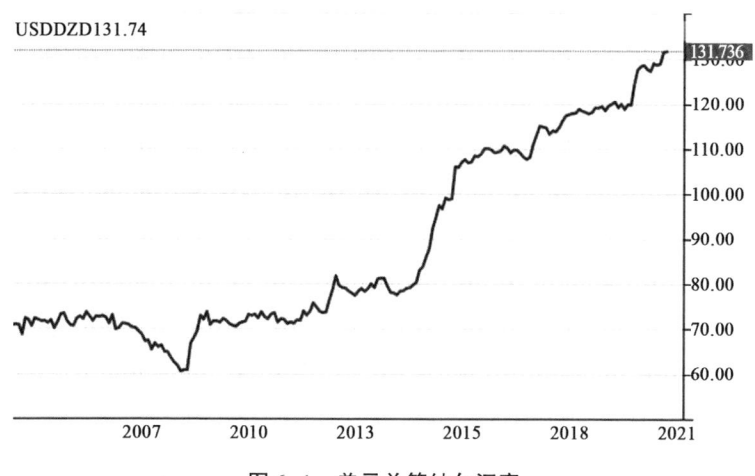

图 6-1 美元兑第纳尔汇率

2008 年至 2009 年初,国际金融危机波及阿尔及利亚,面对金融危机,阿尔及利亚金融系统自成封闭体系,未融入国际金融市场,拥有相对高额的外汇储备、负债率低,且政府谨慎的财政和税收政策,使得阿尔及利亚在金融危机期间虽受影响,但最大限度地保证了经济健康运转。

2012 年 5—8 月,阿尔及利亚汇率贬值。阿尔及利亚与突尼斯相邻,经济受欧债危机的影响严重。阿尔及利亚为原法国殖民地,即使独立后对其经济依赖性仍然很强。

2014 年下半年,全球石油需求不足,供给不降反增。美国逐渐实施独立的能源政策,并开始出口石油。此外,美国退出量化宽松的货币政策,美元走强,而石油与美元互为负相关关系。以上种种因素导致国际石油价格暴跌,经济严重依赖石油出口的阿尔及利亚面临严峻挑战,汇率风险加剧。

直至 2017 年以来,随着全球济复苏,阿尔及利亚和各国特别是同中国在更广泛的领域开展互利合作,以"一带一路"加强在能矿资源、基础设施、电信等领域的合作。此外,阿尔及利亚政府针对投资制定优惠政策,改善商业与政府管理环境。近两年,随着美联储进一步加息和美元升值,第纳尔进一步贬值。美元的持续走高增加了企业运营成本,压缩企业收益,将使企业蒙受损失或丧失预期收益。

[案例6-7]

某中资企业在阿当地承建一大型房建项目,该项目合同结算货币由第纳尔与美元构成,其中可转汇回国的美金部分为合同额的28%,签约时第纳尔对美元汇率为1∶78,而项目进行过程中汇率持续下降,到2016年下降至1∶107.2,项目完工时,汇兑损失达760万美元。

5. **融资风险**

融资能力不足是我国许多工程承包企业发展的主要问题。当前国际工程市场投资国际化的程度越来越高,国际资本在工程承包市场占有的比重越来越大。国际工程承包范围也已经超出了过去单纯的工程施工和安装,逐步成为货物贸易、技术贸易和服务贸易的综合载体,需要有雄厚的资金支持。

承包商自身的资金实力决定了他们在面临诸多机遇和挑战的同时,是否能经得住考验。近些年来,政府财政资源已经不能满足基础设施的增长需求,国际金融机构在分配资金的时候,已经开始从支持基础设施转向投资方面。在这种情况下,寻求融资已成为参与复杂大型项目国际竞争的一个关键因素。因此融资能力的强弱决定了企业是否能够顺利进入国际工程承包市场的大家庭。

目前,银行贷款和政府经援工程融资是中资企业的主要资金来源,此外,母公司资本注入也是一种常见的融资形式。它是将分散在不同子公司的闲置资金集中起来,在集团公司中成立一个内部银行,互通有无,实现集团公司的内部融资,在一定程度上降低了各个子公司的借贷成本,提供了资金的使用效率。

凭借母公司和国内金融机构的良好关系,这种融资方式在国内具有很高的成功率。公司可以向专业银行或者出口银行申请融资,争取外汇贷款。也可以借助国家专业银行政策及某些金融工具,在许可范围内使用某些金融工具,例如买方信贷政策等。公司也可以与阿尔及利亚业主进行融资、垫资等,拓展海外融资渠道。此外,通过阿尔及利亚地方金融机构和资本市场融资。地区公司可以向阿尔及利亚地方金融机构申请商业贷款,或向其他机构贷款,主要方法有短期透支贷款、项目融资、业主担保抵押国际银团贷款等。

点评:

外国企业可在阿尔及利亚当地银行融资,但须以母公司名义申请,且母公司的资信状况须获得信用等级为一级的国际银行的证明。2019年,银行贷款利率为8%,存款利率为1.75%。

(三) 法律与监管风险

法律风险主要指涉及土地法、税法、劳动法、环保法、合同法、招标投标法等法律法规的更改和变化所引起的项目成本增加或收入减少等风险。可能的防范措施如:明确因违约、歧义、争端的仲裁在双方都认可的第三国进行。

1. 法律合规风险

合规风险是指因未能遵循法律法规、监管规定、规则和自律性组织制定的有关准则,以及适用于自身业务活动的行为准则而可能遭受法律制裁或监管处罚、重大财务损失或声誉损失的风险。

在阿尔及利亚承包工程主要受当地的公司注册与合同、劳动用工、税务、环境保护、反贿赂等法律法规的制约。详见本书"第四章 阿尔及利亚有关法律规定"部分。

点评：

中国企业在进入阿尔及利亚之前，需要对其法律环境进行全面的了解，最好聘请在大型中资或者华人律所工作的律师作为公司法律顾问。另外，应加强项目法律部门人员对尼日利亚法律制度的学习，建立相应的法律知识信息系统，制定法律差异预防措施。

2. 监管审查风险

中资企业进入投资东道国进行投资，需要接受东道国的外资监管，多数国家在市场准入方面按照行业分类划分为禁止类、限制类和鼓励类，如俄罗斯，政府鼓励建筑、交通和通信设备、石油、天然气、煤炭、食品加工、汽车制造等传统产业的外商直接投资。近年来，不少国家采用"负面清单"模式，除明确禁止和限制投资的领域之外，其他均属于外资投资准入领域，如印度、沙特阿拉伯等。除一般的外资审批程序以外，许多国家都建立或完善了外商投资的国家安全审查制度，就海外投资的大方向而言，境外投资涉及的国家安全审查趋紧。

点评：

企业应关注投资目标国或地区对外资参与相关领域投资的市场准入要求、基本态度及政策动向；同时了解特定投资目标地区是否有涉及国家安全方面的特别审查制度，以便做出合理、高效的投资区域选择，及早做好应对准备。

3. 纠纷处理风险

当发生纠纷时，境外工程由于涉及多方分包人员，合同关系复杂，处理争端也比国内困难。因此，中资企业应尽量避免进入诉讼程序，主要通过事前的调研和经营过程中的严格规范管理来规避风险。

点评：

> 与外方签订合同时要尽量选择依据中国法或比较熟悉的法律体系解决纠纷。在跨境纠纷解决机制上，考虑程序、效率、承认、执行等多个因素，合理采用救济机制，避免采用诉讼，尽量选择仲裁方式。同时，为避免陷入在境外仲裁的不利地位，尽量优先选择国内专业的国际商事仲裁机构。如《上海国际经济贸易仲裁委员会（上海国际仲裁中心）仲裁规则》第一章第二条"机构与职能"（七）规定：仲裁委员会可以根据当事人约定适用的《联合国国际贸易法委员会仲裁规则》或其他仲裁规则作为仲裁员指定机构，并依照约定或规定提供程序管理服务。《中国（上海）自由贸易试验区仲裁规则》也有同样规定。

4. 环境保护风险

随着国际社会和各国对环境保护的普遍重视，境内企业进行海外投资导致的环境污染问题同样也是其所面临的一个重要法律问题。一方面，各国的环保法规日趋严格，违反法规的法律责任有加重的趋势；另一方面，各种各样的环保组织吸引了越来越多的支持者，他们通过各种手段表达自己的诉求，如果对这些法律规定及利益相关者的诉求不加以重视，就有可能引发投资风险，严重的甚至可能导致整个投资的失败。

环境保护方面的法律风险在资源和能源开发领域显得尤为突出，而基础设施投资中水利、电力、交通设施建设等占较大比重，中国企业进行海外基础设施投资，不能轻视环境保护方面的法律风险。

点评：

建议中资企业充分了解并遵守东道国环境保护的法律规定，以合理规避环境保护相关法律风险。

5. 法律差异风险

阿尔及利亚的法律渊源与中国不同，因此两国的工程承包相关法律必然存在较大的差异，中国承包商就不能再轻易按照国内的法律办事，否则容易招惹麻烦。

[案例6-8]

中国某工程联合体公司中标非洲某国公路项目，由于项目所经过之地全为私有，地主在施工过程中百般阻挠，严重影响工程进度，这就是因承包商不熟悉当地土地法所导致的后果。

点评：

聘请当地法务专家，加强在阿各中企内部的经验交流。

（四） 税收风险

1. 纳税申报风险

企业纳税年度为一个公历年。但是，如果一个纳税人的财政年度不同于公历年，则纳税年度是以会计准则为依据的。企业所得税是针对过去一个纳税年度的所得进行征税。纳税人需按照企业所得税法规定纳税义务于每年4月30日前申报纳税所得。

非居民企业在阿尔及利亚进行采购活动必须按采购合同价款的0.5%预缴企业所得税。非居民企业需每个月根据上月实际收到的价款预缴税款，预缴的税款可在最终的所得税应纳税额中扣除。

在阿尔及利亚从事临时经营活动的外国企业需就获得的服务费收入适用24%税率缴纳预提所得税并且必须在每年的4月30日前进行年

度申报。否则，企业可能将会面临 100 万第纳尔的罚款。此外，若在税务局发出正式通知后的 30 天内，企业无法提供支付给第三方款项的具体说明，企业将会面临 1000 万第纳尔的罚款。

2. 税收抵免风险

根据我国《企业所得税法》，中国的税收居民企业需要就其来源于境内、境外的所得在中国缴纳所得税。由此可能导致双重征税。为了消除双重征税给企业带来的不合理税收负担，我国《企业所得税法》中专门设置了境外所得税收抵免规定。但是，根据《企业境外所得税收抵免操作指南》规定，可抵免境外所得税税额不包括按照税收协定规定不应征收的境外所得税税款。也就是说，企业取得来源于阿尔及利亚的所得，并在当地缴纳了所得税性质的税款，应在境外申请享受税收协定，否则超出协定规定的部分不可以在中国抵免。

例如，阿尔及利亚企业向中国企业支付利息费用 100 万元。根据阿尔及利亚国内税法规定，对非居民企业支付的利息费用征收 10% 的预提所得税，但如果这笔交易适用中阿税收协定，则阿尔及利亚税务部门对利息费用征收的税款不能超过利息的 7%。因此，中国居民企业可以向阿尔及利亚税务机关提出享受税收协定，按照最高 7% 的税率纳税，即在阿尔及利亚缴纳 7 万元的预提所得税，这部分税款可以在国内缴纳所得税时进行抵免。但如果中国居民企业未向阿尔及利亚提出享受协定待遇，而按照当地税法缴纳 10 万元的所得税，那么多出协定规定的 3 万元税款是不能在中国抵免的。

3. 常设机构认定争议

中国投资者在阿尔及利亚获得营业收入是否应当在阿尔及利亚履行纳税义务很大程度上取决于常设机构的认定。通常，中国投资者在阿尔及利亚的场所、人员构成常设机构的，其营业利润应当在阿尔及利亚纳税。因此，常设机构的具体认定问题容易引发税务争议，同时也是中国投资者应当着重关注的税务风险点。

4. 双重税务国籍风险

中国居民企业在阿尔及利亚依据阿尔及利亚法律设立了项目投资公司，但公司的实际管理机构仍然设置在中国境内时，这一项目投资公司根据中国税法以及阿尔及利亚税法的规定既是中国居民企业又是阿尔及利亚居民企业。如果项目投资公司没有与中国税务当局以及阿尔及利亚税务当局事先协商确定其单一税务国籍的，那么将无法享受税收协定优惠，由此可能引发税务争议。

5. 营业利润与特许权使用费区分争议

中国居民企业或个人向位于阿尔及利亚的商业客户提供技术服务并收取技术服务费的，按税收协定规定不构成常设机构的营业利润，中国居民无须在阿尔及利亚缴纳所得税。但是，如果中国居民的技术服务行为兼具技术授权使用行为的容易引发税务争议。这种混合行为极易被阿尔及利亚税务机关全盘认定为技术授权行为，中国居民收取的费用属于特许权使用费，因此要求中国居民在阿尔及利亚缴纳所得税。中国居民应当事先主动做好区分，明确技术服务与技术授权的两部分收入，避免税收成本的增加。技术服务费与技术授权费的区分问题是税收协定争议高发地带。

6. 转让定价风险

根据阿尔及利亚税法，关联企业通过操纵买卖交易价格或其他手段转移收入的，会被税务机关进行纳税调整。

企业（或公司）与关联方之间从事跨境或国内的交易，必须提供与其转让定价政策相关的支持性文档。如果企业没有回应税务机关的要求，或者提供的答复信息不够充分，可能面临利润转移额25%的罚款。

此外，如果一个阿尔及利亚纳税人被税务机关大企业部所主管，该纳税人必须于其提交年度纳税申报表的同时向其主管税务机关提交转让定价文档。不提交或者提交的内容不够充分，将引发50万第纳尔的税务罚款，如果上述问题是在税务审计中被发现，该纳税人还将被征收税务机关核定的利润转移金额25%的额外罚款。

点评：

> 中资企业的税务纠纷大多数是由关联交易之间的转让定价引起的。中国企业在阿尔及利亚投资应树立税务合规意识，对阿尔及利亚投资环境进行深入研究并建立健全会计制度，制定合理合法的转让定价政策。若与税务机关发生难以解决的纠纷，企业可以向法院提请诉讼，力争将影响降到最低。

7. 跨国并购的税收风险

自从万华实业实现我国企业首次成功跨国并购之后，伴随着"一带一路"倡议的全面推进，我国投资企业也纷纷加入跨国并购的行列当中，利用跨国并购形式整合国外企业及其先进资源、技术等已经成为我国投资企业常用的一种境外投资手段。但如果我国投资企业在开展海外并购投资活动过程中未能对标的企业及其经营历史进行全方位审核与调查，存在于标的企业当中的遗留税收问题将会为我国投资企业的海外并购投资活动埋下税收隐患，使企业在成功完成海外并购之后会迅速面临相应的税收法律问题。

8. 其他税务风险

阿尔及利亚税收制度透明度需进一步提高，税务机关对企业所得税税前费用抵扣定性的自主裁量权过大，容易造成税务纠纷并向企业收取罚款。阿尔及利亚税务监管十分严格且税务稽查人员权力较大，一旦企业收入和成本不符合会计准则或税收法规就会开出巨额罚单，企业需要自证清白，进入漫长的与税务机关的沟通协商阶段。此外，阿尔及利亚税务机关与海关关系密切，经常通过搜集价格信息对企业进口的设备物资价值进行核定。

（五）经营性风险

经营性风险包括外部经营风险和内部经营风险。外部经营风险包括所在国的基础设施、工会、劳动力、市场竞争力等情况。内部经营风险如施工企业自身的技术、管理风险等。

1. 资源缺乏风险

阿尔及利亚除了石油天然气资源外，其他资源比较缺乏，而且市场化程度不高。项目实施过程中，经常出现钢筋、水泥、砂石料、砖块、装饰和水电材料的短缺。

点评：

  中资企业应加强资源组织的计划性，在阿尔及利亚的采购提前1个月下订单，国外供应的提前2~3个月签订合同，同时加强存储，争取多个供应商，保证项目不会因为资源短缺而停工。

2. 用工风险

阿尔及利亚当地劳动力资源虽总量丰富、劳动力成本低，但国民素质相对不高，特别缺乏高技术人才。中资企业在当地开展跨国经营的同时带动大量中国劳务输入阿尔及利亚，沿用国内管理模式。

目前在阿中资企业招聘的当地雇员，大多是技术含量低的司机、秘书、保洁、保安以及部分施工现场小工，而受过高等教育的阿尔及利亚大学毕业生并没有太多机会参与到中资企业的管理工作中，企业中的管理人员绝大多数为中国雇员，施工现场也多为中国工人。

部分中资企业逐渐意识到属地化经营的重要性，近几年开始增加当地工人数量，但同时也暴露出诸多问题，比如当地员工工作效率低下、缺乏时间观念、技术水平低、社保程序复杂、社保比例高、劳工纠纷频发等。

另一方面，大量使用中国管理人员与中国工人也使中资企业遭到来自当地政府、就业局以及业主的不满，使中资企业背负"不负责"的罪名，尤其在阿尔及利亚这样个高失业率的国家，当地青壮年认为是中国人抢走了他们的工作，由此引发对中国公民以及中国企业的怨恨。

同时，国内劳工使用成本高，并且阿尔及利亚政府对外来务工人员的工作签证收紧，尤其在公共工程项目合同中，业主会对项目中的本地雇员与外国雇员设定一定配额。在这种情况下，许多中国员工在无法取得工作签证的情况下便进入阿国务工，阿尔及利亚西部重要城市奥兰劳动监察局负责人曾在接受阿尔及利亚一媒体采访时指出，目前在阿尔及利亚西部奥兰、特莱姆森、穆阿斯凯尔、西迪贝勒阿巴斯、艾因泰穆尚特、穆斯塔加奈姆等6个省份的30多家外资企业存在违反劳动法的行为，外籍员工在尚未取得工作签证时，非法进入阿国务工，此举违法了阿尔及利亚《劳动法》，甚至部分企业非法使用非洲难民，在当地造成恶劣影响。

[案例6-9]

2015年9月，某中资企业项目中的40名印度工人因不满其薪资待遇，前往当地警察局投诉，并集体罢工辞职，给该项目酿成较大损失。

点评：

鉴于以上劳工管理过程中出现的问题，企业在赴阿尔及利亚开展跨国经营前，应对当地的外籍劳工限制制度和外籍劳工赴阿务工手续有充分了解。在抱怨当地雇员难用的同时，中资企业更应该思考如何加大属地化，研读阿尔及利亚劳动法以及相关其他法律法规，充分利用当地丰富廉价的劳动力，提高自身属地化管理能力，不仅做到"走出去"，更应真正做到"走进去"。

外资企业在劳务管理方面要遵守阿尔及利亚当地的法律法规，保护当地劳动者的合法权益，避免因法律知识欠缺触犯法律底线，引发纠纷。1990年4月21日颁布的《90-11号阿尔及利亚劳动关系法》是目前阿尔及利亚劳动领域最重要的法律之一，这部劳动法较全面地覆盖了阿劳动关系的各个方面，同时为了降低阿国较高的失业率，保护劳动者权益，这部法律给予了劳动者较为全面的保护。部分外资企业因缺乏对阿国劳动法的了解，并受到母国用工思维的影响，在处理与阿雇员的劳工关系等方面不够规范，在当地造成恶劣影响。

[案例6-10]

阿尔及利亚《劳动法》中明文规定："在正常工作条件下，每周的法定工作时间为40小时，并且在任何特殊情况下，每日的工作时间都不能超过12小时。只有在工作绝对需要的情况下，雇主才能要求职员加班，但加班时间不得超过法定工作时间的20%。加班的劳动者可以要求领取加班费，平时加班的加班费不能低于正常工资的150%，节假日（包括每周五的法定周休日）的加班费不低于正常工资的200%，并且工作时间与加班费应明确体现在工资单中。"

2015年3月，在阿尔及利亚南部盖尔达耶迈特利利—中国石油勘探企业项目部中，12名阿尔及利亚工人集体罢工，并向当地法院起诉该中资企业违反劳动法，一周工作时间超过40小时，此次罢工引起了盖尔达耶政府的极大重视，由政府部门亲自出面协调,该中资企业也因此事被要求停工配合调查,从而给企业带来极大损失。

部分外资企业在当地劳务管理工作中较为松懈,且为了节约项目成本,不按法律规定的标准向员工支付加班费,在工资结算时,拒绝给员工提供《劳动法》所要求的工资单,这种做法被许多当地雇员所利用,以此向法院提出诉讼,索要加班费;而缺乏工资单作为支付凭证,这些项目在诉讼中常陷于被动状态,还要因缺少工资单处以高额罚款。这一类因薪资而引发的劳工纠纷在阿尔及利亚当地时常发生,并且一旦一个当地雇员获得补偿金之后,其他雇员也会陆续向法院提出诉讼,最终给企业带来重大的经济损失。除此之外,当地部分外资企业常因拖欠员工工资、交通补助、餐饮补助,欠缴员工社保,拖欠工资等行为,遭到当地雇员的投诉,甚至集体罢工。

[案例6-11]

2015年8月,阿尔及利亚赛义德省一中资承包商承建的4000套公共廉租房项目工人集体罢工,指责该中资企业拖欠其工资与补助,此次罢工导致该住房项目停工数月,包括《东方报》《通知报》在内的多家阿尔及利亚媒体多次报道此次罢工事件。罢工严重拖延了项目工期,从而延误了这4000套公共廉租房的交付,而遭到当地民众与政府的强烈谴责,极大损害了该中资企业在当地的形象。

点评:

这一类劳工纠纷的报道频繁出现在阿尔及利亚的媒体中,外资企业在处理劳工关系上的笨拙形象不仅给自己在当地的企业形象蒙上了阴影,同时也增加了企业在当地的劳务成本。中资企业在赴阿尔及利亚开展跨国经营前,需对劳动领域的相关法律法规有深入了解，力戒经验主义。

此外，企业在外派人员前也应对阿当地的文化、宗教、习俗等方面进行培训，减少因生活习惯冲突、文化冲突、宗教冲突而与当地雇员发生矛盾。例如，外资企业在当地开展项目过程中，阿国业主、监理常会要求外资企业在项目处安排专门的礼拜室、穆斯林专用厕所（带洗大小净的地方）、清真厨房，而一些企业以项目部中穆斯林雇员、当地雇员数量少为由拒绝提供，而遭到当地雇员、监理、业主的投诉。甚至一些外国雇员，无视当地的宗教文化，出现突破当地文化和道德底线的行为，公开喝酒，吃狗肉、驴肉，从而引发与当地雇员的冲突。

3. **语言风险**

阿尔及利亚承包工程合同规定，必须使用法语或阿拉伯语。在实施中经常出现由于语言理解失误而导致的损失。如合同包干价规定土方外运距离为5千米，法语RAYON指的是半径5千米，而不是实际道路距离。

点评：

认真研究合同和法律原文，让工程技术和合约人员一起研究相关条款，加深对合同的理解；聘请当地专家作为合约顾问；收集整理案例，供各项目部学习以便吸取教训。

4. **招标限制风险**

招标限制风险指的是该国家的政府或公共工程行业的主管部门对国际建筑企业参与本国公共工程投标采取的带有限制性的措施，例如给予本国建筑企业更高的优惠额、减少公共工程领域的国际招标、提高外资企业投标承接项目的门槛等。

(1) 国民优惠政策。

阿尔及利亚政府在公共工程领域，对外资企业设立一定的投标壁垒以保护本国企业。2010年阿尔及利亚通过了公共合同法修订案，将国际招标中阿尔及利亚本国企业的国民优惠从原本的15%提高至25%，即阿尔及利亚本国企业可以以高于外国企业25%的合同金额与外资企业竞争，从而大大提高了本国企业的竞争力。合资企业中只有阿方控股的企业可根据阿合资方所持比例的多少享受这一政策，外方控股的企业不享有该优惠政策，这一壁垒虽非阿尔及利亚独创，但25%的国民优惠比例在世界各国中也属较高。

除此之外，在新颁布的《公共合同法》中明确鼓励本国企业更多地参与到公共合同项目中，并表示以后将减少国际招标，绝大多数的公共项目仅限于国内招标。尤其是自2014年以来，受国际原油价格大幅下跌的影响，阿尔及利亚政府为减少外汇支出，鼓励本国企业积极参与到基础设施建设中来，阿国政府从2014年底开始加大力度取消或减少国际招标。2014年8月，阿尔及利亚内阁会议对多个公共工程项目的议标中，90%的项目由阿国当地企业实施，其中有企业、大中型企业与外国企业的联合体占了多项。2015年末，阿尔及利亚总理塞拉勒在发给部长级官员与各省省长的一份文件中强调，鉴于目前的国内经济形势，积极扶持本国产品与本国企业是阿尔及利亚现如今的战略选择。之后阿尔及利亚公共工程部部长阿卜德勒卡德·瓦里在多个场合上强调将减少公共工程领域的国际招标，将更多的项目交由本国企业完成。例如在2015年12月瓦里部长同高速公路领域的负责人的一次会议中提到，将取消所有公共工程领域的国际招标并全部交由本国工程企业完成。2016年5月瓦里部长在奥兰巡视工作时又一次强调以后将所有的高速公路项目交由阿尔及利亚本国承包商。

点评：

阿尔及利亚是中国建筑企业在海外最大的市场之一，而目前阿尔及利亚政府在公共工程领域招标中对外资企业的限制，将给中国建筑企业在阿尔及利亚的发展带来巨大挑战。为此，中资企业应积极同阿尔及利亚本国企业联合，组建合资企业参与投标，以提高中资企业在当地的竞争力。

[案例6-12]

2016年1月中国建筑、中国港湾同阿尔及尔港务集团联合，组建合资企业，共同投资兴建阿尔及利亚中部新港项目。

（2）保函风险。

根据阿尔及利亚《公共合同法》规定，外国企业参与阿尔及利亚公共合同签约，需要取得履约保函，该履约保函必须由阿尔及利亚国有银行开具，阿尔及利亚业主方面不接受外国银行开具的保函，同时还需取得一家一级外国银行提供的反担保保函，从而增加了外国企业的保函成本。另外，根据阿尔及利亚中央银行的规定，该履约保函不可设置有效期，并且见索即付，从而增加了保函风险，变相提高了外资企业参与阿尔及利亚公共合同签署的风险。

5. 市场竞争力风险

中资企业在阿尔及利亚开展跨国经营，面临着来自当地企业、其他外国企业以及中国企业的竞争，市场竞争激烈，竞标项目多以最低价中标，企业利润空间低。

除中国外，目前阿尔及利亚主要贸易伙伴还包括法国、意大利、西班牙、德国、土耳其、英国、美国等。详见表6-2。

表6-2　2019年阿尔及利亚主要贸易伙伴贸易额（亿美元）

国　别	进口额	出口额
中国	76.54	16.39
法国	42.78	50.53
意大利	34.10	46.21
西班牙	29.29	39.95
土耳其	21.41	22.46
美国	14.18	21.93
巴西	11.36	12.42
印度	9.68	15.20
韩国	8.42	13.74

资料来源：阿尔及利亚海关。

中资企业在阿尔及利亚开展跨国经营面临着多方的竞争压力，一方面欧盟与美国长年以来是阿尔及利亚的最大贸易伙伴，在油气、电信、交通、水利、电力、金融等各领域都占据着较大的市场份额。尤其是以法国、西班牙、意大利为代表的欧盟国家，凭借着地缘优势和历史优势，常年居阿尔及利亚双边贸易前三。另一方面，这几年，以土耳其、巴西、印度、埃及为代表的新兴国家开始崛起，逐渐扩大在阿国的经营范围。这些国家通过开展属地化经营、降低外汇比例、降低运营成本，对中资企业造成严重冲击。此外，中资企业内部在房建、水利等传统领域里，存在同质化竞争，相互压价，相互损耗。

经过30多年的发展，中资企业在阿尔及利亚的市场占有率不断提升，却面临着"大而不强"的问题，大部分企业仍处于低端产业链，在"走出去"的同时，提升企业"走上去"能力迫在眉睫。

以工程承包为例，中国承包商经历了劳务分包、施工分包、施工管理总承包、"设计-采购-施工"总承包，承包的模式不断提升，但"上游"的工程咨询设计环节仍是西方企业主导，目前大部分项目的设计、咨询、监理等工作，中资企业较少涉及，而这使得中资企业在开拓市场的时候，市场面相对狭窄，灵活性不足，利润空间有限。而在石油行业，中资企业在地质资料的分析和综合解释的能力太低，与英美发达国家的差距大。某一项目竞标过程中，中国一家大型石油企业的处理中心的报价仅仅为美国公司的十分之一，但都未能中标。

点评：

如今越来越多的项目不再仅仅停留在简单的劳务承包与施工承包，更多地涉及企业的设计、分析能力，进一步加快中资企业向上游产业链的拓展，带动中国标准"走出去"，带动中国设备技术"走出去"，有利于进一步扩大中资企业在当地的市场份额，并获得更大利润。

6. 利润虚高风险

业主在合同里规定一定比例的外汇主要用于中国员工的工资支付、国内间接费用等，但这些费用无法提供阿尔及利亚认可的发票，无法进入成本而形成利润虚高。在当地的零星采购、生活费等开支，也无法提供发票进入成本。

点评：

在项目实施过程中，低关税的进口原材料、半成品适当提高价格，以便消耗部分利润，换汇回国；加强日常管理，所有采购、日常零星开支均要索取发票；向税务部门交涉，争取认可中国国内的部分支出。

7. 管理风险

管理风险是指在阿中企因自身管理上的疏忽而导致的风险。管理

风险各式各样,在境外常见的管理风险有:

(1) 对所在国的法律法规不熟悉导致的风险。如在税法方面:在合同中遗漏或不完全考虑当地税法,直接导致利润流失。在海关条例方面:违反海关条例直接导致进出口时间延迟或被处以罚款。在劳工法方面:对当地劳工法不明导致工作安排不能及时落实,影响项目进度,或由于违反劳工法被起诉。其他的诸如所在国环境法、专利法、合同法和建筑法等。

(2) 自身管理制度、程序不到位。如沿用在国内的常见做法,程序不合规使工程实施过程中错漏、协调困难等风险。

[案例6-13]

2009年,阿尔及利亚当地最大的阿拉伯语日报《东方报》揭露了一中资承包商的丑闻,称在一次抽样调查中,中资承包商承建的多处住房出现了框架柱混凝土不达标的现象,而检测不合格后,该中资承包商竟找了另一家实验室申请重新检查,试图掩盖之前的抽样检查结果。

除了使用不达标混凝土外,中资企业频频被爆出为节约成本,违反《阿尔及利亚劳动法》,克扣员工工资、社保、补贴等丑闻。而在阿尔及利亚这样一个充分保护劳动者权益的国家里这类丑闻给中资企业在阿尔及利亚的形象蒙上阴影。

点评:

中资企业在阿尔及利亚开展跨国经营的过程中定要贯彻"守约、保质、按期、重义"的方针,工程的质量与工期对企业而言十分重要,因此在实现高效与低成本的同时,中资企业更应保证工程的质量,切不可一味追求"低成本、短工期"。

8. 技术风险

技术风险指工程项目所在地的自然条件勘察不力和工程实施的技术难度等给承包商带来的风险。技术风险主要包括以下几种情况：

（1）前期工程资料不准确。前期施工资料，如水文地理等是由业主提供的，而阿方业主给的资料可能存在不详尽、不准确情况。中企在境外施工，对阿尔及利亚的经验不丰富，缺乏相应的了解，前期核实和准备不足导致返工风险。

（2）技术规范不熟悉。如中企对当地技术规范不了解；或进入陌生的领域承包工程，对该领域的技术规范不熟悉；或是需要采用新的施工方法和工艺，没有适用的技术规范。

[案例6-14]

某中企在纳萨拉瓦国际市场配套项目签署合同前，对获取图纸和清单进行了仔细的研究和分析，并且考察了现场。研究后发现设计图和清单中存在诸多问题，主要有：（1）设计道路6.5千米，而实际测量现场道路长度为7.2千米；（2）设计图纸中为6厘米的沥青混凝土，而清单中却是4厘米沥青混凝土价格；（3）设计图纸中没有涵洞，而实际现场却需要设计一个涵洞，以满足雨季流量。经过与设计和政府沟通，项目的报价从22.6亿第纳尔调整为25.3亿第纳尔。要是未提前发现问题，施工过程中进行索赔，困难重重。

点评：

特别需要注意国外的施工技术规范和国内的差异情况，如技术标准、工业标准和环保标准等。前期工作做细做足，搞好和阿方政府人员的关系。

(六) 安全风险

1. 治安风险

(1) 恐怖袭击风险。

阿尔及利亚作为受恐怖袭击较为严重的国家,在20世纪90年代,经历了恐怖主义泛滥的"黑色十年"。在这十年期间,数十万人成为恐怖袭击的牺牲者,包括中资企业在内的大部分外资企业也在这一场灾难中损失惨重,绝大多数外资企业在这期间被迫撤出阿尔及利亚市场,即使少数坚守在阿尔及利亚市场的企业也被迫停止经营活动。不稳定的局势与恐怖活动的频发,给当地外资企业造成了巨大的人力、物力损失。

[案例 6-15]

> 某中资大型建筑企业于 1990 年同阿方签署了两个农田灌溉项目,分别为阿姆拉·阿巴迪亚 8000 公顷农田灌溉项目与西米迪加 14000 公顷农田灌溉项目,其中西米迪加农田灌溉项目在停工数年后,于 1996 年与业主解除合同,而阿姆拉·阿巴迪亚农田灌溉项目在停工六年之后,于 2002 年才复工。

1999 年 4 月 15 日布特弗利卡当选阿尔及利亚总统,同年 5 月 29 日,布特弗利卡政府宣布在全国范围内实行大赦,先后赦免了将近 2 万人,为结束国内恐怖暴力创造了条件,并有力推动全国和解工作的开展,同时阿国政府加快出台《民族和解法》,该和解政策成效显著,仅用半年时间就达成国内基本和解和平的局面。目前尽管阿国安全形势有了明显好转,但是针对军队、警察、宪兵、外国人群体的恐怖袭击事件在部分地区仍时有发生。阿尔及利亚国防部 2016 年底发布的安全局势分析报告称,2016 年全年,阿尔及利亚军方共击毙恐怖分子

120人，逮捕220人。

目前，阿尔及利亚国内大部分城市治安情况较好，但依旧存在部分效忠或隶属于"伊斯兰马格里布基地组织"等其他恐怖组织的恐怖分子在当地发动零星的恐怖暴力事件。目前，"伊斯兰马格里布基地组织"仍旧是阿尔及利亚最主要的恐怖组织之一，该恐怖组织的活动范围主要是阿尔及利亚东北部的卡比利亚地区和阿尔及利亚南部的萨赫勒地区。阿尔及利亚恐怖组织主要分布在阿南部和东部地区，尤其是阿尔及利亚同利比亚、马里、尼日尔交界的边境地区。在阿尔及利亚南部、利比亚南部、马里北部地区，由于边境管理较为松散、周边地区国家安全局势恶化、极端思想泛滥，该地区形成了著名的西非"恐怖主义之弧"。2015年在马里首都巴马科酒店的恐怖袭击事件，便是该地区的"莫拉比顿"和"伊斯兰马格里布基地组织"共同组织的。

除此之外，2014年下半年起，ISIS组织开始向阿尔及利亚渗透，2015年9月，ISIS组织宣布同阿尔及利亚极端组织结盟，阿尔及利亚境内恐怖组织同ISIS的联合也进一步加剧了阿国内的恐怖主义威胁。

表6-3 阿尔及利亚主要恐怖袭击事件

时间	事 件	伤亡情况
2013.01.16	基地组织为报复阿尔及利亚政府为法国军队开放领空，协助法国战机空袭马里北部叛军，袭击阿尔及利亚南部艾因阿迈纳斯天然气厂，并劫持包括英国、美国、日本、爱尔兰、马来西亚、挪威等国国籍员工在内的数百名人质。	超过80人死亡
2014.04.19	阿尔及利亚政府军在提济乌祖省日常巡逻时，与恐怖分子发生激烈交火。	超过10名士兵死亡

续　表

时间	事　件	伤亡情况
2015.07.18	阿尔及利亚军方一运输车辆在距离首都150千米的艾因迪夫拉省遭遇恐怖袭击。	11名士兵死亡
2016.03.18	英国石油公司位于阿尔及利亚南部盖尔达耶省的一天然气厂遭受火箭弹袭击。	无人员伤亡
2017.02.26	阿尔及利亚君士坦丁发生一起针对警察局的自杀式爆炸袭击，袭击者当场死亡，事后伊斯兰国宣布对此次恐怖袭击事件负责。	一名袭击者死亡，多人受伤
2020.01.29	阿反恐部队逮捕一名企图在首都阿尔及尔实施自杀爆炸的恐怖分子。	无人员伤亡

部分中资企业人员表示，媒体报道的恐怖袭击仅是少数，大量恐怖袭击事件并未通过媒体报道，尤其是阿尔及利亚东部山区、阿尔及利亚同利比亚边境地区，频繁发生军方与恐怖分子交火的事件，给当地的外资企业造成极大威胁。

同时随着中国在阿尔及利亚的经济参与增多，中资企业在阿尔及利亚遭到选择性恐怖袭击的风险也越来越大。

[案例6-16]

2017年2月25日，阿尔及利亚东部泰贝萨，一恐怖分子枪杀了当地一名平民，宪兵同恐怖分子交火的过程中，一中资企业驻地的阿尔及利亚当地安保负责人在交火中牺牲。

[案例6-17]

2007年12月11日，"伊斯兰马格里布基地组织"在首都制造了两起汽车炸弹袭击事件，其中一起发生在某中资企业承建的阿尔及利亚宪法委员会新办公大楼附近。另一起发生在联合国难民事务高级专员公署和开发计划署驻阿尔及尔办事处附近。这两起爆炸共造成37人死亡，100余人受伤，其中包括1名中国员工遇难，另有12名中国员工受伤。事故发生后，该中资企业立即启动应急预案，负责海外工作的总公司领导迅速抵达阿尔及利亚指挥相关善后工作，这次爆炸事件给这一中资企业造成恶劣影响。事故发生后，该中资企业的项目现场以及营地都配备24小时保安，并禁止外来人员进入企业，中国员工未经批准不得外出，在公司内部以及当地中资企业圈子内，造成极大恐慌。

点评：

阿尔及利亚国内的恐怖主义风险，增加了外资企业在当地参与跨国经营的安全支出和投资成本，另一方面也给外资企业在当地的人员与财产带来极大威胁。同时企业的风险管理水平低下、跨国经营经验不足、自身实力弱，也加剧了恐怖主义风险所带来的影响和损失。中资企业应积极健全防恐培训机制，完善安保投入，强化应急反应机制，并定期举行防恐培训，组织防恐应急演练。

（2）社会暴乱风险。

在2015年全年，阿尔及利亚共计发生1.4万起民众游行示威事件。

阿尔及利亚国民经济增长严重依赖石油和天然气收入，而2015年以来，国际原油价格下跌对阿尔及利亚的经济产生了严重的负面影响，国内经济增速放缓，失业率高居不下，特别是青年失业率。在阿人权捍卫组织公布的这份报告中也指出，阿尔及利亚2015年的青年失业率高达29.6%。而如此高的青年失业率容易导致城市边缘群体的暴力抗议，影响社会治安。

除此之外,阿尔及利亚当前面临着住房短缺、物价上涨、社会不平等、腐败等社会矛盾,而政府当前的紧缩性财政政策又进一步加剧了民众的不满。在社会矛盾突出的国家中,当地民众往往会将这种不满与愤怒转化为对当地外资企业的敌意。

[案例6-18]

2015年12月末,在阿尔及利亚首都附近中资承包商的建筑工地上,项目部遭当地人抢劫,并导致两名中国工人死亡,一名重伤,治安问题堪忧。

点评:

阿尔及利亚社会局势当中的不稳定因素给在阿中资企业的投资带来考验,企业需妥善处理与当地政府和民众的关系,加强安全意识,尽量避免相关事件的发生。

(3) 偷盗抢劫风险。

阿尔及利亚治安情况较差,经常发生盗窃事件,项目中施工物资、施工设施、生活物资甚至完工后的水电设施和门窗均有可能失窃。同时,阿尔及利亚排外情绪较为严重,尤其是青年失业率高,经常发生针对境外人员的抢劫、偷盗行为。

[案例6-19]

2009年8月3日,华人在阿尔及尔的聚集地巴布祖瓦曾发生一起针对华人商铺的打砸抢暴力事件,造成多名华人受伤,多家中国商店遭抢。

2. 交通安全风险

阿尔及利亚有大批中国建筑企业,当地的交通状况非常不好,是世界上交通事故发生率最高的国家。每年在阿工作的中国企业都会因为交通原因产生巨大的人员伤亡和财产损失。面对当地恶劣的交通状况，中国外交部在网站上明确提醒驻阿人员和企业要小心谨慎，注意安全。

[案例6-20]

某中资企业在阿尔及利亚进行工程项目时，进行高速公路施工的工人坐车下班途中，被当地一混凝土车撞到，六人死亡，四人受伤。

3. 卫生疾病风险

驻阿人员及企业需高度重视食品饮水卫生，饮食前采取必要消毒措施，仔细清洗水果蔬菜，尽量加热后食用，避免直接饮用自来水，以免感染霍乱等传染疾病。

（七）自然风险

阿尔及利亚北部沿海地区属于地中海气候，全年气温适中，少见恶劣天气，自然风险较小，但每年11月至次年3月为雨季，若在此期间施工，需做好相关防范。

阿尔及利亚南部撒哈拉沙漠占阿国土总面积的85%，沙漠地区普遍较为干旱，土质松散，降雨量少，春冬两季沙尘暴频繁。恶劣的自然环境对工程的施工工艺有更加独特严苛的要求，中资企业应提前做好施工方案，施工过程中严格按标准进行，确保达到质量要求。

三、阿尔及利亚未来发展预测与投资机会分析

（一）政治前景

1. 选举政治趋于理性

在阿尔及利亚现任总统阿卜杜勒·马吉德·特本上任之前，阿前

总统布特弗利卡已执政20年，领导人长期执政，导致国家治理懈怠，固步自封，改革停滞、利益固化现象严重，民众厌倦和不满的心态抬头，进而酿成社会政治运动，威胁到政权和政治稳定。

2. 军政关系趋于正常化

军队是国家的强制性工具，拥有使用暴力的权力，但这并不是军队拥有特权的主要原因。军队特权之所以形成，原因主要包括：军队延续了革命的神圣性，在人民心中有不可替代的地位；它带领国家走出混乱，建立法律与秩序；它拥有推动社会稳定和发展的能力，深受群众拥护；它始终坚持自己是唯一的革命卫士的理念。拥有如此强大群众基础的军队，在布特弗利卡上台执政之时，给予了他极大的支持，但布特弗利卡也承认存在着一条他所不能跨越的警戒线，意在指出总统和军队之间存在某种合作关系，因此，总统权力的行使很大程度上受到军队的干预。但随着政权更替，新任总统的上台，很可能使阿国军政关系发生转向，军人干政和军事政变问题有可能得到缓解。

3. "向东看"趋势明显

西方与非洲的关系长期处于不对等的状态，在政治层面主要是一种"干预与被干预"关系，在经济发展层面则是"援助与被援助"的关系。在非洲新一轮的政治转型中，政治民主化的推进和自主发展能力的提升正在一定程度上扭转上述不对等关系状况。西方通常都是以"民主干预"的方式介入和影响非洲国家内政，而非洲政治民主化的发展正在瓦解其"民主干预"的事实前提。

近些年国际格局东升西降，欧美政治深层次结构性问题难解，欧洲经济衰退、英国脱欧等事件凸显西方的政治失衡与民主失能，反观中国则继续保持崛起势头。经过正反两方面对比，非洲对中国发展经验的认可度升高，中国的减贫与工业化经验更能在非洲引起共鸣。

1958年9月，阿尔及利亚临时政府在开罗成立，中国即予以承认，是阿拉伯世界之外第一个承认阿尔及利亚的国家。同年12月20日，中、阿两国建交。建交60年来，两国战略合作关系深入发展，在政治、经济、军事、文化、卫生等各领域均有良好发展。

（二）经济预测

阿尔及利亚官方通讯社发布题为《2021年财政法：实现经济融资来源的多元化》的报道，财政部长埃蒙·贝纳布迪拉姆重申，政府正在努力通过碳氢化合物替代资源来实现经济融资来源的多样化，同时还将采取新措施，以确保公共开支的效率。他指出，财政资源多样化的措施还包括"进行促进伊斯兰金融和保险产品发展和改善的改革；振兴阿尔及尔证券交易所；促进银行对投资和企业的支持作用；公共银行资本开放；以及允许开设新的私人银行"。

另一方面，这位部长建议在资本支出的短期预算规划（2021—2023年）中采用新方法，该方法涉及"通过现有资产确定未来投资项目，以控制和合理化公共支出。这就需要有经济合理性，同时考虑到本国的财政能力"。

关于宏观经济框架，《2021年财政法》预计国内生产总值（GDP）增长4%，不包括碳氢化合物的增长率2.4%，通货膨胀率4.5%。

根据每桶40美元的基准油价，2021年石油出口收入预计将增至232.1亿美元。

随着进口的持续合理化，进口商品的总额将下降14.4%，达到

282.1亿美元。

在计划的预算总支出中，2021年将达到8.11万亿第纳尔（+10%）。

计划的运行预算为5.31万亿第纳尔（+11.8%），而资本支出将为2.80万亿第纳尔（+6.8%）。

2021年国家预算的社会转移支付总额为1.93万亿第纳尔，比2020年增加815.8亿第纳尔。

预计2021年的预算赤字将增加到GDP的13.57%，而《2020年财政法》中预计的预算赤字率为10.4%。

(三) 商业环境

阿尔及利亚为西亚非洲地区重要的产油国，素有"北非油库"之称，同时是欧佩克十个成员国之一。作为非洲的经济和领土第二大国，不仅拥有丰富的自然资源，同时还拥有广阔的贸易投资市场。

阿地理位置优越，与欧洲仅一海之隔，历史渊源深厚，政治经济往来密切。长期以来，欧盟一直为阿尔及利亚的最大贸易伙伴，阿尔及利亚对外贸易的60%与欧盟国家有关。阿尔及利亚向欧盟主要出口石油及原材料类产品。欧盟对阿尔及利亚出口的产品主要为工农业机械设备及食品和农副产品等。

为应对复杂的国内外政治经济形势演变，阿财政部公布"新经济增长模式"改革文件，主要包含《2016—2019年国家预算战略》和《2016—2030年国家经济多元化和转型战略》。阿政府现行预算政策存在低效和浪费问题，且因长期实行的社会福利导致物价失衡。政府此前制定的《2016—2019年国家预算战略》，旨在改善税收状况，减少财政赤字，促进国内金融市场资源流动，并提出税务规则改革、公共机构改革、税收制度改革、公共支出合理化改革四大改革方案。此外，针对电力、燃气、水利、铁路、通信等公共领域大企业，阿政府亦提出四项改革方案。

在第四个五年计划（2015—2019年）期间，阿尔及利亚政府投入41400亿第纳尔（约合439.35亿美元）用于道路建设，5550亿第纳尔（约合59.5亿美元）用于港口建设，340亿第纳尔（约合3.65亿美元）用于机场建设。阿尔及利亚允许外国投资者参与当地基础设施投资。

《2016—2030年国家经济多元化和转型战略（2030年远景计划）》计划通过鼓励大众创业、推动私人投资、改革工业发展政策、重组和整合工业土地资源、实施国家能源转型和建立新的国家体系等六个对策，实现六大目标：（1）从2020—2030年，GDP（油气领域除外）年增长率达6.5%；（2）人均GDP达到过去的2.3倍；（3）制造工业附加产值翻一番；（4）实现粮食安全和多元出口；（5）国内能源消费增长率减半，能源价格趋于合理，严格管控开采；（6）以多元化出口促进经济快速发展。

（四）投资机会

1. 电力

阿尔及利亚电力生产能力为8502兆瓦，其中6100兆瓦可并网发送，电网覆盖率达98%，输电线长263820千米。国内电力市场需求约为32.6万亿瓦时，用电需求年增长5.8%。阿尔及利亚电力市场供大于求，但由于电力输送线路老化、偷漏电现象严重，部分地区用电紧张现象时有发生。根据阿尔及利亚能源发展规划，预计到2030年将达到22000兆瓦发电能力，其中10000兆瓦待条件成熟时将用于出口。

政府将制定相关投资鼓励政策，吸引国内外投资者积极投资新能源领域。

阿尔及利亚上议院于 2019 年通过了新能源法，旨在通过提高投资者的兴趣，来振兴阿国关键的石油和天然气行业。新的法律包括税收优惠和减少行政程序、生产共享、参与和风险服务等新的合作类型。

2. 天然气

阿尔及利亚国家石油天然气公司首席执行官 Toufik Hakkar 表示，阿尔及利亚是欧洲石油和天然气的主要供应国，目前已经消耗了其已探明储量的近 62%，剩下的储量在 2040 年之前只能满足国内需求。

2020 年 4 月，阿国前能源部长 Mohamed Arkab 宣布已探明石油储量为 100 亿桶，还剩下 27 年的生产寿命，而天然气储量为 2.37 万亿立方米，凝析油储量为 2.6 亿吨。

2020 年 11 月，阿能源部长阿卜杜勒马吉德·阿塔尔在天然气出口国论坛（GECF）部长级圆桌视频会议上表示，"阿尔及利亚已经进行了大规模的天然气资源开发，为其经济发展提供了资金并改善了居民的生活条件。由于天然气资源丰富，这种情况在未来还将继续。未来五年，阿尔及利亚将在天然气产业链投资超过 200 亿美元"。

3. 太阳能

阿尔及利亚计划到 2024 年安装多达 36 亿美元的太阳能光伏（PV）项目，以生产可再生电力用于满足日益增长的国内电力需求和出口。

阿尔及利亚总理办公室在一份声明中说，政府计划在 2020—2024 年斥资最高达 36 亿美元安装太阳能发电设施，预计总容量达到 4 吉瓦。新的太阳能发电厂项目称为 TAFOUK1，是政府计划中利用可再生能源发电的计划的一部分。

政府表示，整个项目将需要投资 32 亿~36 亿美元，此举将在建设阶段创造 56000 个工作岗位，在运营阶段创造 2000 个工作岗位。

Chapter 7 第七章

工程建设企业合规管理体系建立指南

一、合规管理的内部环境

合规管理是一种风险管理活动,是境外施工企业对业务活动是否遵守所在国(地区)法律、法规规定、规则、行业自律等的一种鉴证行为。

合规管理的内部环境是其他所有风险管理要素的基础,为其他要素提供规则和结构。内部环境的要素包括:合规管理的目标和基本原则;企业文化和公司战略;管理层的理念和经营风格;公司组织架构及其岗位职责;员工的诚信、道德价值观和胜任能力。

(一)合规管理的目标

建立健全合规风险管理体系,实现合规风险的有效识别和管理,促使境外施工企业全面风险管理体系的建设,确保企业依法合规经营。

(二)合规管理的基本原则

(1)客观性原则。合规人员应当依照相关法律、法规对违规事实进行客观评价。

(2)独立性原则。合规部门在企业中应当有独立地位,合规管理应当独立于其他各项业务经营活动。

(3)专业性原则。合规人员应当熟悉公司业务制度,了解公司内各业务环节的专业知识和业务流程,并准确理解和把握法律法规的规定和变动趋势。

(4)公正性原则。合规人员在对业务部门进行检查时,应当坚持统一标准对违规行为及相关风险进行评估和报告。

(5)协调性原则。合规人员应当正确处理与公司其他部门及监管部门的关系，努力形成公司的合规合力，避免内部损耗。

（6）全面性原则。企业合规管理应覆盖所有境外业务领域、部门和员工，贯穿决策、执行、监督、反馈等各个环节，体现于决策机制、内部控制、业务流程等各个方面。

二、合规管理机构的设置及职责

（一）合规管理机构的设置

企业可根据业务性质、地域范围、监管要求等设置相应的合规管理机构。合规管理机构一般由合规委员会、合规负责人和合规管理部门组成。尚不具备条件设立专门合规管理机构的企业，可由相关部门（如法律事务部门、风险防控部门等）履行合规管理职责，同时明确合规负责人。

1. **合规委员会**

企业可结合实际设立合规委员会，作为企业合规管理体系的最高负责机构。合规委员会一般应履行以下合规职责：

（1）确认合规管理战略，明确合规管理目标。

（2）建立和完善企业合规管理体系，审批合规管理制度、程序和重大合规风险管理方案。

（3）听取合规管理工作汇报，指导、监督、评价合规管理工作。

2. **合规负责人**

企业可结合实际任命专职的首席合规官，也可由法律事务负责人或风险防控负责人等担任合规负责人。首席合规官或合规负责人是企业合规管理工作具体实施的负责人和日常监督者，不应分管与合规管理相冲突的部门。首席合规官或合规负责人一般应履行以下合规职责：

（1）贯彻执行企业决策层对合规管理工作的各项要求，全面负责企业的合规管理工作。

（2）协调合规管理与企业各项业务之间的关系，监督合规管理执行情况，及时解决合规管理中出现的重大问题。

（3）领导合规管理部门，加强合规管理队伍建设，做好人员选聘培养，监督合规管理部门认真有效地开展工作。

3. 合规管理部门

企业可结合实际设置专职的合规管理部门，或者由具有合规管理职能的相关部门承担合规管理职责。合规管理部门一般应履行以下合规职责：

（1）持续关注我国及业务所涉国家（地区）法律法规、监管要求和国际规则的最新发展，及时提供合规建议。

（2）制定企业的合规管理制度和年度合规管理计划，并推动其贯彻落实。

（3）审查评价企业规章制度和业务流程的合规性，组织、协调和监督各业务部门对规章制度和业务流程进行梳理和修订。

（4）组织或协助业务部门、人事部门开展合规培训，并向员工提供合规咨询。

（5）积极主动识别和评估与企业境外经营相关的合规风险，并监管与供应商、代理商、分包商、咨询顾问和承包商等第三方相关的合规风险。为新业务的开发提供必要的合规性审查和测试，识别和评估新业务的拓展、新客户关系的建立以及客户关系发生重大变化等所产生的合规风险，并制定应对措施。

（6）实施充分且具有代表性的合规风险评估和测试，查找规章制度和业务流程存在的缺陷，并进行相应的调查。对已发生的合规风险或合规测试发现的合规缺陷，应提出整改意见并监督有关部门进行整改。

（7）针对合规举报信息制定调查方案并开展调查。

（8）推动将合规责任纳入岗位职责和员工绩效管理流程。建立合规绩效指标，监控和衡量合规绩效，识别改进需求。

（9）建立合规报告和记录的台账，制定合规资料管理流程。

（10）建立并保持与境内外监管机构日常的工作联系，跟踪和评估监管意见和监管要求的落实情况。

（二）合规管理部门的设置方式

合规管理部门是负责施工企业合规工作的具体组织和执行部门，依照所规定的职责、权限、方法和程序独立开展工作，负责公司各部门和全体员工的合规管理工作，合规管理部门对公司高层负责。

合规管理部门人员应具备较高的思想素质和法制观念，坚持原则、忠于职守、廉洁奉公、公正无私，并具备相应的专业知识。合规管理部门必须制定相应的人员岗位责任制，明确任务，落实责任。合规管理部门工作人员同样应遵守公司各种规章制度和规定。合规管理部门依据国家及有关部门的法律法规、公司章程、公司内部管理制度和承包合同，在所赋予的权限内，按照所规定的程序和方法，对行为对象进行客观公正的检查监督并提出处理建议。

合规管理部门的设置有如下几种类型，每种类型都有各自的优缺点。企业应根据公司业务类型、组织结构、组织资源等因素选择合规管理部门的设置。参见表7-1。

表 7-1 合规管理部门的设置

序号	类型	特　　点
1	合规管理部	在企业内部建立一个专业的合规管理部门，任命首席合规官作为合规管理总负责人。 优点：企业合规管理部门的独立性强，合规团队专业能力强，合规工作也做得相对专业。 缺点：要求企业投入大量的资金、人力等资源；对合规管理人员职业技能要求高，既要懂合规专业知识，又要懂具体的业务知识；合规管理部门与其他部门之间的沟通协调能力也要求较高。
2	法务合规部	把法务部或者法律事务部的管理职能与合规部门管理职能统一到法务合规部门职能之中，由法务合规部对企业的法律事务工作和合规管理工作进行统一管理。 优点：部门设立相对容易，投入成本相对较低，公司在设立合规管理部门时可以利用公司现有的法务部门的资源，因为大多数公司在成立合规部之前都有法务部门。另外，合规管理工作与法务部工作配合容易，因为合规管理部门有效开展工作的前提须对外部法律法规、监管等规定有正确的理解，在相同领导的情况下，合规管理部门与法务部门之间的沟通也相对顺畅。 缺点：按照这样的方式设置合规管理部门，开展工作时与其他部门的沟通协调要求较高，需要合规管理部门与业务部门密切配合，合规管理人员职业技能要求高，既要懂合规专业知识，又要懂具体的业务知识。
3	审计合规部	合规部与审计部结合形成审计合规部。 优点：便于企业对合规风险进行管理，企业可以通过较少的投入达到合规管理的目的。 缺点：独立性不强，适用于业务单一且面临合规风险较低的企业。以生产汽车为主的北京奔驰汽车就采用了此类型。

续表

序号	类型	特　　点
4	风控合规部	融合了公司治理、风险控制与合规管理。 优点：大大提升了合规管理部门整合公司资源的能力，有很强的独立性，方便了合规部门与风险管理部门的沟通，合规部门在进行合规风险评估时可以和风控部门结合起来共同开展工作，实现风险管理工作成果共享。 缺点：对合规部的领导力提出了很高的要求，同时也需要企业提供较多的资源支持，还需要与法务部门等其他部门加强沟通，平衡业务与合规风险管理的关系。
5	其他	具体根据公司业务类型、组织结构、组织资源而定。 如英国石油公司（BP）在集团层面设置"道德与合规部"进行合规管理，同时配以法律各领域专家提供日常的法律专业支持，来保证BP各部门的合规专业有效运行。 BP公司除了在道德与合规部门工作的全职合规工作人员之外，在每个业务与职能部门及其每一个下属地区部门，都有一位部门领导兼任本部门的"道德与合规联络人"。其职责是确保各项合规制度在本部门的有效实施，并且就日常工作中的合规问题进行处理和解答。这种安排能够有效提高本部门领导的合规意识，以及高效率解决日常合规问题。

三、企业内部的合规管理体系

（一）董事会的合规责任

董事会作为决策层应以保证企业合规经营为目的，通过原则性顶层设计，解决合规管理工作中的权力配置问题。

董事会负责企业整体风险的预防和控制，审核、监督公司风险控制制度的有效执行，可以下设合规与风险管理委员会，负责对企业国内施工承包及境外施工经营的风险控制及合法合规进行审议、监督和检查，草拟企业风险管理战略，评估企业风险管理状况。

董事会对企业的合规管理承担最终责任，履行以下合规职责：

（1）审核批准合规政策，监督合规政策的实施，并对实施情况进行年度评估。

（2）审核批准公司年度合规报告，对年度合规报告中反映出的问题，采取措施解决。

（3）根据总经理提名决定合规负责人的聘任、解聘及薪酬事项。

（4）决定公司合规管理部门的设置及其职能。

（5）保证合规负责人独立与董事会、董事会相关委员会，如审计委员会或者其他专业委员会沟通。

（6）公司章程规定的其他合规责任。

（二）监事会的合规责任

为了完成合规监督职能，监事会不仅要进行会计监督，而且要进行业务监督。不仅要有事后监督，而且要有事前和事中监督（即计划、决策时的监督）。监事会对经营管理的合规方面监督包括以下方面：

（1）对企业董事、总经理和其他高级管理人员执行公司职务时违反法律、行政法规或者公司章程的行为进行监督并有权通知他们停止其非合规行为。

（2）随时调查企业的合规执行状况，审查合规体系文件、合规记录和合规报告，并把审核意见向董事会报告。

（3）当监事会认为有必要时，一般是在企业出现重大问题时，可以提议召开股东会。

（三）管理层的合规责任

（1）企业的高级管理层应分配充足的资源建立、制定、实施、评价、维护和改进合规管理体系。

（2）管理层人员应当熟悉工程建设相关法律、行政法规及国际性组织的监管要求，依法合规、勤勉、审慎地行使职权。管理层人员应当维护企业的统一性和完整性，在其职权范围内对企业经营活动进行独立、自主决策，不受他人干预，不得将其经营管理权让渡给股东或者其他机构和人员。

（3）管理层人员应当根据企业经营环境的合规要求，督促和落实合规责任体系建立和运行。

（4）管理层人员应当构建企业自身的合规文化，保持企业内部机构和人员合规责任体系、合规报告路径的清晰、完整，不得违反规定的报告路径，防止在内部责任体系、报告路径和内部员工之间出现割裂的情况。

（四）合规管理部门的合规责任

（1）协助领导构建企业合规管理体系，制订、修订企业的合规手册和其他合规风险管理规章制度；

（2）起草年度合规管理计划；

（3）主动识别、评估、监测和报告合规风险；

（4）负责各项具体合规工作方案的拟定，使合规工作顺利展开；

（5）起草合规报告；

（6）参与新业务的开发，识别、评估合规风险，提供合规支持；

（7）违规事件的调查处理，起草违规处理决定；

（8）梳理企业内控流程，提出相关改进建议；

（9）审查企业内部管理制度、业务规程，提供合规改进建议；

（10）组织合规培训并向企业员工提供合规咨询；

（11）跟踪法律法规、监管规定和行业自律规则的变动、发展，并根据其有关要求提出制订或者修改企业内部规章制度的建议；

（12）领导指派的其他工作及其他相关辅助。

（五）合规管理的主要内容

企业应以倡导合规经营价值观为导向，明确合规管理工作内容，健全合规管理架构，制定合规管理制度，完善合规运行机制，加强合规风险识别、评估与处置，开展合规评审与改进，培育合规文化，形成重视合规经营的企业氛围。

1. **合规管理的主要活动**

合规管理旨在构造企业监督系统，对企业的决策系统和执行系统进行全程、动态的合规监控，监控的对象覆盖企业经营管理的全部内容，主要包括：

（1）定期学习法律、法规，传达监管要求，营造企业合规文化，提高员工合规意识；

（2）审核业务合同、各部门的制度和工作流程；

（3）依据合规要求，检查和评估日常经营管理活动的合规性；

（4）梳理整合各项法律法规、规章制度，开展合规培训；

（5）为新的承包合同提供合规支持；

（6）开展法律咨询，协同处理企业法律纠纷及其投诉。

2. **合规文化**

合规文化建设是合规风险管理的一部分，同时也是企业文化建设的一部分。如果企业上下所有员工都严格遵守高标准的道德行为准则，那么该合规风险的管理就是最为有效的。

在企业内部要形成浓厚的合规文化，做到人人合规。所有员工都要有足够的职业谨慎，具有诚信正直的个人品行以及良好的风险意识和行为规范。企业内部要具有清晰的责任制和问责制，以及相应的激励约束机制，形成所有员工理所当然要为他从事的职业和所在岗位的工作负责任的氛围，进而逐步形成工程建设企业的合规文化。企业加强合规文化建设应从以下四个方面努力：

（1）管理层的重视。

（2）全员合规理念的建立，一定要改变"钻政策空子""打擦边球"的观念，打消侥幸心理。

（3）合规部门与其他部门的配合、信息交流，实现资源共享，协同作战。

（4）有效落实合规考核机制。

3. 合规政策

合规政策是企业体现合规理念，培育合规文化，制定实现合规目标的纲领性、指示性的文件，对企业开展合规工作提出原则性要求。其内容包括：

（1）合规政策的制定。

企业的高级管理层（合规委员会）负责制定书面的合规政策，并根据合规风险管理状况以及法律、规则、准则及项目所在地的政策、宗教和文化环境的情况适时修订合规政策，报经董事会审议批准后传达给全体员工，定期评价各项合规政策和执行状况；若发现重大的合规问题，管理层必须立即向董事会汇报。

（2）进一步明确合规管理部门的职能。

为确保合规管理部门能在公司合规管理中充分发挥作用，对合规管理部门的责任至少应明确：①合规管理部门的功能和职责；②合规管理部门的权限；③合规负责人的合规管理职责；④保证合规负责人和合规管理部门独立性的各项措施，包括确保合规负责人和合规管理人员的合规管理职责与其承担的任何其他职责之间不产生利益冲突等；

⑤合规管理部门与其他部门之间的协作关系;⑥设立分支机构合规管理部门或项目部合规管理部门的原则。

(3) 合规政策的落实。

①高级管理层:负责贯彻执行合规政策,确保发现违规事件时及时采取适当的纠正措施,并追究违规责任人的相应责任。

②企业职能部门及各项目部:遵循企业合规政策,研究制定本部门或本项目决策和运作的各项制度流程并组织实施,定期对本部门或项目的合规风险进行评估,对其合规管理的有效性负责。

③合规管理部门:作为合规风险的日常管理部门,主要负责识别、评估和监控合规风险,并向管理层和董事会提出合规建议和报告。

4. **合规审核**

通过审核,把外部监督可能发现的问题及时在内部发现并进行有效的处理,以减少企业损失和可能受到的处罚。

合规审核的程序一般包括:制定合规审核机制、合规审核调查、合规审核评价,具体内容见表7-2。

表7-2　合规审核的程序及内容

程序	内　　容
制定合规审核机制	制定合规审核计划,需要列出审核的目标、步骤和流程。
合规审核调查	合规人员开展内部合规审核时,可能出现内部人员不配合、刻意隐瞒实情的情况,需要合规部门人员进行审核调查,但审调查手段不能干扰企业或项目日常的运作。
合规审核评价	合规审核工作需要进行阶段性的评估,可以由内部或外部人员进行,最终目的是改进合规部门的工作。

5. 合规审计

企业合规管理职能应与内部审计职能分离。企业审计部门应对企业合规管理的执行情况、合规管理体系的适当性和有效性等进行独立审计。审计部门应将合规审计结果告知合规管理部门，合规管理部门也可根据合规风险的识别和评估情况向审计部门提出开展审计工作的建议。

6. 合规检查

合规检查的主要目标是制度、程序和流程的执行情况，合规检查主要看企业各个层面，特别是施工项目部是否落实了合规要求，检查要点：

（1）企业各个层面是否按照相关法律法规和企业章程的规定履行职责，合规记录是否真实、准确、完整，是否按规定存档。

（2）合规问题的整改情况及违规责任人的处理情况。

（3）风险管理制度是否涵盖了不同风险控制环节。

（4）其他有需要检查的内容。

7. 合规培训

企业应将合规培训纳入员工培训计划，培训内容需随企业内外部环境变化进行动态调整。境外经营相关部门和境外分支机构的所有员工，均应接受合规培训，了解并掌握企业的合规管理制度和风险防控要求。决策层和高级管理层应带头接受合规培训，高风险领域、关键岗位员工应接受有针对性的专题合规培训。合规培训应做好记录留存。合规培训的内容有（不限于）：

（1）企业内部的员工守则和各项业务的合规制度。

（2）国际商业公约及项目所在国特定合规要求。

（3）境内外合规案例警示教育。

8. 合规汇报、举报与投诉

合规负责人和合规管理部门应享有通畅的合规汇报渠道。合规管理部门应当定期向决策层和高级管理层汇报合规管理情况。汇报内容一般包括但不限于合规风险评估情况，合规培训的组织情况和效果评估，发现的违规行为以及处理情况，违规行为可能给组织带来的合规风险，已识别的合规漏洞或缺陷，建议采取的纠正措施，合规管理工作的整体评价和分析等。

如发生性质严重或可能给企业带来重大合规风险的违规行为，合规负责人或合规管理部门应当及时向决策层和高级管理层汇报，提出风险警示，并采取纠正措施。

企业应根据自身特点和实际情况建立和完善合规信息举报体系。员工、客户和第三方均有权进行举报和投诉，企业应充分保护举报人。

合规管理部门或其他受理举报的监督部门应针对举报信息制定调查方案并开展调查。形成调查结论以后，企业应按照相关管理制度对违规行为进行处理。

各层级人员对违规行为应有制止的义务，企业应有合规投诉处理的渠道和制度，合规投诉处理的流程为接收、审议、改进、反馈。合规投诉处理的措施包括：

（1）建立合规投诉渠道。

（2）建立合规投诉的管理办法或处理流程等制度。其中建议含保密、奖励等内容。

（3）规定相关处理极限范围、处理流程与时限等。

9. 合规考核

合规考核应全面覆盖企业的各项管理工作。合规考核结果应作为企业绩效考核的重要依据，与评优评先、职务任免、职务晋升以及薪酬待遇等挂钩。

境外经营相关部门和境外分支机构可以制定单独的合规绩效考核机制，也可将合规考核标准融入总体的绩效管理体系中。考核内容包括但不限于按时参加合规培训，严格执行合规管理制度，积极支持和配合合规管理机构工作，及时汇报合规风险等。

(1) 建立考核目标。

企业应在相关部门和各层级建立合规目标作为考核依据。

企业策划如何实现合规目标时，应确定：

——做什么；

——需要什么资源；

——谁负责；

——何时完成；

——结果如何评价。

(2) 建立员工合规操守考核制。

制订包括合规操守、合规业绩考核在内的绩效管理体系。每年初根据境外企业项目建设和生产经营的实际，制定考核指标并与主要负责人签订责任书，采取"月度通报、季度考核、半年小结、年度清算"考核机制，年底根据完成情况进行考核，合规业绩考核结果与企业工资总额、领导班子成员年薪和领导班子成员任职评价"三挂钩"。通过加强合规绩效考核，充分调动企业合规经营的积极性，促进资产的保值增值。将考核结果纳入年度绩效考核，与绩效工资挂钩，帮助员工提高合规意识，确保员工日常行为合规，遵守企业合规要求。

(3) 建立违规问责制度。

对于发现的违规事件，要严格认定和追究违规行为人的责任，并采取有效的纠正措施，及时优化经营管理流程和修订相关规章制度，切实消除违规事件产生的影响。

10. 合规评价

企业应定期对合规管理体系进行系统全面的评价,发现和纠正合规管理贯彻执行中存在的问题,促进合规体系的不断完善。合规管理体系评价可由企业合规管理相关部门组织开展或委托外部专业机构开展。

企业在开展效果评价时,应考虑企业面临的合规要求变化情况,不断调整合规管理目标,更新合规风险管理措施,以满足内外部合规管理要求。

(1)建立法律法规及其他要求适用表。

合规性评价的基础工作是建立适用的法律、法规及其他要求清单。

·立法机构和监管机构的法律、规则和准则;

·市场惯例;

·行业协会的行业规则;

·内部职员行为准则;

·诚实守信和道德行为准则。

(2)建立法律法规及其他要求合规性评价表。

(3)进行合规性评价。

①归口管理部门;

②评价频次;

③评价人员;

④评价依据;

⑤评价内容;

⑥评价记录;

⑦不合规处置。

(4) 提出改进方法。

①企业合规性评价和改进建议表。

②撰写企业规章制度的修改建议书。

·如果企业的规章制度体系文件与现行的法律法规有冲突，则必须对规章制度体系进行修改。

·应该通过与有关部门的沟通，了解企业规章制度这样规定的原因，并探讨有无可能做出既合乎技术原理又合乎法律法规的方法。

·在建议书中，必须写明既有文件的哪一部分与法律法规存在冲突，并给出修改意见。

四、合规管理中的风险控制方法

合规风险是指企业或其员工因违规行为遭受法律制裁、监管处罚、重大财产损失或声誉损失以及其他负面影响的可能性。

合规管理部门应深入调查、梳理各操作岗位的工作规程，研究各岗位原有的内控风险、管理体系风险及法律风险，针对各环节隐藏的或者有可能发生的合规风险进行系统排查，并梳理成全面的合规管理风险。参照国家的法律法规、有关政策和行业标准规范，结合企业实际运营的情况，整理各业务领域需要遵守的法律法规和其他标准，结合上述排查的合规管理风险，细化业务操作标准，量化要求。其后，强调风险提示，列出哪些岗位会出现风险操作、风险级别、业务流程环节中容易出现风险的操作点以及风险控制措施，便于业务操作人员在工作中能够有意地避开风险操作点，提高风险意识，加强自身责任感。这是企业达成合规要求、实现合规经营的根本策略。

整个风险管理过程是一个闭环系统（见图7-1），随着风险应对策略的实施及风险监控过程中内外部环境或工作内容的变化，风险会出现许多变化，这些变化的信息可及时反馈，新的风险识别就能及时地对新情况进行风险评估和分析，从而调整并实施风险应对策略。这样循环往复，保持风险管理过程的动态性就能达到风险管理的预期目的。

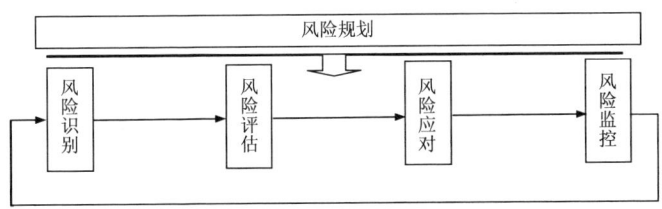

图7-1 企业风险管理的全过程

（一）风险规划

风险规划是定义如何实施合规风险管理活动的过程，合规部门应该根据企业的业务类型、实施环境和人员特点，制定风险管理规划文档，即风险管理计划。该计划要与业务内容（如所承包的项目类型、项目战略优先级等）对企业和其他相关方的重要程度相匹配，其中特别需要注意的是业务（如工程项目承包）实施过程中关键相关方（如工程所在地政府、业主及企业自身领导层）对合规风险的容忍程度。

风险规划的内容应包括：

（1）确定合规风险管理的领导者和团队，明确其职责；

（2）确定合规风险管理活动所需资金及应急储备和管理储备的使用方案；

（3）确定在项目生命周期中实施合规风险管理过程的时间和频率；

(4) 确定合规风险的分类方式和风险分解结构;

(5) 记录各相关方的风险偏好度和风险临界值;

(6) 根据具体的项目对风险的概率和影响进行定义;

(7) 风险登记册、风险报告以及项目风险管理过程中的文档要求及内容格式等。

合规风险管理活动应纳入日常工作范畴,是合规管理工作的最重要组成部分。同时,企业应在合规风险规划阶段对各类相关人员做好合规培训工作。培训对象和内容见表7-3。

表7-3 企业合规培训对象和培训内容

序号	培训对象	培训内容
1	企业高层、高级合规官	如何建立企业合规管理体系
2	合规管理团队成员	合规管理团队的职责、应知应会等
3	从事境内经营的工程建设企业所有人员	境内合规要求、制度
4	从事境外经营的工程建设企业所有人员	境外合规要求、制度

可采取现场培训、书面培训、网络培训相结合的形式,由合规管理部门制定年度合规培训计划,由各业务部门提出培训需求,以工作的实际需要为出发点,与岗位紧密结合,根据年度培训计划、国家政策法规的变化及企业业务发展需要实施培训,有计划、有目的地组织各种形式的合规培训,强化合规经营理念。

(二) 风险识别

企业应当建立必要的制度和流程(风险规划),识别新的和变更的合规要求。企业可围绕关键岗位或者核心业务流程，通过合规咨询、审核、考核和违规查处等内部途径识别合规风险，也可通过外部法律顾问咨询、持续跟踪监管机构有关信息、参加行业组织研讨等方式获悉外部监管要求的变化，识别合规风险。

企业境外分支机构可通过聘请法律顾问、梳理行业合规案例等方式动态了解掌握业务所涉国家（地区）政治经济和法律环境的变化，及时采取应对措施，有效识别各类合规风险。

企业的合规风险识别工作应该在整个经营过程中持续开展，并根据环境和业务特性的变化不断更新风险内容。

具体工程项目上的风险识别应以企业已识别的合规风险为基础，结合项目特性、所在地的环境（包含自然环境、社会环境、管理环境和作业环境）等因素，在合规管理部门的配合下，一同开展合规风险的识别。

可使用头脑风暴、核对单、访谈收集与风险相关的信息；通过根本原因、假设条件和制约因素、各种文件和SWOT等分析风险及其来源；召开专门的会议讨论和完善风险的识别。具体识别风险的方法见表7-4。

表7-4 常见风险识别方法

名称	方式	说明
调查法	访谈	约访专家、工程管理人员，或通过实地观察走访等识别潜在的风险。
	专家会议讨论	通过成立风险管理专家小组，召开会议，利用其专业知识和经验识别潜在的风险。

续 表

名称	方式	说明
头脑风暴法	自由联想讨论	组织一群人自由联想、讨论，发表自己的观点或看法，互不强制干预对方。
核查法	核查表	将之前相似项目发生过的风险归纳总结列成清单，核查拟建项目是否存在该类风险。
分解法	工作分解法（WBS）	将复杂的整体工程进行系统分解（单项工程-单位工程-分部分项工程-工序），分析潜在的风险和损失。
	风险分解法（RBS）	将整个工程的风险从不同的方面或层次分类，再将大类风险分解为具体的子风险。
	WBS-RBS	将复杂的工程工作和风险分别分解成简单、易于理解的基本单元，再将其耦合形成WBS-RBS矩阵，找出可能的风险因素。
情景分析法	场景假设	设想同一环境不同情境下可能出现的风险及其带来的损失。
假设条件和制约因素分析	实施条件审查	每个项目及其项目管理计划的构思和开发都基于一系列的假设条件，并受一系列制约因素的限制。探索假设条件和制约因素的有效性，确定其中哪些会引发风险。从假设条件的不准确、不稳定、不一致或不完整，可以识别出威胁，通过清除或改变会影响项目或过程执行的制约因素，可以创造出机会。
流程图法	流程图	将项目划分为连续的作业流程，再将各个作业流程划分为若干个具体板块，分析各板块中潜在的风险。

续 表

名称	方式	说明
SWOT分析	多维度进行分析	对项目的优势、劣势、机会和威胁进行逐个检查。
文件分析	历史资料分析	通过对企业或项目以往文件的结构化审查，可以识别出一些风险。可供审查的文件包括计划、假设条件、制约因素、以往项目档案、合同、协议和技术文件。

1. 合规风险识别的领域

企业识别、分析和评估合规风险可以从重点领域、重点环节、重点人员三方面考虑，参见表7-5。

表7-5 企业风险识别的领域

序号	类别	具体内容
1	重点领域	市场交易、商业伙伴、安全环保、施工质量、劳动用工、财务税收、知识产权、反腐、诚信与反贿赂。
2	重点环节	重要决策事项事前合规审查。境外施工重大决策、重大合同、大额资金管控、境外子企业公司治理等。
3	重点人员	管理人员、高风险岗位、海外人员。

2. 合规风险识别的框架

全面识别合规风险一个良好的方法是通过风险分解（RBS）建立合规风险识别框架。

（1）合规风险 RBS 建议，参见表 7-6。

表 7-6 合规风险 RBS 建议

类别	需合规的内容或风险点
国际条约、惯例和协议合规风险相关的规定主要来自联合国（UN）、国际劳工组织（ILO）、世界知识产权组织（WIPO）、国际标准化组织（ISO）、社会责任国际（SAI）、国际商会（ICC）、世界银行（WB）、石油输出国组织（欧佩克）等	·合同管理：FIDIC 条款、NEC 合同条款、JCT 合同条款、AIA 系列合同条件等； ·劳工权利：《国际组织劳工宪章》、《建筑业安全和卫生建议书》、《1990 年夜间工作公约》、SA 8000 等； ·知识产权：《保护工业产权巴黎公约》《专利合作条约》《世界版权公约》等； ·环境保护：《生物多样性公约》《控制危险废物越境公约》《联合国气候变化框架公约》《巴塞尔公约》等； ·财务报告：COSO 全面风险管理框架、内部控制框架等； ·国际贸易：《国际贸易术语解释通则》《商业跟单信用证统一惯例》等； ·诚信与反贿赂：《世行诚信合规指南》《海外反腐败法案》等； ·……
国家（地区）性合规风险	·美国的《海外反腐败法案》《针对机构实体联邦量刑指南》《萨班斯法奥克斯利法案》； ·美国的"长臂管辖"司法判例； ·所在国出于国家安全和国家利益作出的行政决定，如美国把华为公司列入出口管制"实体名单"； ·所在国及地区出入境相关规定； ·驻所在国使领馆的规定和要求； ·……

续表

类别	需合规的内容或风险点
宗教、文化和习俗合规风险	·基督教； ·伊斯兰教； ·佛教； ·当地的其他教派和习俗； ……
国内施工企业涉及的主要法律、法规合规风险	1. 法律 《中华人民共和国建筑法》《中华人民共和国安全法》《中华人民共和国消防法》《中华人民共和国民法典》《中华人民共和国招标投标法》《中华人民共和国土地管理法》《中华人民共和国城乡规划法》《中华人民共和国环境保护法》《中华人民共和国环境影响评价法》《中华人民共和国保险法》《中华人民共和国劳动法》等。 2. 行政法规 《工程建设质量管理条例》《工程建设安全生产管理条例》《工程建设勘察设计管理条例》《中华人民共和国土地管理法实施条例》等。 3. 部门规章 《工程监理企业资质管理规定》《注册监理工程师管理规定》《工程建设监理范围和规模标准规定》《建筑工程设计招标投标管理办法》《房屋建筑和市政基础设施工程施工招标投标管理办法》《评标委员会和评标方法暂行规定》《建筑工程施工发包与承包计价管理办法》《建筑工程施工许可管理办法》《实施工程建设强制性标准监督规定》《房屋建筑工程质量保修办法》《房屋建筑工程和市政基础设施工程竣工验收备案管理暂行办法》《工程量清单计价规范》《工程建设施工现场管理规定》《建筑安全生产监督管理规定》《工程建设重大事故报告和调查程序规定》《城市建设档案管理规定》《增值税暂行条例实施细则》等。

续 表

类别	需合规的内容或风险点
国内外行业专业技术合规风险	指针对不同的行业、不同质量控制对象制定的专业技术规范文件。包括规范、规程、标准、规定等，如：工程建设项目质量检验评定标准，有关建筑材料、半成品和构配件质量方面的专门技术法规性文件，有关材料验收、包装和标志等方面的技术标准和规定，施工工艺质量等方面的技术法规性文件，有关新工艺、新技术、新材料、新设备的质量规定和鉴定意见等。
企业内部制度和流程合规风险	·公司章程； ·公司制度和业务流程； ·工艺流程和操作手册； ·……

（2）全面风险识别 RBS 建议，见表 7-7 至表 7-18。

表 7-7 境外工程建设企业全面风险识别框架（RBS 0 级）

序号	层次	风险类型
1	国家层面	经济风险、政治风险、社会风险、自然风险、法律风险
2	项目层面	招投标风险、设计风险、施工风险、采购风险、业主方风险
3	企业层面	融资风险、资金风险、组织结构风险、人力资源管理风险

表7-8 国家层面：经济风险清单（RBS 1~2 级）

序号	风险因素	风险源
1	经济发展	所在国经济 GDP 总量及发展趋势如何？经济产业结构是怎样的？经济发展规划和政策有哪些？
2	通货膨胀	所在国通货膨胀率是多少？是否得到有效控制？发展趋势如何？国家的货币政策如何？
3	政府财政和债务	政府财政收入、来源及占比是多少？政府财政收支情况如何？政府外债与内债情况如何？政府外汇收入、来源及储备情况如何？
4	市场竞争	政府投资和私人投资情况如何？市场竞争激烈情况如何？市场竞争者来自哪些国家？中国企业的市场份额、分布领域和竞争优势怎样？
5	汇率变化	所在国采用何种货币？是否是国际货币？与美元的兑换比率是否稳定？汇率的发展趋势怎样？
6	外汇管制	所在国是否是外汇管制国家？所在国的外汇储备怎样？外汇管制的对象是哪些？外汇管制的范围有哪些？
7	华人经济团体影响	所在国是否存在华人商会或经济团体？这些商会团体对所在国经济的影响力如何？与当地政府和社会组织团体的关系如何？
8	商业银行合作	所在国的主要商业银行有哪些？银行的资信、业务及收费、效率情况如何？外国人可否开立银行账号和可办理的业务情况有哪些？

表7-9 国家层面：政治风险清单（RBS 1~2级）

序号	风险因素	风险源
1	政治制度	所在国政治体制是哪种（民主共和制/君主立宪制）？所在国民主程度如何？是否存在以及存在多大程度的独裁？政治权力在各组织机构之间如何划分？
2	政党及政策	所在国的政党情况如何？是一党制、两党制还是多党制？主要政党有哪些？主要政党对国家政策和政治权力的影响怎样？执政党及其他政党对华态度怎样？
3	国家信誉	所在国的国际信誉如何？是否有国家信用评级？评级情况如何？
4	政府腐败	所在国政府廉洁情况如何？腐败行为严重程度如何？政府是否就腐败问题采取打击措施？政府打击力度和决心怎样？
5	政策连续性	国家政策是否稳定？近几届政府更迭过程是否稳定？新政府对原政府行为（各项政令及外交政策）继承是否完整及政策是否稳定？
6	政局稳定性	国家政局是否稳定？影响国家政局稳定的主要因素有哪些？
7	战争或内乱	所在国是否存在反政府武装或恐怖组织？其破坏活动近年来是否频繁？国家是否已采取军事行动？未来的安全形势会如何？
8	国家关系	所在国周边国家政局是否稳定？其与周边国家关系如何？国际上有无敌视国？中国在该国是否设有大使馆？其与中国合作情况如何？
9	舆论风险	我方在项目所在国设立的机构是否建立了舆情监控机制？
10	工程协会	所在国是否存在工程协会？工程协会的作用及其对市场的影响如何？

续 表

序号	风险因素	风险源
11	紧急事故应对	我方在所在国设立的机构是否建立了紧急情况的应对机制?包括哪些具体的应急保障措施?
12	项目安保	我方在所在国设立的机构是否建立了安全保障管理制度?当地是否有专业的安保公司?费用如何?当地政府可否提供安保力量?
13	市场歧视	建筑市场对外国承包商的态度如何?中资企业在当地受欢迎程度如何?

表7-10 **国家层面：社会风险清单（RBS 1~2级）**

序号	风险因素	风险源
1	民族冲突	所在国有多少民族?各民族之间的关系如何?主要民族占人口比例及其对国家政治、社会的影响如何?
2	宗教冲突	所在国有无宗教信仰?具体信仰哪些宗教?宗教之间的关系如何?宗教对国家政治、社会、文化等的影响程度如何?
3	风俗禁忌	所在国有哪些风俗习惯?禁忌有哪些?
4	法定假日	所在国有哪些法定节假日?法定假日多不多?节假日如何分布?
5	劳工素质	社会教育体系是否完善?教育是否普及?公民受教育程度如何?
6	交流障碍	所在国官方语言是什么?较为通行的外国语言有哪些?
7	医疗卫生	所在国医疗保障体制是否健全?医疗水平和伤病费用成本如何?
8	社会治安	社会治安状况如何?偷盗、抢劫等暴力犯罪率高不高?

表7-11 国家层面：法律风险清单（RBS 1~2级）

序号	风险因素	风险源
1	法制差异	所在国属于英美法系、大陆法系还是其他法系？
2	法制是否健全	所在国的国家立法程序如何？法制是否健全？基本法律有哪些？法律法规调整是否频繁？
3	公民法律意识	当地法律文件是否易于获取？公民法律意识怎样？公民犯罪率如何？
4	执法风险	所在国执法部门法律执行力度如何？执法是否公正？
5	司法风险	司法环境如何？司法是否公正？司法效率如何？诉讼成本如何？
6	国际法约束	是否与中国签订双边或多边条约？是否共同加入某种国际组织？
7	公司法风险	所在国关于公司设立及治理的相关法律法规有哪些？主要规定是怎样的？
8	进口管理	所在国对进口程序和手续有哪些规定？海关检查是否严格？清关效率怎样？
9	外籍劳务限制	所在国关于外籍劳务的法律法规有哪些？是否对外籍劳务有明确的限制？外籍劳务需要办理哪些签证和手续？
10	外商投资法	所在国关于外商投资的法律法规有哪些？主要规定是怎样的？
11	投标法规	所在国关于投标的法律法规有哪些？主要的规定是怎样的？
12	合同法	所在国关于合同的法律法规有哪些？主要的规定是怎样的？
13	劳动法	所在国关于劳动关系、职业安全健康的法律法规有哪些？主要的规定是怎样的？对工人加班的时间和费用有何规定？

续 表

序号	风险因素	风险源
14	税法风险	所在国关于税收制度的法律法规有哪些？主要规定是怎样的？税率如何？对外国承包商有无优惠？税法是否定期修改？
15	环保法	所在国关于环境保护的法律法规有哪些？主要规定是怎样的？对于破坏环境行为的惩罚是怎样的？
16	企业资质管理	所在国关于建筑企业资质管理的法律法规有哪些？主要的规定是怎样的？资质分为几类几级？资质申请的程序和所需的材料有哪些？
17	工程纠纷管理	所在国关于诉讼、仲裁等争议解决方式的相关法律法规有哪些？主要的规定是怎样的？
18	所在国仲裁机构	所在国仲裁机构有哪些？这些机构的国际影响力、公正性、收费情况如何？
19	国际仲裁有效性	所在国是否为纽约公约成员？外国仲裁裁决在该国承认和执行情况如何？
20	法律资源获取	所在国的法律资源如何？有无国际知名律所？本国律师的水平和能力怎样？律师收费如何？该国有无知名的工程咨询专家和税务顾问专家？

表7-12 国家层面：自然风险清单（RBS 1~2级）

序号	风险因素	风险源
1	自然灾害	所在国自然灾害现象（地震、洪灾、旱灾、火山、台风等）是否严重？是否常年缺水？
2	气候恶劣	全年降雨量和气温如何？是否有明显的旱季和雨季？雨季和旱季的分布和持续时间？夏季的最高平均温度和冬季的最低平均温度？

续 表

序号	风险因素	风险源
3	水文地质	所在国的地形地貌如何？水文地质条件是否复杂？
4	传染疾病	所在国是否是传染疾病高发区？主要的传染疾病有哪些？病情是否得到有效控制？公民的疾病防范意识如何？
5	生态保护	所在国是否特注重对生态的保护？项目是否经过生态保护区？

表7-13 项目层面：招投标风险清单（RBS 1~2级）

序号	风险因素	风险源
1	投标程序	建筑市场投标的基本程序是怎么样的？公正性如何？外国企业投标需要哪些准备？
2	投标政策	所在国对本国企业和外国企业投标的政策是否不一样？具体政策是怎样的？
3	业主手续	业主的行政审批手续是否齐全？
4	工程量和工程范围	合同中关于工程项目内容描述是否清楚？是否存在可凭借推测和想象而导致工作范围扩大的成分？工程量是否有清单？
5	合同报价	合同计价方式约定是否明确？是固定总价合同还是可调总价合同？合同中有无关于价格调整方式的条款？合同价格包含的风险费是否足够？
6	融资要求	合同中是否要求承包商融资？融资额度是否超过企业规定标准？
7	保函担保	业主是否要求承包商提供保函担保？需要提供哪些保函？保函失效、失效条件及担保金额约定是否明确？
8	预付款约定	合同中是否约定工程预付款？预付款的比例是多少？预付款支付形式是什么？

续 表

序号	风险因素	风险源
9	进度款支付约定	合同中是否约定工程进度款的审批及支付时限？进度款的支付方式是什么？是否约定发包人未按时支付工程进度款的违约责任？
10	工程尾款支付约定	合同中是否约定工程尾款的审批和结算时限？工程尾款的支付方式是什么？是否约定发包人未按时支付工程尾款的违约责任？
11	质保金支付约定	合同中是否约定质量保修期和期满后工程质量保修款的清算和支付时限？
12	竣工结算约定	合同中是否约定工程竣工验收的条件？是否明确规定竣工结算审核单位和审核时限？是否约定中间结算和结算时限？
13	付款形式	合同工程款结算的币种有哪些？业主以何种方式付款？
14	工程变更	是否约定工程变更、洽商、签证价款的审批和支付时限？
15	违约赔偿	合同对双方违约的责任是否做出明确的规定和量化？对赔偿的条件和形式是否约定？
16	条款不平等	业主是否特意将自身承担的风险定义模糊化？风险范围是否缩小？是否将一些不可抗风险全部强加给承包商？
17	条款不严谨	合同对一些重要性条款有没有清晰的定义？规定是否详细？前后是否存在矛盾？
18	合同条款误解	合同条款翻译是否正确？双方就条款的理解是否进行沟通并达成一致？
19	业主免责	合同条款关于业主责任的要求是否明确？有无具体的制约措施？

表7-14 项目层面：设计风险清单（RBS 1~2级）

序号	风险因素	风险源
1	设计标准	业主要求使用的设计标准规范是哪些？中国标准、欧美标准、所在国自身标准规范有哪些？设计分包商对国外标准规范的熟悉程度如何？
2	设计技术	设计院或分包商的资质如何？是否做过海外工程的设计？设计团队人员组成结构是否合理？设计人员的设计经验如何？
3	设计资料	业主提供的资料信息是否真实、完整和更新？承包商是否亲自到项目现场勘察过？勘察资料的深度和广度是否满足设计要求？
4	设计方案	承包商是否深入研究业主提出的技术指标和要求？设计方案是否合理？业主是否会因喜好任意要求承包商改变设计方案？业主对设计方案的审批效率如何？
5	设计变更	设计分包商是否正确理解业主的概念要求？业主对项目的要求是否一次性交代清楚？
6	衔接风险	设计部门的时间安排是否合理？与采购部门、施工部门工作的衔接是否顺畅？

表7-15 项目层面：采购风险清单（RBS 1~2级）

序号	风险因素	风险源
1	本地材料设备供应	所在国有无项目所需的材料设备？当地材料的质量能否达到项目要求？当地的材料生产能力和设备生产效率能否满足项目的需求？材料和设备的价格怎么样？
2	材料设备采购计划	各种材料和设备的采购来源是否合理安排（当地、中国还是第三国）？每次材料采购数量是否经济？采购计划是否合理和灵活？

续 表

序号	风险因素	风险源
3	供货商供货	供货商的信誉情况怎么样？供货数量和质量是否有保障？能否及时供货？供货规格是否与项目匹配？售后服务怎么样？
4	物流运输	物资运输形式和成本如何？运输速度和安全性如何？货物运输损耗大不大？清关手续是否复杂？货物是否在所在国进口管制名单内？
5	物价上涨	材料设备价格是否上涨？跨国采购时货币汇率是怎样的？
6	采购报价	业主是否指定供货商？供货商的数量有多少？承包商询价是否方便？供货商报价是否合理？供货商会不会坐地起价？

表7-16 项目层面：施工风险清单（RBS 1~2级）

序号	风险因素	风险源
1	施工技术	技术交底是否清楚？施工工艺是否落后？专项施工方案是否得到论证以及效果如何？有无采用新工艺和技术？
2	安全措施	现场安全措施是否到位？执行力如何？是否安排专职安全巡视员？
3	施工人员管理	施工人员素质如何？施工人员是否服从安排？施工人员是否会盗窃材料设备？施工人员是否会集体要求涨薪或罢工？施工人员是否接受加班安排？
4	分包商管理	分包商之间的施工界面是否清晰？分包商进场安排是否合理？与分包商之间的沟通是否顺畅？有无做好各分包商之间的协调？

303

续表

序号	风险因素	风险源
5	材料设备管理	现场材料设备是否有专人看管？设备的保养怎样？材料的进场是否及时？设备之间的调度是否协调？
6	基础设施	施工现场的供水供电是否充足？交通方不方便？
7	施工组织	施工方案是否可行？施工进度计划是否科学？施工现场平面布置是否合理？
8	施工影响控制	施工过程中有无注意保护周围的生态环境？有无干扰到周围居民的生活？有无对周围建筑和地下管线造成影响？
9	劳工流动	当地的劳工是否充足？劳工的流动性大不大？
10	技术文件翻译	公司是否拥有既会说当地语言又懂工程技术的人才？技术文件的翻译与原文贴近程度如何？
11	项目目标管理	项目目标分工是否明确？是否制定严格的项目目标管理体制？项目目标管理计划是否严格执行？

表 7-17 项目层面：业主方风险清单（RBS 1~2 级）

序号	风险因素	风险源
1	业主支付不及时	业主拖欠工程进度款和竣工结算款的情况如何？业主对承包商的请示回复情况如何？
2	业主干预	业主是否强行干预项目的管理，发号一些不合理的指令？
3	需求变更	业主会否因经济问题减少项目工作量或范围？业主是否要求承包商执行合同规定之外的工作？

表7-18 企业层面：企业风险清单（RBS 1~2级）

序号	风险因素	风险源
1	融资风险	企业的融资能力如何？融资渠道有哪些？融资是否得到国家支持？
2	资金短缺	企业的资金运转是否正常？是否有足够的资金维持垫资施工？
3	人力资源管理	企业雇用当地员工和国内员工的规划是否合理？员工的培训计划和费用如何？薪酬制度是否透明公正？
4	企业内部组织管理	企业的管理团队是否团结？内部是否拉帮结派？与当地建筑企业是否存在腐败交易？管理人员结构安排是否合理？各自的责任与权力是否明确？
5	组织结构	企业项目组织机构采用何种形式？机构设置是否合理？

3. 风险识别的结果

风险识别的最终成果是建立风险登记册，记录已经识别的风险、潜在的风险责任人和潜在的风险应对措施。

（三）风险评估

风险评估是指根据工程所处的环境，风险管理人员应用统计、概率分析等方法对已识别风险的发生概率和影响进行综合分析的过程。其主要目的是对风险进行优先级排序，筛选出高优先级的风险重点关注。

企业应通过考虑不合规的原因、来源、后果的严重程度、不合规及其后果发生的可能性进行合规风险评估。后果包括（不限于）：个人和环境伤害、经济损失、声誉损失和行政责任等。

企业可根据企业的规模、目标、市场环境及风险状况确定合规风险评估的标准和合规风险管理的优先级。

企业进行合规风险评估后应形成评估报告,供决策层、高级管理层和业务部门等使用。

风险具有动态性、紧迫性、临近性、潜伏期、可控性、连通性、可监测性、可管理性、不确定性、相对性、突发性等众多特性。传统的风险评价方法大都认为风险度为风险发生概率 P 与风险损失 I 的乘积,即 $R = P \times I$。这种分析方法仅从概率和损失两个维度来评价风险,不能全面反映风险的发生过程和规律,可能会导致错误的结果。有必要将风险分析从两维向三维甚至多维拓展,也就是除了考虑风险发生的概率和风险损失,还需考虑风险的可控性、紧迫性、临近性等风险特性指标,用风险特征向量表示如下:$R = (R_1, R_2, R_3, R_4, R_5 \cdots)$ = (概率、损失、可控、紧迫、临近⋯)。

风险各评价维度的具体含义如下:

(1) 发生概率:风险在工程全过程中发生的可能性大小。

(2) 损失:风险发生后影响工程进度、质量、成本等目标而造成的损失,以及连带给企业的经济损失、声誉损失和行政责任等。

(3) 紧迫性:为有效应对风险而必须采取应对措施的时间段。时间短就说明紧迫性高。

(4) 邻近性:风险在多长时间后会影响一项或多项项目目标。时间短就说明邻近性高。

(5) 可管理性:风险责任人(或责任组织)管理风险发生或影响的容易程度。如果容易管理,可管理性就高。

(6) 可控性:风险责任人(或责任组织)能够控制风险后果的程度。如果后果很容易控制,可控性就高。

(7) 可监测性:对风险发生或即将发生进行监测的容易程度。如果风险发生很容易监测,可监测性就高。

(8) 连通性:风险与其他风险存在关联的程度大小。如果风险与多个其他风险存在关联,连通性就高。

(9) 战略影响力:风险对组织战略目标潜在的正面或负面影响。如果风险对战略目标有重大影响,战略影响力就大。

(10) 密切度:风险被一名或多名相关方认为要紧的程度。被认为很要紧的风险,密切度就高。

值得说明的是,并不是每一个风险特性都需要考虑,除概率和损失外,其他的特性根据项目的情况进行选择,并设定相应的权重。各项评分应由经验丰富的专家进行打分,评分的标准应在风险规划中设定,多位专家的多重评分会显著提高风险评估的准确性。表7-19是风险评估模型示例。

表7-19 风险评估模型(示例)

风险 10分制	维度 权重	概率 30%	损失 30%	可监测性 5%	紧迫性 5%	……	综合 评分	优先级
风险A	/	9	8	8	8	……	8.3	1级
风险B	/	7	8	5	6	……	6.5	3级
……								

(四) 风险应对

企业应建立健全合规风险应对机制,对识别评估的各类合规风险采取恰当的控制和处置措施。发生重大合规风险时,企业合规管理机构和其他相关部门应协同配合,依法及时采取补救措施,最大程度降低损失。必要时,应及时报告有关监管机构。

合规风险的应对主要从五个大方面考虑,即风险上报、风险规避、风险减轻、风险接受和风险转移,见图7-2。

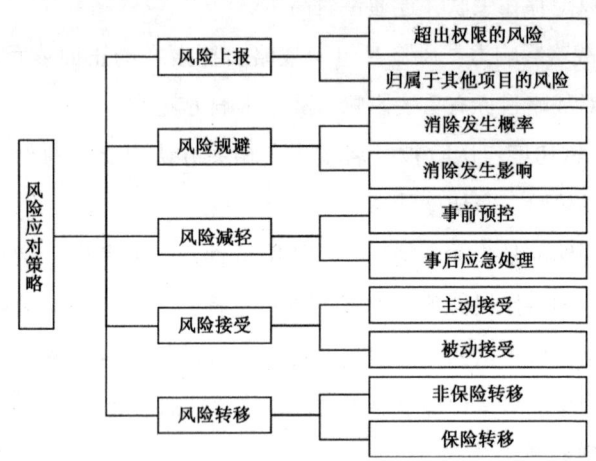

图7-2 风险应对方案框架图

1. 风险上报

如果某风险不在职责范围内,或提议的应对措施超出了责任人能力或权限,就应该采用上报策略。被上报的风险将在相应的相关部门加以管理。而风险责任人应确定就风险通知哪些人员,并向该人员或组织部门传达关于该威胁的详细信息。

上报策略带来的好处是能在更高层次进行统筹管理,能调动更多的资源来响应风险。合规管理人员应该充分意识到上报并不是责任推诿,也更应清楚地意识到如果在超出职权能力范围内自行管控风险或是瞒报而导致风险没有得到及时有效处理,都将导致最终的失控。

2. 风险规避

风险规避是指采取行动来消除威胁,避免受威胁的影响。规避策略应对的核心是"阻断",即把概率降低到零。或者风险发生了,主体也会受保护而不受影响。

某些合规风险发生概率和损失都很大,但又没有经济有效的措施来减小风险,合规管理人员就应该采取放弃项目或原计划,或者改变目标,避免损失。

采取风险规避常需同时满足以下三点:

(1) 对合规风险要有足够的认识和把握。

(2) 该风险发生的概率很高,带来的后果很严重。

(3) 采用其他应对策略的代价超过风险所带来的经济效益,只有采取风险规避才能将项目损失降到最低。

但运用该策略时也须认识以下三点:

(1) 风险是始终存在的,规避这个风险可能会面对另外一个新的风险。

(2) 规避风险也就丧失了从该风险中获取利益的机会。

(3) 风险规避要把握最佳时机,当断则断。

如上所述,在采取规避策略的时候,往往需要付出相对较大的代价,因此在制定策略的时候需要权衡经济性和可行性,如果无法完全规避,可以考虑强化其他策略。

3. 风险减轻

风险减轻是指采取措施来降低威胁发生的概率和(或)影响,最终使风险处在可控范围内。当风险应对目标是只需可防可控时,或对于需要完全消除风险(高风险),但因风险特性或其他因素无法采用规避措施时,优先采用减轻策略。

采取减轻策略,在具体应对方案的制定时,从风险严重性的因素入手,通过强化过程控制来降低概率和损失。

它一般包括事前控制和事后控制。事前控制是指通过制定防范性措施来降低风险事件发生概率的行为，分为有形的和无形的。有形的措施如高空作业人员必须系安全带，脚手架挂安全网；进场人员须带安全帽；易燃易爆材料远离办公场所等。无形的措施如对现场工作人员进行风险教育；制定严格的风险管理制度；采取多种货币结算方式等。事后控制是指通过制定应急处理计划来尽量减小风险事故所造成的损失或抑制事故的进一步发展的行为。相应的措施如调整施工进度和材料设备采购计划；准备索赔证据，计算索赔金额，递交索赔报告；查看项目资金链运转状况，调整融资计划等。

4. 风险接受

风险接受，又称为风险自留。

风险接受是指承认风险的存在，事前不主动采取措施，因此它不改变风险的概率和损失，依靠自身的力量来承担风险事故损失的行为。此策略可用于低优先级威胁，也可用于无法以任何其他方式加以经济有效地应对的威胁。对于采用接受型风险（暂时不管它），有两种建议，一是为它建立应急储备，包括预留时间、资金或资源以应对出现的威胁；二是定期审查，确保其并未发生重大改变。

5. 风险转移

转移涉及将应对威胁的责任转移给第三方，让第三方管理风险并承担威胁发生的影响。采用转移策略，通常需要向承担威胁的一方支付风险转移费用。购买保险、使用履约保函、使用担保书或保证书是转移的最常见手段。

该行为并不能减小风险发生的概率和损失，而只是将风险损失转移给最有能力承担或控制的其他组织或个人。一般分为保险转移和非保险转移。

保险转移是指项目主体通过购买工程保险来将风险转移给保险公

司。常见的保险转移措施有：建筑工程一切险、安装工程一切险、社会保险、车险、汇率险等。

非保险转移是指项目主体通过签订合同将风险转移给对方。该方法能够转移那些不可投保但被转移者长于该类风险管理的风险。但要注意被转移者的财务能力，一旦无法承受风险带来的损失而破产，那么最终的损失仍由转移者承担。此外，为确保风险转移的顺利落实，在合同中须明确规定双方的权利与责任。常见的非保险转移措施有：工程分包、转包、担保、出售，技术转让，设备租赁，免责合同等。

(五) 风险监控

监控风险是在整个项目期间，监督商定的风险应对策略的实施、跟踪已识别风险、识别和分析新风险，以及评估风险管理有效性的过程。

由于在项目实施过程中合规风险是不断变化的，企业应落实监控措施，管理合规义务和对应的合规风险，实现预期的行为。

采取有效的监控措施确保满足合规义务，能够预防或发现不合规事件并纠正。充分而严格地设计各类、各层次的监控措施，以促进企业的活动和运行环境实现合规义务。

比如：控制包括：

——清晰、实用并易于遵循的文件化运行方针、程序、过程和操作指示；

——系统和异常报告；

——审批；

——划分有冲突的角色和职责；

——自动化过程；

——年度合规计划；

——员工绩效计划；

——合规评估和审核；

——管理层的承诺和促进合规行为的其他措施；

——对预期的员工行为（标准、价值观和行为准则）进行主动、公开并经常的沟通。

风险监控方法如下：

（1）风险审计：专人督察风险监控机制的执行情况，并定期对风险执行过程进行审核。

（2）风险审查会：定期召开合规风险的审查会，来检查和记录风险应对策略的有效性。在风险审查中，还可以识别出新的合规风险，并及时制定应对措施。

（3）技术指标分析：比较计划技术指标与实际技术指标之间的差异。

（4）风险预警监督：度量项目在运作过程中某指标偏离预警线的强弱程度、发出预警信号并提前采取防范措施的系统。

结　语

开展境外经营是中国企业实现企业发展战略，参与"一带一路"建设，推进中国与世界各国互利共赢的重要方式。强化合规经营意识是企业海外经营行稳致远的前提。

不论国内还是国外，廉洁、合规都已成为世界范围内对企业的基本要求，国际机构以及国家、行业组织等各个层面的监管力度都将越来越严，企业依法合规经营已经成为当今企业治理的国际趋势。中国的工程建设企业也应当积极顺应国际趋势，认识到建立合规制度、强化合规监管的重要性，努力建设和实施符合国际标准的合规经营制度。

我国工程建设企业在"走出去"过程中，因合规被处罚的案例比比皆是，而在海外失败项目中的经验教训，往往具有很高的相似度。"屁股出去了，脑袋还留在国内"，这十分形象而深刻地概括了造成合规问题的原因。我国的工程建设企业在国内市场中在技术、工期等方面创造了一系列的奇迹，但是我们必须清醒地认识到，这些奇迹的产生是因为有中国这个得天独厚的市场环境占尽了"天时、地利、人和"，一旦脱离了这个熟悉的市场环境，丧失了我们赖以创造奇迹的土壤，中国承包商很难复制"中国速度"。

我国工程建设企业在几十年"走出去"的过程中所形成的经验，往往是以高成本作为代价的。而用高成本所换来的境外工程经验，又常常是低效率的。一方面，获得经验的往往是个人，而个人的经验很难转化为组织合规体系的部分，常常出现"人走了，经验也被带走了"的怪现象。然后，企业又不得不重新开始"交学费"和积累教训，很少能够像大多数成熟的国际承包商那样，及时把经验和教训总结、固定下来，形成失败项目的案例库。另一方面，我国"走出去"的工程企业之间很难建立有效的沟通交流机制，个别企业的经验教训很难成为整个行业的共同财富。如果不能突破这种不断重蹈覆辙的恶性循环，我们所付出的"学费"会更加惊人。

基于这些考虑，我们编制了本书。该书是境外合规经营的经验总结，期望能通过我们的努力，把大家的经验串联起来，能对境外经营人员及企业对境外各国的经营方式及合规要求有总体的了解。同时，希望通过本书的阅读能使企业在对合规意识、合规文化及合规具体要求上有所重视。

附录

附录1 阿尔及利亚部分政府部门和相关机构一览表

阿尔及利亚主要国家部委（涉及经贸领域）

（1）总理府

网址：www.cg.gov.dz/fr/

（2）外交部

地址：Plateau des Annassers, 16000, Rue Mohamed Garidi, El Madania

电话：00213-21504343

传真：00213-21504141

网址：www.mae.gov.dz

（3）财政部

地址：9 Rue Manaa Lakhdar, Ben Aknoun Alger

电话：00213-21595151/595152

传真：00213-21595125/731094

网址：www.mf.gov.dz/

职能：统管国家财政预算、税收，制定相关法律法规及政策。下属税务总局、海关总局、经济研究预测总局、审计局、国库总局、国土事务局。

（4）贸易部

地址：Cité Zerhouni Mokhtar El-Mohammadia. (Ex. les Bannaniers), Alger

电话：00213-21890074/890075

传真：00213-21890034

网址：www.commerce.gov.dz

职能：主管内外贸易，包括国内市场流通、双边多边经济合作、贸易促进、经济检查和反走私（政策）等。

(5) 海关总署

地址：19, rue du docteur Saâdane, Alger

电话：00213-21725959

传真：00213-21726000

网址：www.douane.gov.dz

职能：海关税收、进出口法规的实施，打击假冒、走私，执行有关贸易政策，保护国家利益和消费者利益。

(6) 工业和矿业部

地址：02, rue Ahmed Bey, Immeuble le Colisée, El-Biar, Alger

电话：00213-21239143/239428

传真：00213-21230694/239498

网址：www.mdipi.gov.dz/

职能：制定国家工业部门的发展战略和法律法规，管理产业发展、结构改革，负责各行业标准化和技术改造，为产业竞争力提升制定有关措施，监管工业企业的规范生产经营和生产安全等；组织协调国有企业私有化及其参股过程；研究提出促进投资的政策建议；负责内阁参股部门的秘书工作。

(7) 能源部

地址：Tour A, Chemin de Val d'Hydra, Ben Aknoun 16028

电话：00213-21488526/488523

传真：00213-21488557/488315

网址：www.energy.gov.dz

职能：制定和执行油气、矿产和其他能源资源的勘探开发、生产和能矿工业的政策、法律和法规，管理石油、天然气及其衍生物从勘探到销售的各个环节，管理矿产资源的开发利用，统领能源矿产领域各机构。

(8) 水资源部

地址：03, Rue du Caire, Kouba, Alger

电话：00213-21283901/283837/283951

传真：00213-21280100

网址：www.mre.gov.dz

职能：制定水资源开发利用政策法规，管理水坝、灌溉、水井、输水、水处理等项目的开发利用，统管国民经济各方面水资源使用。

(9) 公共工程和交通部

地址：06, Rue Mustapha Khalef Ben-Aknoun Alger

电话：00213-21914947

传真：00213-21913585

网址：aaca.mtpt.gov.dz/mtpt2019/? lg=fr

职能：负责国家城乡公路建设及桥梁和隧道建设，以及相关标准的制定和建设质量管理。制定交通运输和气象领域的政策法规，统领国家铁路、海运和航空基础设施建设和使用的管理和对内对外合作协调，管理气象领域的开发研究及运作。

(10) 农业和乡村发展部

地址：12, Boulevard Colonel Amirouche. Alger

电话：00213-21711712

传真：00213-21795986 / 718870

网址：madrp. gov. dz

职能：制定国家农业、林业、畜牧业的政策法规，管理和促进农、林、畜牧业资源的开发利用，协同有关部委管理农、林、畜牧业的工业化和食品安全等事宜。

（11）邮政、有线和无线通信部

地址：4 Boulevard Krim Belkacem, 16027, Alger, Algérie

电话：00213-21711220

传真：00213-21719295

网址：www. mpttn. gov. dz/fr

职能：制定邮政、电信和信息产业政策，负责邮政电信行业的战略开发和管理，管理国家电信网络等。

（12）住房、城市规划和城市部

地址：135 Rue Didouche Mourad, Sidi M'Hamed 16000

电话：00213-21740722

传真：00213-21745383

网址：www. mhuv. gov. dz

职能：制定住房战略规划和政策，管理不动产开发、建设和使用，城市化的规划开发，城市居民基础设施建设的管理。

（13）旅游、手工业和家庭产业部

地址：90 Rue Didouche Mourad, 16000

电话：00213-21432801/21432886

网址：www. mtatf. gov. dz

职能：制定手工业发展战略及相关政策法规，促进手工业领域投资及相关的分包，为其提供土地、融资、信息交流等方面的便利，组织该领域国际合作。

(14) 劳动、就业和社会保障部

地址：44, rue Mohamed Belouizded, Alger 16600 Algérie

电话：00213-21659999

网址：www.mtess.gov.dz

职能：制定就业促进战略，支持促进就业的投资项目，促进劳动市场管理的优化和现代化，监管和评估劳动市场管理，促进青年就业，保障劳工利益。

(15) 阿尔及利亚中央银行

地址：8 Avenue Franklin ROOSEVELT, Alger

电话：00213-21230023

电传：00213-2166499/230371

网址：www.bank-of-algeria.dz（可查询在阿各银行及外国分行的联系方式）

经贸行政机构及相关组织

(1) 国家税务总局

地址：Ministère des Finances Immeuble Ahmed Francis Cité Malki Ben Aknoun Alger '16306

网址：www.mfdgi.gov.dz

邮箱：contact_DGI@mf.gov.dz

(2) 国家商业注册中心

地址：Route Nationale N°24 Lido Bordj El Kiffan Alger BP N°18, 16120 Algérie

电话：00213-21-201028/205538

传真：00213-21-201917

网址：sidjilcom.cnrc.dz/web/cnrc/accueil

职能：工商注册部门

（3）阿尔及利亚对外贸易促进局

地址：Route nationale N°5, Cinq maisons El Mohamadia, Alger

电话：00213-21521210

传真：00213-21521126

网址：www.algex.dz

职能：促进实施有关促进本国非油气产品出口的计划、政策等，分析国内外形势提出贸易促进建议，建立进出口信息沟通机制，服务于本国进出口商，对外交流、与外国和国际组织加强联系等。

提示：可查询阿主要展会和出口促进会活动信息。

（4）国家投资发展局

地址：01 rue kaddour rahim, Hussein-Dey, Alger

电话：00213-21773262/63

传真：00213-21773257

网址：www.andi.dz

职能：促进和管理投资。接受投资申报、负责投资资格审查并协同税务、海关部门实施投资优惠政策；为企业的创办提供行政手续便利、各地方投资的协调工作；管理投资基金。

（5）国家土地中介和调节管理局

地址：13, Avenue Mustapha Sayed El-ouali（ex Claude Debussy）Alger 16000 Algérie

电话：00213-21716745

传真：00213-21716750

网址：www.aniref.dz

邮箱：contact@aniref.dz

职能：受工业和矿业部管理，为工商性质的公共机构，主要负责不动产的土地的中介、国家土地调节、为投资者提供土地信息等。

(6) 阿尔及利亚国家保险委员会

地址：30, Lotissement du Val d'Hydra, Lot n°50-Hydra – Alger

电话：00213-21692037

传真：00213-21691524

网址：www.cna.dz（可查询在阿各保险公司、机构的联系方式）

(7) 海关信息和统计中心

地址：17 rue des Mourabitoune, Alger Centre

电话：00213-21715600

传真：00213- 21430695

邮箱：cnis@douane.gov.cn

职能：国家经贸信息统计分析。

(8) 国家统计局

地址：rue Mohamed Belkacemi Oued Kniss Ruisseau Alger.

电话：00213-21777838/21639974

传真：00213-21777830

网址：www.ons.dz

(9) 阿尔及利亚标准化协会

地址：5 & 7 Abou Hamou Moussa, Alger

电话：00213-21630589

传真：00213-21641761

网址：www.ianor.dz

职能：阿尔及利亚国家标准化组织，国际标准化组织成员，负责制定公布有关标准；对标准化工作进行协调和统一；负责阿尔及利亚境内的国际标准认证工作（ISO，CEI等）；标准化研究、认证促进、国际合作等。

（10）阿尔及利亚国家工业产权协会

地址：42, RUE LARBI BEN M'HIDI ALGER CENTRE

电话：00213-21732358/736084

传真：00213-21735581/96

网址：e-services. inapi. org/SITE

职能：负责国内工业产权的保护，包括商标、专利、原产地品名等工业产权的注册和管理；促进国内发明和技术创新，为企业、学校、研究机构等获得专利技术方面的信息提供便利；通过分析、控制等手段为技术引进提供便利。

商会、协会、联合会

（1）阿尔及利亚工商会

地址：Palais consulaire 6, Bd Amilcar Cabral Place des Martyrs, Alger

电话：00213-21967777/966666

传真：00213-21967070

网址：www. caci. dz

（2）阿尔及利亚国家公证人公会

地址：2 Chemin Al-Bakri, Ben Aknoun

电话：00213-21420393；429522

传真：00213-21420394

网址：www. cn-notaires. dz

（3）阿尔及利亚出口商协会

地址：Immeuble ALGEX（Ex Promex），Route Nationale N°5，Cinq Maisons，Mohamadia – Alger.

电话：00213-21824228

传真：00213-21824227

邮箱：anexal_export@yahoo.fr

网址：www.exportateur-algerie.org

（4）阿尔及利亚企业家联合总会

地址：142 Lot BENHADDADI-Dar Eddiaf-Cheraga-Alger

电话：00213-21392145/674274

传真：00213-21392146/538645

网址：cgea-dz.org

（5）阿尔及利亚工业家和生产者联合会

地址：118, chemin de la wilaya, ZI Oued Smar, Alger, Algérie

电话：00213-21515791/516819

传真：00213-21516820/528612

邮箱：mehenni-c@wissal.dz

（6）阿尔及利亚雇主国家联合会

地址：Cité 1200 logs-Résidence《EL CHARIFA》Bab Ezouar Alger

电话：00213-21428142/748252

传真：00213-21717290/428148

网址：www.capalgerie.org

（7）阿尔及利亚企业主论坛

地址：Rue Sylvain FOURASTIER N°08 El Mouradia, Alger

电话：00213-21699673/21699653/21690719

传真：00213-21690716

网址：www.fce.dz/

其他参考网站

(1) 阿尔及利亚政府公报网（政府秘书处）：www.joradp.dz

提示：可查询阿政府颁布的各项法律法规。

(2) 阿尔及利亚新闻通讯社：www.aps.dz

提示：可链接阿尔及利亚各大媒体网站。

(3) 阿尔及利亚黄页：www.pagesjaunes-dz.com

附录2　阿尔及利亚主要中资企业一览表

（1）中兴通讯阿尔及利亚有限公司
电话：023-924095
邮箱：ZTEAlgeria@zte.com.cn
（2）中信建设有限责任公司
电话：021-564490
传真：021-564490
邮箱：cca@citic.com
（3）中铁十七局海外事业部北非代表处
电话：0542308708，0553582170
传真：021-333187
邮箱：crcc17algeria@hotmail.com
（4）中铁十九局集团有限公司国际建设分公司
电话：0555387383
邮箱：crcc19algerie@163.com
（5）中铁建工集团阿尔及利亚分公司
电话：0540257775
邮箱：xiaorui@crceg-int.com
（6）中铁国际集团有限公司阿尔及利亚办事处
电话：021-543214/81
传真：021-543214
邮箱：cri_algerie@163.com

(7) 中核集团中国中原对外工程有限公司

电话：027-809823，0674218079

邮箱：czecb1b2@czec.com.cn

(8) 中昊海外建设工程有限公司

电话：023-816900

传真：023-816900

邮箱：zicaalgerie@gmail.com，algeria@zh100.com

(9) 中国重汽集团国际有限公司

电话：0557237702

邮箱：liumingcan@sinotruk.com

(10) 中国中冶国际阿尔及利亚分公司

电话：023-280596

传真：023-280596

邮箱：mccalgeria@mcciec.com

(11) 中国中冶阿尔及利亚代表处

电话：023-280596

传真：023-280596

邮箱：mccalgeria@mcciec.com

(12) 中国长城工业集团有限公司

电话：023-484296，0555406192

传真：023-484296

邮箱：zhanglin@cgwic.com

(13) 中国有色金属建设股份有限公司

电话：0086-10-84427612，0086-13811257544

传真：0086-10-84427650

邮箱：wuxiaohua@nfc-china.com

(14) 中国新疆北新建设工程（集团）有限责任公司

电话：023-748456，0557294898

传真：023-748456

邮箱：gcibx@ live. fr

(15) 中国土木阿尔及利亚有限公司

电话：023-544055

传真：023-544055

邮箱：ccecc-algeria@ ccecc. com. cn

(16) 中国铁建国际集团北非区域公司

电话：023-305448

传真：023-305448

邮箱：crcc. commercial@ gmail. com

(17) 中国水利电力对外有限公司

电话：0542893129

邮箱：cwe_ algeria@ ctg. com. cn

(18) 中国石油天然气集团有限公司阿尔及利亚办事处

电话：023-187560，0656323135

传真：023-187549

邮箱：csq_ intl@ cnpc. com. cn

(19) 中国石化集团国际石油工程有限公司

电话：021-361602，021-361572

传真：021-361637

邮箱：algeria. sips@ sinopec. com

(20) 中国石化海外油气有限公司阿尔及利亚公司

电话：023-485994

传真：023-485500

邮箱：algeria.sipc@sinopec.com

(21) 中国山西国际经济技术合作有限公司

电话：0561255331，0086-13466829332

邮箱：trglxmjsz@gmail.com

(22) 中国山东对外经济技术合作集团有限公司

电话：0770699933

传真：023-824067

邮箱：sdhs.jade@gmail.com

(23) 中国交通建设股份有限公司阿尔及利亚办事处

电话：023-279403

传真：023-279403

邮箱：duanxy@cccltd.cn

(24) 中国建筑股份有限公司阿尔及利亚公司

电话：021-393211

传真：021-393351

邮箱：al@cscec.dz

(25) 中国技术进出口集团有限公司

电话：0699508956，0540560611

邮箱：liuliang6@cntic.gt.cn

(26) 中国机械工业建设集团有限公司

电话：0549738632

邮箱：sinoconst-kais@sionoconst.com.cn

(27) 中国化学工程第十一建设有限公司

电话：0086-371-22905712，0086-18623782417，0541779698

传真：0086-371-22906666

邮箱：eleco@eleco.com.cn，cjh@eleco.com.cn

(28)中国航空技术国际工程(阿尔及利亚)有限公司

电话:023-052221

传真:023-052221

邮箱:caticalgerienne@gmail.com

(29)中国葛洲坝集团股份有限公司

电话:023-300659

传真:023-300659

邮箱:yangbin@cggcintl.com

(30)中国港湾工程有限责任公司

电话:023-471462

传真:023-471462

邮箱:algeria@chec.bj.cn

(31)中国电子进出口有限公司驻阿尔及利亚代表处

电话:023-868617

传真:023-868616

邮箱:lixin1986@ceiec.com.cn

(32)中国电建国际工程公司阿尔及利亚代表处

电话:023-371938

传真:023-371938

邮箱:powerchinaalgeria@gmail.com

(33)中国地质工程集团有限公司

电话:021-373883

传真:021-379086

邮箱:cgcalgerie@126.com

(34)中钢设备有限公司

电话:0561857656

邮箱：madonghui@ mecc. sinosteel. com

（35）中鼎国际工程有限责任公司阿尔及利亚分公司

电话：0541578153

邮箱：ziecalgerie@ hotmail. com

（36）中地海外集团有限公司

电话：023-816817

传真：023-747611

邮箱：gaozenghui@ cgcoc. com. cn

（37）中材建设有限公司

电话：0561698855，0561698818，0560435215

邮箱：rongyakun@ cbmi. com. cn

　　　chenggong@ cbmi. com. cn

　　　bowenshuai@ cbmi. com. cn

（38）浙江中天建设集团有限公司

电话：023-391326

传真：023-391326

邮箱：gczt@ gmail. com

（39）浙江省建设投资集团股份有限公司阿尔及利亚分公司

电话：023-201025

传真：023-201025

邮箱：zcigc@ hotmail. com

（40）浙江省东阳第三建筑工程有限公司阿尔及利亚公司

电话：023-575630

传真：023-575630

邮箱：dysjzab@ 163. com

（41）豫非农业水利整治公司

电话：023-295003

传真：023-295009

邮箱：yufei3696@sina.com

（42）新疆北新建设工程（集团）北新国际工程建设有限责任公司

电话：0796693310

邮箱：2641092153@qq.com

（43）少林水利工程有限公司

电话：041-826527

传真：041-826527

邮箱：shaolin2005@126.com

（44）陕西汽车集团有限公司

电话：023-816211

传真：023-816211

邮箱：algeria@shacman.com

（45）山东省路桥集团有限公司

电话：045-637717，0671666668

传真：045-637717

邮箱：shandongluqiao1948@126.com

（46）青建集团股份公司阿尔及利亚分公司

电话：0556897127

邮箱：qjgjalgerie@163.com

（47）奇瑞商用车（安徽）有限公司

电话：0771853558

邮箱：shaomingyue@mychery.com

（48）华为阿尔及利亚电讯有限公司

电话：0770119564

邮箱：tianjia@huawei.com

（49）湖南起航冶金科技有限公司

电话：0770762384

邮箱：sarlqihang@hotmail.com

（50）北京一龙恒业石油工程技术有限公司

电话：023-271362

传真：023-271362

邮箱：algeria@ylhyoil.com

（51）北京六建集团有限责任公司

电话：0656287849

传真：023-052209

邮箱：algeria@blcci.com.cn

（52）北京城建集团有限责任公司

电话：0770917100，0554088587

传真：023-575233，023-575528

邮箱：bucgdz@bucg.cc

（53）北方国际股份有限公司

电话：0553016416，0661561144

邮箱：youjj@norinco-intl.com

（54）安徽江淮汽车集团股份有限公司国际公司

电话：0086-13966721741

邮箱：louis.gao@jac.com.cn

（55）安徽建工集团股份有限公司

电话：023-228939

传真：023-228938

邮箱：aceg.algerie@gmail.com

附录3 中阿使馆信息

中华人民共和国驻阿尔及利亚大使馆

地址：阿尔及尔市烈士大街34号

34，Boulevard des Martyrs，Alger

工作时间：周日至周四，8：30—12：30，15：00—18：00

电话：021692724，021692962

传真：021693056

邮箱：chinaemb_dz@mfa.gov.cn

网址：http://dz.china-embassy.org

阿尔及利亚驻中华人民共和国大使馆

地址：北京市朝阳区三里屯路7号

电话：010-65321231，65323773

邮箱：algpek@ymail.com

网址：http://www.algeriaembassychina.net/

附录4　中方投资服务机构

中国商务部研究院海外投资咨询中心

地址：北京市东城区安外东后巷28号

电话：010-64515042、64226273、64515043

传真：010-64212175

邮箱：kgjyb@126.com

网址：www.caitec.org.cn

UNDP中国企业海外可持续发展办公室

地址：北京市朝阳区亮马河南路2号联合国开发计划署

电话：010-85320733、85320776

南南合作促进会海外投资项目信息中心

地址：北京市东城区白桥南里甲2号

电话：010-65280465、56765617

网址：www.china-ofdi.org